U1070146

《中华人民共和国国民经济和社会发展第十四个五年规划和2035年远景目标纲要》

释义

全国人大财政经济委员会
国家发展和改革委员会
编写

中国计划出版社
·北京·

图书在版编目（CIP）数据

《中华人民共和国国民经济和社会发展第十四个五年规划和2035年远景目标纲要》释义 / 全国人大财政经济委员会，国家发展和改革委员会编写. -- 北京 : 中国计划出版社，2021.3 (2023.3重印)
ISBN 978-7-5182-1065-7

Ⅰ. ①中… Ⅱ. ①全… ②国… Ⅲ. ①国民经济计划－五年计划－中国－2021-2025－学习参考资料②社会发展－五年计划－中国－2021-2025－学习参考资料③社会主义建设－现代化建设－远景规划－中国－2021-2035－学习参考资料 Ⅳ. ①F123.399②D61

中国版本图书馆CIP数据核字(2021)第051721号

《中华人民共和国国民经济和社会发展第十四个五年规划和 2035 年远景目标纲要》释义

《ZHONGHUA RENMIN GONGHEGUO GUOMIN JINGJI HE SHEHUI FAZHAN DI-SHISI GE WUNIAN GUIHUA HE 2035 NIAN YUANJING MUBIAO GANGYAO》SHIYI

全国人大财政经济委员会
国家发展和改革委员会 编写

中国计划出版社出版
网址：www.jhpress.com
地址：北京市西城区木樨地北里甲 11 号国宏大厦 C 座 3 层
邮政编码：100038　电话：(010) 63906433（发行部）
新华书店经销
北京汇瑞嘉合文化发展有限公司印刷

787mm × 1092mm　1/16　25.25 印张　389 千字
2021 年 3 月第 1 版　2023 年 3 月第 3 次印刷

ISBN 978-7-5182-1065-7
审图号：GS（2021）1544 号
定价：99.00 元

版权所有　侵权必究

侵权举报电话：(010) 63906404
如有印装质量问题，请寄本社出版部调换

目 录

中华人民共和国国民经济和社会发展第十四个五年规划和 2035 年远景目标纲要

目录

中华人民共和国国民经济和社会发展第十四个五年（2021—2025 年）规划和 2035 年远景目标纲要，根据《中共中央关于制定国民经济和社会发展第十四个五年规划和二〇三五年远景目标的建议》编制，主要阐明国家战略意图，明确政府工作重点，引导规范市场主体行为，是我国开启全面建设社会主义现代化国家新征程的宏伟蓝图，是全国各族人民共同的行动纲领。

第一篇　开启全面建设社会主义现代化国家新征程

“十四五”时期是我国全面建成小康社会、实现第一个百年奋斗目标之后，乘势而上开启全面建设社会主义现代化国家新征程、向第二个百年奋斗目标进军的第一个五年。

第一章　发展环境

我国进入新发展阶段，发展基础更加坚实，发展条件深刻变化，进一步发展面临新的机遇和挑战。

第一节　决胜全面建成小康社会取得决定性成就

“十三五”时期是全面建成小康社会决胜阶段。面对错综复杂的国际形势、艰巨繁重的国内改革发展稳定任务特别是新冠肺炎疫情严重冲击，以习近平同志为核心的党中央不忘初心、牢记使命，团结带领全党全国各族人民砥砺前行、开拓创新，奋发有为推进党和国家各项事业。全面深化改革取得重大突破，全面依法治国取得重大进展，全面从严治党取得重大成果，国家治理体系和治理能力现代化加快推进，中国共产党领导和我国社会主义制度优势进一步彰显。

经济运行总体平稳，经济结构持续优化，国内生产总值突破 100 万亿元。

创新型国家建设成果丰硕，在载人航天、探月工程、深海工程、超级计算、量子信息、“复兴号”高速列车、大飞机制造等领域取得一批重大科技成果。决战脱贫攻坚取得全面胜利，5575 万农村贫困人口实现脱贫，困扰中华民族几千年的绝对贫困问题得到历史性解决，创造了人类减贫史上的奇迹。农业现代化稳步推进，粮食年产量连续稳定在 1.3 万亿斤以上。1 亿农业转移人口和其他常住人口在城镇落户目标顺利实现，区域重大战略扎实推进。污染防治力度加大，主要污染物排放总量减少目标超额完成，资源利用效率显著提升，生态环境明显改善。金融风险处置取得重要阶段性成果。对外开放持续扩大，共建“一带一路”成果丰硕。人民生活水平显著提高，教育公平和质量较大提升，高等教育进入普及化阶段，城镇新增就业超过 6000 万人，建成世界上规模最大的社会保障体系，基本医疗保险覆盖超过 13 亿人，基本养老保险覆盖近 10 亿人，城镇棚户区住房改造开工超过 2300 万套。新冠肺炎疫情防控取得重大战略成果，应对突发事件能力和水平大幅提高。公共文化服务水平不断提高，文化事业和文化产业繁荣发展。国防和军队建设水平大幅提升，军队组织形态实现重大变革。国家安全全面加强，社会保持和谐稳定。

“十三五”规划目标任务胜利完成，我国经济实力、科技实力、综合国力和人民生活水平跃上新的大台阶，全面建成小康社会取得伟大历史性成就，中华民族伟大复兴向前迈出了新的一大步，社会主义中国以更加雄伟的身姿屹立于世界东方。

第二节　我国发展环境面临深刻复杂变化

当前和今后一个时期，我国发展仍然处于重要战略机遇期，但机遇和挑战都有新的发展变化。当今世界正经历百年未有之大变局，新一轮科技革命和产业变革深入发展，国际力量对比深刻调整，和平与发展仍然是时代主题，人类命运共同体理念深入人心。同时，国际环境日趋复杂，不稳定性不确定性明显增加，新冠肺炎疫情影响广泛深远，世界经济陷入低迷期，经济全球化遭遇逆流，全球能源供需版图深刻变革，国际经济政治格局复杂多变，世界进入动荡变革期，单边主义、保护主义、霸权主义对世界和平与发展构成威胁。

我国已转向高质量发展阶段，制度优势显著，治理效能提升，经济长期向好，物质基础雄厚，人力资源丰富，市场空间广阔，发展韧性强劲，社会大局稳定，继续发展具有多方面优势和条件。同时，我国发展不平衡不充分问题仍然突出，重点领域关键环节改革任务仍然艰巨，创新能力不适应高质量发展要求，农业基础还不稳固，城乡区域发展和收入分配差距较大，生态环保任重道远，民生保障存在短板，社会治理还有弱项。

必须统筹中华民族伟大复兴战略全局和世界百年未有之大变局，深刻认识我国社会主要矛盾变化带来的新特征新要求，深刻认识错综复杂的国际环境带来的新矛盾新挑战，增强机遇意识和风险意识，立足社会主义初级阶段基本国情，保持战略定力，办好自己的事，认识和把握发展规律，发扬斗争精神，增强斗争本领，树立底线思维，准确识变、科学应变、主动求变，善于在危机中育先机、于变局中开新局，抓住机遇，应对挑战，趋利避害，奋勇前进。

第二章　指导方针

“十四五”时期经济社会发展，必须牢牢把握以下指导思想、原则和战略导向。

第一节　指导思想

高举中国特色社会主义伟大旗帜，深入贯彻党的十九大和十九届二中、三中、四中、五中全会精神，坚持以马克思列宁主义、毛泽东思想、邓小平理论、“三个代表”重要思想、科学发展观、习近平新时代中国特色社会主义思想为指导，全面贯彻党的基本理论、基本路线、基本方略，统筹推进经济建设、政治建设、文化建设、社会建设、生态文明建设的总体布局，协调推进全面建设社会主义现代化国家、全面深化改革、全面依法治国、全面从严治党的战略布局，坚定不移贯彻创新、协调、绿色、开放、共享的新发展理念，坚持稳中求进工作总基调，以推动高质量发展为主题，以深化供给侧结构性改革为主线，以改革创新为根本动力，以满足人民日益增长的美好生活需要为根本目的，统筹发展和安全，加快建设现代化经济体系，加快构建以国内大循环为主体、国内国际双循环相互促进的新发展格局，推进国家治理体系和治理能力现代化，实现经济行稳致远、社会安定和谐，为全面建设社会主义现代化国家开好局、起好步。

第二节　必须遵循的原则

——坚持党的全面领导。坚持和完善党领导经济社会发展的体制机制，坚持和完善中国特色社会主义制度，不断提高贯彻新发展理念、构建新发展格局能力和水平，为实现高质量发展提供根本保证。

——坚持以人民为中心。坚持人民主体地位，坚持共同富裕方向，始终做到发展为了人民、发展依靠人民、发展成果由人民共享，维护人民根本利益，激发全体人民积极性、主动性、创造性，促进社会公平，增进民生福祉，不断实现人民对美好生活的向往。

——坚持新发展理念。把新发展理念完整、准确、全面贯穿发展全过程和各领域，构建新发展格局，切实转变发展方式，推动质量变革、效率变革、动力变革，实现更高质量、更有效率、更加公平、更可持续、更为安全的发展。

——坚持深化改革开放。坚定不移推进改革，坚定不移扩大开放，加强国家治理体系和治理能力现代化建设，破除制约高质量发展、高品质生活的体制机制障碍，强化有利于提高资源配置效率、有利于调动全社会积极性的重大改革开放举措，持续增强发展动力和活力。

——坚持系统观念。加强前瞻性思考、全局性谋划、战略性布局、整体性推进，统筹国内国际两个大局，办好发展安全两件大事，坚持全国一盘棋，更好发挥中央、地方和各方面积极性，着力固根基、扬优势、补短板、强弱项，注重防范化解重大风险挑战，实现发展质量、结构、规模、速度、效益、安全相统一。

第三节　战略导向

“十四五”时期推动高质量发展，必须立足新发展阶段、贯彻新发展理念、构建新发展格局。把握新发展阶段是贯彻新发展理念、构建新发展格局的现实依据，贯彻新发展理念为把握新发展阶段、构建新发展格局提供了行动指南，构建新发展格局则是应对新发展阶段机遇和挑战、贯彻新发展理念的战略选择。必须坚持深化供给侧结构性改革，以创新驱动、高质量供给引领和创造新需求，提升供给体系的韧性和对国内需求的适配性。必须建立扩大内需的有效制度，加快培育完整内需体系，加强需求侧管理，建设强大国内市场。必须坚定不移推进改革，破除制约经济循环的制度障碍，推动生产要素循环流转和生产、分配、流通、消费各环节有机衔接。必须坚定不移扩大开放，持续深化要素流动型开放，稳步拓展制度型开放，依托国内经济循环体系形成对全球要素资源的强大引力场。必须强化国内大循环的主导作用，以国际循环提升国内大循环效率和水平，实现国内国际双循环互促共进。

第三章　主要目标

按照全面建设社会主义现代化国家的战略安排，2035 年远景目标和“十四五”时期经济社会发展主要目标如下。

第一节　2035 年远景目标

展望 2035 年，我国将基本实现社会主义现代化。经济实力、科技实力、综合国力将大幅跃升，经济总量和城乡居民人均收入将再迈上新的大台阶，关键核心技术实现重大突破，进入创新型国家前列。基本实现新型工业化、信息化、城镇化、农业现代化，建成现代化经济体系。基本实现国家治理体系和治理能力现代化，人民平等参与、平等发展权利得到充分保障，基本建成法治国家、法治政府、法治社会。建成文化强国、教育强国、人才强国、体育强国、健康中国，国民素质和社会文明程度达到新高度，国家文化软实力显著增强。广泛形成绿色生产生活方式，碳排放达峰后稳中有降，生态环境根本好转，美丽中国建设目标基本实现。形成对外开放新格局，参与国际经济合作和竞争新优势明显增强。人均国内生产总值达到中等发达国家水平，中等收入群体显著扩大，基本公共服务实现均等化，城乡区域发展差距和居民生活水平差距显著缩小。平安中国建设达到更高水平，基本实现国防和军队现代化。人民生活更加美好，人的全面发展、全体人民共同富裕取得更为明显的实质性进展。

第二节 “十四五”时期经济社会发展主要目标

——经济发展取得新成效。发展是解决我国一切问题的基础和关键，发展必须坚持新发展理念，在质量效益明显提升的基础上实现经济持续健康发展，增长潜力充分发挥，国内生产总值年均增长保持在合理区间、各年度视情提出，全员劳动生产率增长高于国内生产总值增长，国内市场更加强大，经济结构更加优化，创新能力显著提升，全社会研发经费投入年均增长 7% 以上、力争投入强度高于“十三五”时期实际，产业基础高级化、产业链现代化水平明显提高，农业基础更加稳固，城乡区域发展协调性明显增强，常住人口城镇化率提高到 65%，现代化经济体系建设取得重大进展。

——改革开放迈出新步伐。社会主义市场经济体制更加完善，高标准市场体系基本建成，市场主体更加充满活力，产权制度改革和要素市场化配置改革取得重大进展，公平竞争制度更加健全，更高水平开放型经济新体制基本形成。

——社会文明程度得到新提高。社会主义核心价值观深入人心，人民思想道德素质、科学文化素质和身心健康素质明显提高，公共文化服务体系和文化产业体系更加健全，人民精神文化生活日益丰富，中华文化影响力进一步提升，中华民族凝聚力进一步增强。

——生态文明建设实现新进步。国土空间开发保护格局得到优化，生产生活方式绿色转型成效显著，能源资源配置更加合理、利用效率大幅提高，单位国内生产总值能源消耗和二氧化碳排放分别降低 13.5%、18%，主要污染物排放总量持续减少，森林覆盖率提高到 24.1%，生态环境持续改善，生态安全屏障更加牢固，城乡人居环境明显改善。

——民生福祉达到新水平。实现更加充分更高质量就业，城镇调查失业率控制在 5.5% 以内，居民人均可支配收入增长与国内生产总值增长基本同步，分配结构明显改善，基本公共服务均等化水平明显提高，全民受教育程度不断提升，劳动年龄人口平均受教育年限提高到 11.3 年，多层次社会保障体系更加健全，基本养老保险参保率提高到 95%，卫生健康体系更加完善，人均预期寿命提高 1 岁，脱贫攻坚成果巩固拓展，乡村振兴战略全面推进，全体人民共同富裕迈出坚实步伐。

——国家治理效能得到新提升。社会主义民主法治更加健全，社会公平正义进一步彰显，国家行政体系更加完善，政府作用更好发挥，行政效率和公信力显著提升，社会治理特别是基层治理水平明显提高，防范化解重大风险体制机制不断健全，突发公共事件应急处置能力显著增强，自然灾害防御水平明显提升，发展安全保障更加有力，国防和军队现代化迈出重大步伐。

专栏 1 "十四五"时期经济社会发展主要指标

类别	指标	2020 年	2025 年	年均 / 累计	属性
经济发展	1. 国内生产总值（GDP）增长（%）	2.3	—	保持在合理区间、各年度视情提出	预期性
	2. 全员劳动生产率增长（%）	2.5	—	高于 GDP 增长	预期性
	3. 常住人口城镇化率（%）	60.6*	65	—	预期性
创新驱动	4. 全社会研发经费投入增长（%）	—	—	> 7、力争投入强度高于"十三五"时期实际	预期性
	5. 每万人口高价值发明专利拥有量（件）	6.3	12	—	预期性
	6. 数字经济核心产业增加值占 GDP 比重（%）	7.8	10	—	预期性
民生福祉	7. 居民人均可支配收入增长（%）	2.1	—	与 GDP 增长基本同步	预期性
	8. 城镇调查失业率（%）	5.2	—	< 5.5	预期性
	9. 劳动年龄人口平均受教育年限（年）	10.8	11.3	—	约束性
	10. 每千人口拥有执业（助理）医师数（人）	2.9	3.2	—	预期性
	11. 基本养老保险参保率（%）	91	95	—	预期性
	12. 每千人口拥有 3 岁以下婴幼儿托位数（个）	1.8	4.5	—	预期性
	13. 人均预期寿命（岁）	77.3*	—	〔1〕	预期性

绿色生态	14. 单位 GDP 能源消耗降低（%）	—	—	［13.5］	约束性
	15. 单位 GDP 二氧化碳排放降低（%）	—	—	［18］	约束性
	16. 地级及以上城市空气质量优良天数比率（%）	87	87.5	—	约束性
	17. 地表水达到或好于Ⅲ类水体比例（%）	83.4	85	—	约束性
	18. 森林覆盖率（%）	23.2*	24.1	—	约束性
安全保障	19. 粮食综合生产能力（亿吨）	—	> 6.5	—	约束性
	20. 能源综合生产能力（亿吨标准煤）	—	> 46	—	约束性

注：①［ ］内为 5 年累计数。②带 * 的为 2019 年数据。③能源综合生产能力指煤炭、石油、天然气、非化石能源生产能力之和。④ 2020 年地级及以上城市空气质量优良天数比率和地表水达到或好于Ⅲ类水体比例指标值受新冠肺炎疫情等因素影响，明显高于正常年份。⑤ 2020 年全员劳动生产率增长 2.5% 为预计数。

第二篇　坚持创新驱动发展　全面塑造发展新优势

坚持创新在我国现代化建设全局中的核心地位，把科技自立自强作为国家发展的战略支撑，面向世界科技前沿、面向经济主战场、面向国家重大需求、面向人民生命健康，深入实施科教兴国战略、人才强国战略、创新驱动发展战略，完善国家创新体系，加快建设科技强国。

第四章　强化国家战略科技力量

制定科技强国行动纲要，健全社会主义市场经济条件下新型举国体制，打好关键核心技术攻坚战，提高创新链整体效能。

第一节　整合优化科技资源配置

以国家战略性需求为导向推进创新体系优化组合，加快构建以国家实验室为引领的战略科技力量。聚焦量子信息、光子与微纳电子、网络通信、人工智能、生物医药、现代能源系统等重大创新领域组建一批国家实验室，重组国家重点实验室，形成结构合理、运行高效的实验室体系。优化提升国家工程研究中心、国家技术创新中心等创新基地。推进科研院所、高等院校和企业科研力量优化配置和资源共享。支持发展新型研究型大学、新型研发机构等新型创新主体，推动投入主体多元化、管理制度现代化、运行机制市场化、用人机制灵活化。

第二节　加强原创性引领性科技攻关

在事关国家安全和发展全局的基础核心领域，制定实施战略性科学计划和科学工程。瞄准人工智能、量子信息、集成电路、生命健康、脑科学、生物育种、空天科技、深地深海等前沿领域，实施一批具有前瞻性、战略性的国家重大科技项目。从国家急迫需要和长远需求出发，集中优势资源攻关新发突发传染病和生物安全风险防控、医药和医疗设备、关键元器件零部件和基础材料、油气勘探开发等领域关键核心技术。

专栏 2　科技前沿领域攻关
01　新一代人工智能 前沿基础理论突破，专用芯片研发，深度学习框架等开源算法平台构建，学习推理与决策、图像图形、语音视频、自然语言识别处理等领域创新。
02　量子信息 城域、城际、自由空间量子通信技术研发，通用量子计算原型机和实用化量子模拟机研制，量子精密测量技术突破。
03　集成电路 集成电路设计工具、重点装备和高纯靶材等关键材料研发，集成电路先进工艺和绝缘栅双极型晶体管（IGBT）、微机电系统（MEMS）等特色工艺突破，先进存储技术升级，碳化硅、氮化镓等宽禁带半导体发展。
04　脑科学与类脑研究 脑认知原理解析，脑介观神经联接图谱绘制，脑重大疾病机理与干预研究，儿童青少年脑智发育，类脑计算与脑机融合技术研发。
05　基因与生物技术 基因组学研究应用，遗传细胞和遗传育种、合成生物、生物药等技术创新，创新疫苗、体外诊断、抗体药物等研发，农作物、畜禽水产、农业微生物等重大新品种创制，生物安全关键技术研究。
06　临床医学与健康 癌症和心脑血管、呼吸、代谢性疾病等发病机制基础研究，主动健康干预技术研发，再生医学、微生物组、新型治疗等前沿技术研发，重大传染病、重大慢性非传染性疾病防治关键技术研究。
07　深空深地深海和极地探测 宇宙起源与演化、透视地球等基础科学研究，火星环绕、小行星巡视等星际探测，新一代重型运载火箭和重复使用航天运输系统、地球深部探测装备、深海运维保障和装备试验船、极地立体观监测平台和重型破冰船等研制，探月工程四期、蛟龙探海二期、雪龙探极二期建设。

第三节　持之以恒加强基础研究

强化应用研究带动，鼓励自由探索，制定实施基础研究十年行动方案，重点布局一批基础学科研究中心。加大基础研究财政投入力度、优化支出结构，对企业投入基础研究实行税收优惠，鼓励社会以捐赠和建立基金等方式多渠道投入，形成持续稳定投入机制，基础研究经费投入占研发经费投入比重提高到 8% 以上。建立健全符合科学规律的评价体系和激励机制，对基础研究探索实行长周期评价，创造有利于基础研究的良好科研生态。

第四节　建设重大科技创新平台

支持北京、上海、粤港澳大湾区形成国际科技创新中心，建设北京怀柔、上海张江、大湾区、安徽合肥综合性国家科学中心，支持有条件的地方建设区域科技创新中心。强化国家自主创新示范区、高新技术产业开发区、经济技术开发区等创新功能。适度超前布局国家重大科技基础设施，提高共享水平和使用效率。集约化建设自然科技资源库、国家野外科学观测研究站（网）和科学大数据中心。加强高端科研仪器设备研发制造。构建国家科研论文和科技信息高端交流平台。

专栏 3　国家重大科技基础设施
01　战略导向型 建设空间环境地基监测网、高精度地基授时系统、大型低速风洞、海底科学观测网、空间环境地面模拟装置、聚变堆主机关键系统综合研究设施等。
02　应用支撑型 建设高能同步辐射光源、高效低碳燃气轮机试验装置、超重力离心模拟与试验装置、加速器驱动嬗变研究装置、未来网络试验设施等。
03　前瞻引领型 建设硬 X 射线自由电子激光装置、高海拔宇宙线观测站、综合极端条件实验装置、极深地下极低辐射本底前沿物理实验设施、精密重力测量研究设施、强流重离子加速器装置等。
04　民生改善型 建设转化医学研究设施、多模态跨尺度生物医学成像设施、模式动物表型与遗传研究设施、地震科学实验场、地球系统数值模拟器等。

第五章　提升企业技术创新能力

完善技术创新市场导向机制，强化企业创新主体地位，促进各类创新要素向企业集聚，形成以企业为主体、市场为导向、产学研用深度融合的技术创新体系。

第一节 激励企业加大研发投入

实施更大力度的研发费用加计扣除、高新技术企业税收优惠等普惠性政策。拓展优化首台（套）重大技术装备保险补偿和激励政策，发挥重大工程牵引示范作用，运用政府采购政策支持创新产品和服务。通过完善标准、质量和竞争规制等措施，增强企业创新动力。健全鼓励国有企业研发的考核制度，设立独立核算、免于增值保值考核、容错纠错的研发准备金制度，确保中央国有工业企业研发支出年增长率明显超过全国平均水平。完善激励科技型中小企业创新的税收优惠政策。

第二节 支持产业共性基础技术研发

集中力量整合提升一批关键共性技术平台，支持行业龙头企业联合高等院校、科研院所和行业上下游企业共建国家产业创新中心，承担国家重大科技项目。支持有条件企业联合转制科研院所组建行业研究院，提供公益性共性技术服务。打造新型共性技术平台，解决跨行业跨领域关键共性技术问题。发挥大企业引领支撑作用，支持创新型中小微企业成长为创新重要发源地，推动产业链上中下游、大中小企业融通创新。鼓励有条件地方依托产业集群创办混合所有制产业技术研究院，服务区域关键共性技术研发。

第三节 完善企业创新服务体系

推动国家科研平台、科技报告、科研数据进一步向企业开放，创新科技成果转化机制，鼓励将符合条件的由财政资金支持形成的科技成果许可给中小企业使用。推进创新创业机构改革，建设专业化市场化技术转移机构和技术经理人队伍。完善金融支持创新体系，鼓励金融机构发展知识产权质押融资、科技保险等科技金融产品，开展科技成果转化贷款风险补偿试点。畅通科技型企业国内上市融资渠道，增强科创板“硬科技”特色，提升创业板服务成长型创新创业企业功能，鼓励发展天使投资、创业投资，更好发挥创业投资引导基金和私募股权基金作用。

第六章　激发人才创新活力

贯彻尊重劳动、尊重知识、尊重人才、尊重创造方针，深化人才发展体制机制改革，全方位培养、引进、用好人才，充分发挥人才第一资源的作用。

第一节　培养造就高水平人才队伍

遵循人才成长规律和科研活动规律，培养造就更多国际一流的战略科技人才、科技领军人才和创新团队，培养具有国际竞争力的青年科技人才后备军，注重依托重大科技任务和重大创新基地培养发现人才，支持设立博士后创新岗位。加强创新型、应用型、技能型人才培养，实施知识更新工程、技能提升行动，壮大高水平工程师和高技能人才队伍。加强基础学科拔尖学生培养，建设数理化生等基础学科基地和前沿科学中心。实行更加开放的人才政策，构筑集聚国内外优秀人才的科研创新高地。完善外籍高端人才和专业人才来华工作、科研、交流的停居留政策，完善外国人在华永久居留制度，探索建立技术移民制度。健全薪酬福利、子女教育、社会保障、税收优惠等制度，为海外科学家在华工作提供具有国际竞争力和吸引力的环境。

第二节　激励人才更好发挥作用

完善人才评价和激励机制，健全以创新能力、质量、实效、贡献为导向的科技人才评价体系，构建充分体现知识、技术等创新要素价值的收益分配机制。选好用好领军人才和拔尖人才，赋予更大技术路线决定权和经费使用权。全方位为科研人员松绑，拓展科研管理“绿色通道”。实行以增加知识价值为导向的分配政策，完善科研人员职务发明成果权益分享机制，探索赋予科研人员职务科技成果所有权或长期使用权，提高科研人员收益分享比例。深化院士制度改革。

第三节　优化创新创业创造生态

大力弘扬新时代科学家精神，强化科研诚信建设，健全科技伦理体系。依法保护企业家的财产权和创新收益，发挥企业家在把握创新方向、凝聚人才、筹措资金等方面重要作用。推进创新创业创造向纵深发展，优化双创示范基地建设布局。倡导敬业、精益、专注、宽容失败的创新创业文化，完善试错容错纠错机制。弘扬科学精神和工匠精神，广泛开展科学普及活动，加强青少年科学兴趣引导和培养，形成热爱科学、崇尚创新的社会氛围，提高全民科学素质。

第七章　完善科技创新体制机制

深入推进科技体制改革，完善国家科技治理体系，优化国家科技计划体系和运行机制，推动重点领域项目、基地、人才、资金一体化配置。

第一节　深化科技管理体制改革

加快科技管理职能转变，强化规划政策引导和创新环境营造，减少分钱分物定项目等直接干预。整合财政科研投入体制，重点投向战略性关键性领域，改变部门分割、小而散的状态。改革重大科技项目立项和组织管理方式，给予科研单位和科研人员更多自主权，推行技术总师负责制，实行“揭榜挂帅”、“赛马”等制度，健全奖补结合的资金支持机制。健全科技评价机制，完善自由探索型和任务导向型科技项目分类评价制度，建立非共识科技项目的评价机制，优化科技奖励项目。建立健全科研机构现代院所制度，支持科研事业单位试行更灵活的编制、岗位、薪酬等管理制度。建立健全高等院校、科研机构、企业间创新资源自由有序流动机制。深入推进全面创新改革试验。

第二节　健全知识产权保护运用体制

实施知识产权强国战略，实行严格的知识产权保护制度，完善知识产权相关法律法规，加快新领域新业态知识产权立法。加强知识产权司法保护和行政执法，健全仲裁、调解、公证和维权援助体系，健全知识产权侵权惩罚性赔偿制度，加大损害赔偿力度。优化专利资助奖励政策和考核评价机制，更好保护和激励高价值专利，培育专利密集型产业。改革国有知识产权归属和权益分配机制，扩大科研机构和高等院校知识产权处置自主权。完善无形资产评估制度，形成激励与监管相协调的管理机制。构建知识产权保护运用公共服务平台。

第三节　积极促进科技开放合作

实施更加开放包容、互惠共享的国际科技合作战略，更加主动融入全球创新网络。务实推进全球疫情防控和公共卫生等领域国际科技合作，聚焦气候变化、人类健康等问题加强同各国科研人员联合研发。主动设计和牵头发起国际大科学计划和大科学工程，发挥科学基金独特作用。加大国家科技计划对外开放力度，启动一批重大科技合作项目，研究设立面向全球的科学研究基金，实施科学家交流计划。支持在我国境内设立国际科技组织、外籍科学家在我国科技学术组织任职。

第三篇　加快发展现代产业体系 巩固壮大实体经济根基

坚持把发展经济着力点放在实体经济上，加快推进制造强国、质量强国建设，促进先进制造业和现代服务业深度融合，强化基础设施支撑引领作用，构建实体经济、科技创新、现代金融、人力资源协同发展的现代产业体系。

第八章　深入实施制造强国战略

坚持自主可控、安全高效，推进产业基础高级化、产业链现代化，保持制造业比重基本稳定，增强制造业竞争优势，推动制造业高质量发展。

第一节　加强产业基础能力建设

实施产业基础再造工程，加快补齐基础零部件及元器件、基础软件、基础材料、基础工艺和产业技术基础等瓶颈短板。依托行业龙头企业，加大重要产品和关键核心技术攻关力度，加快工程化产业化突破。实施重大技术装备攻关工程，完善激励和风险补偿机制，推动首台（套）装备、首批次材料、首版次软件示范应用。健全产业基础支撑体系，在重点领域布局一批国家制造业创新中心，完善国家质量基础设施，建设生产应用示范平台和标准计量、认证认可、检验检测、试验验证等产业技术基础公共服务平台，完善技术、工艺等工业基础数据库。

第二节　提升产业链供应链现代化水平

坚持经济性和安全性相结合，补齐短板、锻造长板，分行业做好供应链战略设计和精准施策，形成具有更强创新力、更高附加值、更安全可靠的产业链供应链。推进制造业补链强链，强化资源、技术、装备支撑，加强国际产业安全合作，推动产业链供应链多元化。立足产业规模优势、配套优势和部分领域先发优势，巩固提升高铁、电力装备、新能源、船舶等领域全产业链竞争力，从符合未来产业变革方向的整机产品入手打造战略性全局性产业链。优化区域产业链布局，引导产业链关键环节留在国内，强化中西部和东北地区承接产业转移能力建设。实施应急产品生产能力储备工程，建设区域性应急物资生产保障基地。实施领航企业培育工程，培育一批具有生态主导力和核心竞争力的龙头企业。推动中小企业提升专业化优势，培育专精特新“小巨人”企业和制造业单项冠军企业。加强技术经济安全评估，实施产业竞争力调查和评价工程。

第三节　推动制造业优化升级

深入实施智能制造和绿色制造工程，发展服务型制造新模式，推动制造业高端化智能化绿色化。培育先进制造业集群，推动集成电路、航空航天、船舶与海洋工程装备、机器人、先进轨道交通装备、先进电力装备、工程机械、高端数控机床、医药及医疗设备等产业创新发展。改造提升传统产业，推动石化、钢铁、有色、建材等原材料产业布局优化和结构调整，扩大轻工、纺织等优质产品供给，加快化工、造纸等重点行业企业改造升级，完善绿色制造体系。深入实施增强制造业核心竞争力和技术改造专项，鼓励企业应用先进适用技术、加强设备更新和新产品规模化应用。建设智能制造示范工厂，完善智能制造标准体系。深入实施质量提升行动，推动制造业产品“增品种、提品质、创品牌”。

第四节　实施制造业降本减负行动

强化要素保障和高效服务，巩固拓展减税降费成果，降低企业生产经营成本，提升制造业根植性和竞争力。推动工业用地提容增效，推广新型产业用地模式。扩大制造业中长期贷款、信用贷款规模，增加技改贷款，推动股权投资、债券融资等向制造业倾斜。允许制造业企业全部参与电力市场化交易，规范和降低港口航运、公路铁路运输等物流收费，全面清理规范涉企收费。建立制造业重大项目全周期服务机制和企业家参与涉企政策制定制度，支持建设中小企业信息、技术、进出口和数字化转型综合性服务平台。

专栏 4　制造业核心竞争力提升
01　高端新材料 推动高端稀土功能材料、高品质特殊钢材、高性能合金、高温合金、高纯稀有金属材料、高性能陶瓷、电子玻璃等先进金属和无机非金属材料取得突破，加强碳纤维、芳纶等高性能纤维及其复合材料、生物基和生物医用材料研发应用，加快茂金属聚乙烯等高性能树脂和集成电路用光刻胶等电子高纯材料关键技术突破。
02　重大技术装备 推进 CR450 高速度等级中国标准动车组、谱系化中国标准地铁列车、高端机床装备、先进工程机械、核电机组关键部件、邮轮、大型 LNG 船舶和深海油气生产平台等研发应用，推动 C919 大型客机示范运营和 ARJ21 支线客机系列化发展。
03　智能制造与机器人技术 重点研制分散式控制系统、可编程逻辑控制器、数据采集和视频监控系统等工业控制装备，突破先进控制器、高精度伺服驱动系统、高性能减速器等智能机器人关键技术。发展增材制造。
04　航空发动机及燃气轮机 加快先进航空发动机关键材料等技术研发验证，推进民用大涵道比涡扇发动机 CJ1000 产品研制，突破宽体客机发动机关键技术，实现先进民用涡轴发动机产业化。建设上海重型燃气轮机试验电站。
05　北斗产业化应用 突破通信导航一体化融合等技术，建设北斗应用产业创新平台，在通信、金融、能源、民航等行业开展典型示范，推动北斗在车载导航、智能手机、穿戴设备等消费领域市场化规模化应用。
06　新能源汽车和智能（网联）汽车 突破新能源汽车高安全动力电池、高效驱动电机、高性能动力系统等关键技术，加快研发智能（网联）汽车基础技术平台及软硬件系统、线控底盘和智能终端等关键部件。
07　高端医疗装备和创新药 突破腔镜手术机器人、体外膜肺氧合机等核心技术，研制高端影像、放射治疗等大型医疗设备及关键零部件。发展脑起搏器、全降解血管支架等植入介入产品，推动康复辅助器具提质升级。研发重大传染性疾病所需疫苗，开发治疗恶性肿瘤、心脑血管等疾病特效药。加强中医药关键技术装备研发。
08　农业机械装备 开发智能型大马力拖拉机、精量（免耕）播种机、喷杆喷雾机、开沟施肥机、高效联合收割机、果蔬采收机、甘蔗收获机、采棉机等先进适用农业机械，发展丘陵山区农业生产高效专用农机。推动先进粮油加工装备研发和产业化。研发绿色智能养殖饲喂、环控、采集、粪污利用等装备。研发造林种草等机械装备。

第九章　发展壮大战略性新兴产业

着眼于抢占未来产业发展先机，培育先导性和支柱性产业，推动战略性新兴产业融合化、集群化、生态化发展，战略性新兴产业增加值占 GDP 比重超过 17%。

第一节　构筑产业体系新支柱

聚焦新一代信息技术、生物技术、新能源、新材料、高端装备、新能源汽车、绿色环保以及航空航天、海洋装备等战略性新兴产业，加快关键核心技术创新应用，增强要素保障能力，培育壮大产业发展新动能。推动生物技术和信息技术融合创新，加快发展生物医药、生物育种、生物材料、生物能源等产业，做大做强生物经济。深化北斗系统推广应用，推动北斗产业高质量发展。深入推进国家战略性新兴产业集群发展工程，健全产业集群组织管理和专业化推进机制，建设创新和公共服务综合体，构建一批各具特色、优势互补、结构合理的战略性新兴产业增长引擎。鼓励技术创新和企业兼并重组，防止低水平重复建设。发挥产业投资基金引导作用，加大融资担保和风险补偿力度。

第二节　前瞻谋划未来产业

在类脑智能、量子信息、基因技术、未来网络、深海空天开发、氢能与储能等前沿科技和产业变革领域，组织实施未来产业孵化与加速计划，谋划布局一批未来产业。在科教资源优势突出、产业基础雄厚的地区，布局一批国家未来产业技术研究院，加强前沿技术多路径探索、交叉融合和颠覆性技术供给。实施产业跨界融合示范工程，打造未来技术应用场景，加速形成若干未来产业。

第十章　促进服务业繁荣发展

聚焦产业转型升级和居民消费升级需要，扩大服务业有效供给，提高服务效率和服务品质，构建优质高效、结构优化、竞争力强的服务产业新体系。

第一节　推动生产性服务业融合化发展

以服务制造业高质量发展为导向，推动生产性服务业向专业化和价值链高端延伸。聚焦提高产业创新力，加快发展研发设计、工业设计、商务咨询、检验检测认证等服务。聚焦提高要素配置效率，推动供应链金融、信息数据、人力资源等服务创新发展。聚焦增强全产业链优势，提高现代物流、采购分销、生产控制、运营管理、售后服务等发展水平。推动现代服务业与先进制造业、现代农业深度融合，深化业务关联、链条延伸、技术渗透，支持智能制造系统解决方案、流程再造等新型专业化服务机构发展。培育具有国际竞争力的服务企业。

第二节　加快生活性服务业品质化发展

以提升便利度和改善服务体验为导向，推动生活性服务业向高品质和多样化升级。加快发展健康、养老、托育、文化、旅游、体育、物业等服务业，加强公益性、基础性服务业供给，扩大覆盖全生命期的各类服务供给。持续推动家政服务业提质扩容，与智慧社区、养老托育等融合发展。鼓励商贸流通业态与模式创新，推进数字化智能化改造和跨界融合，线上线下全渠道满足消费需求。加快完善养老、家政等服务标准，健全生活性服务业认证认可制度，推动生活性服务业诚信化职业化发展。

第三节　深化服务领域改革开放

扩大服务业对内对外开放，进一步放宽市场准入，全面清理不合理的限制条件，鼓励社会力量扩大多元化多层次服务供给。完善支持服务业发展的政策体系，创新适应服务新业态新模式和产业融合发展需要的土地、财税、金融、价格等政策。健全服务质量标准体系，强化标准贯彻执行和推广。加快制定重点服务领域监管目录、流程和标准，构建高效协同的服务业监管体系。完善服务领域人才职称评定制度，鼓励从业人员参加职业技能培训和鉴定。深入推进服务业综合改革试点和扩大开放。

第十一章　建设现代化基础设施体系

统筹推进传统基础设施和新型基础设施建设，打造系统完备、高效实用、智能绿色、安全可靠的现代化基础设施体系。

第一节　加快建设新型基础设施

围绕强化数字转型、智能升级、融合创新支撑，布局建设信息基础设施、融合基础设施、创新基础设施等新型基础设施。建设高速泛在、天地一体、集成互联、安全高效的信息基础设施，增强数据感知、传输、存储和运算能力。加快 5G 网络规模化部署，用户普及率提高到 56%，推广升级千兆光纤网络。前瞻布局 6G 网络技术储备。扩容骨干网互联节点，新设一批国际通信出入口，全面推进互联网协议第六版（IPv6）商用部署。实施中西部地区中小城市基础网络完善工程。推动物联网全面发展，打造支持固移融合、宽窄结合的物联接入能力。加快构建全国一体化大数据中心体系，强化算力统筹智能调度，建设若干国家枢纽节点和大数据中心集群，建设 E 级和 10E 级超级计算中心。积极稳妥发展工业互联网和车联网。打造全球覆盖、高效运行的通信、导航、遥感空间基础设施体系，建设商业航天发射场。加快交通、能源、市政等传统基础设施数字化改造，加强泛在感知、终端联网、智能调度体系建设。发挥市场主导作用，打通多元化投资渠道，构建新型基础设施标准体系。

第二节　加快建设交通强国

建设现代化综合交通运输体系，推进各种运输方式一体化融合发展，提高网络效应和运营效率。完善综合运输大通道，加强出疆入藏、中西部地区、沿江沿海沿边战略骨干通道建设，有序推进能力紧张通道升级扩容，加强与周边国家互联互通。构建快速网，基本贯通"八纵八横"高速铁路，提升国家高速公路网络质量，加快建设世界级港口群和机场群。完善干线网，加快普速铁路建设和既有铁路电气化改造，优化铁路客货布局，推进普通国省道瓶颈路段贯通升级，推动内河高等级航道扩能升级，稳步建设支线机场、通用机场和货运机场，积极发展通用航空。加强邮政设施建设，实施快递“进村进厂出海”工程。推进城市群都市圈交通一体化，加快城际铁路、市域（郊）铁路建设，构建高速公路环线系统，有序推进城市轨道交通发展。提高交通通达深度，推动区域性铁路建设，加快沿边抵边公路建设，继续推进“四好农村路”建设，完善道路安全设施。构建多层级、一体化综合交通枢纽体系，优化枢纽场站布局、促进集约综合开发，完善集疏运系统，发展旅客联程运输和货物多式联运，推广全程“一站式”、“一单制”服务。推进中欧班列集结中心建设。深入推进铁路企业改革，全面深化空管体制改革，推动公路收费制度和养护体制改革。

专栏 5　交通强国建设工程
01　战略骨干通道 建设川藏铁路雅安至林芝段和伊宁至阿克苏、酒泉至额济纳、若羌至罗布泊等铁路，推进日喀则至吉隆、和田至日喀则铁路前期工作，打通沿边公路 G219 和 G331 线，提质改造川藏公路 G318 线。
02　高速铁路 建设成都重庆至上海沿江高铁、上海经宁波至合浦沿海高铁、京沪高铁辅助通道天津至新沂段和北京经雄安新区至商丘、西安至重庆、长沙至赣州、包头至银川等高铁。
03　普速铁路 建设西部陆海新通道黄桶至百色、黔桂增建二线铁路和瑞金至梅州、中卫经平凉至庆阳、柳州至广州铁路，推进玉溪至磨憨、大理至瑞丽等与周边互联互通铁路建设。提升铁路集装箱运输能力，推进中欧班列运输通道和口岸扩能改造，建设大型工矿企业、物流园区和重点港口铁路专用线，全面实现长江干线主要港口铁路进港。
04　城市群和都市圈轨道交通 新增城际铁路和市域（郊）铁路运营里程 3000 公里，基本建成京津冀、长三角、粤港澳大湾区轨道交通网。新增城市轨道交通运营里程 3000 公里。
05　高速公路 实施京沪、京港澳、长深、沪昆、连霍等国家高速公路主线拥挤路段扩容改造，加快建设国家高速公路主线并行线、联络线，推进京雄等雄安新区高速公路建设。规划布局建设充换电设施。新改建高速公路里程 2.5 万公里。
06　港航设施 建设京津冀、长三角、粤港澳大湾区世界级港口群，建设洋山港区小洋山北侧、天津北疆港区 C 段、广州南沙港五期、深圳盐田港东区等集装箱码头。推进曹妃甸港煤炭运能扩容、舟山江海联运服务中心和北部湾国际门户港、洋浦枢纽港建设。深化三峡水运新通道前期论证，研究平陆运河等跨水系运河连通工程。

07　现代化机场

建设京津冀、长三角、粤港澳大湾区、成渝世界级机场群，实施广州、深圳、昆明、西安、重庆、乌鲁木齐、哈尔滨等国际枢纽机场和杭州、合肥、济南、长沙、南宁等区域枢纽机场改扩建工程，建设厦门、大连、三亚新机场。建成鄂州专业性货运机场，建设朔州、嘉兴、瑞金、黔北、阿拉尔等支线机场，新增民用运输机场 30 个以上。

08　综合交通和物流枢纽

推进既有客运枢纽一体化智能化升级改造和站城融合，实施枢纽机场引入轨道交通工程。推进 120 个左右国家物流枢纽建设。加快邮政国际寄递中心建设。

第三节　构建现代能源体系

推进能源革命，建设清洁低碳、安全高效的能源体系，提高能源供给保障能力。加快发展非化石能源，坚持集中式和分布式并举，大力提升风电、光伏发电规模，加快发展东中部分布式能源，有序发展海上风电，加快西南水电基地建设，安全稳妥推动沿海核电建设，建设一批多能互补的清洁能源基地，非化石能源占能源消费总量比重提高到 20% 左右。推动煤炭生产向资源富集地区集中，合理控制煤电建设规模和发展节奏，推进以电代煤。有序放开油气勘探开发市场准入，加快深海、深层和非常规油气资源利用，推动油气增储上产。因地制宜开发利用地热能。提高特高压输电通道利用率。加快电网基础设施智能化改造和智能微电网建设，提高电力系统互补互济和智能调节能力，加强源网荷储衔接，提升清洁能源消纳和存储能力，提升向边远地区输配电能力，推进煤电灵活性改造，加快抽水蓄能电站建设和新型储能技术规模化应用。完善煤炭跨区域运输通道和集疏运体系，加快建设天然气主干管道，完善油气互联互通网络。

专栏 6　现代能源体系建设工程

01　大型清洁能源基地

建设雅鲁藏布江下游水电基地。建设金沙江上下游、雅砻江流域、黄河上游和几字湾、河西走廊、新疆、冀北、松辽等清洁能源基地，建设广东、福建、浙江、江苏、山东等海上风电基地。

02　沿海核电

建成华龙一号、国和一号、高温气冷堆示范工程，积极有序推进沿海三代核电建设。推动模块式小型堆、60 万千瓦级商用高温气冷堆、海上浮动式核动力平台等先进堆型示范。建设核电站中低放废物处置场，建设乏燃料后处理厂。开展山东海阳等核能综合利用示范。核电运行装机容量达到 7000 万千瓦。

03　电力外送通道

建设白鹤滩至华东、金沙江上游外送等特高压输电通道，实施闽粤联网、川渝特高压交流工程。研究论证陇东至山东、哈密至重庆等特高压输电通道。

04　电力系统调节

建设桐城、磐安、泰安二期、浑源、庄河、安化、贵阳、南宁等抽水蓄能电站，实施电化学、压缩空气、飞轮等储能示范项目。开展黄河梯级电站大型储能项目研究。

05　油气储运能力

新建中俄东线境内段、川气东送二线等油气管道。建设石油储备重大工程。加快中原文 23、辽河储气库群等地下储气库建设。

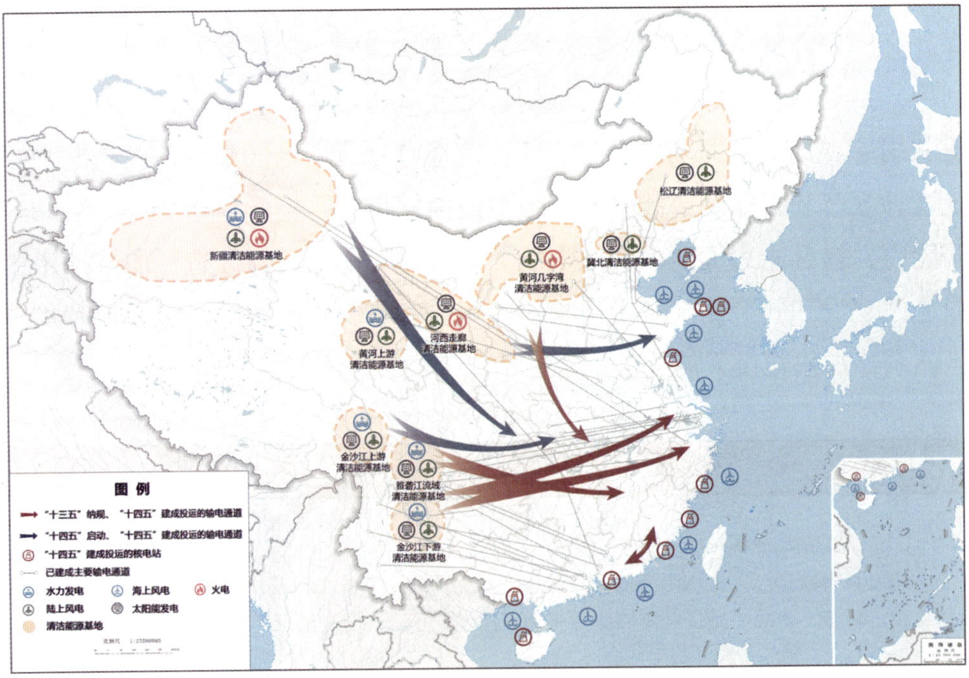

图 1　"十四五"大型清洁能源基地布局示意图

第四节　加强水利基础设施建设

立足流域整体和水资源空间均衡配置，加强跨行政区河流水系治理保护和骨干工程建设，强化大中小微水利设施协调配套，提升水资源优化配置和水旱灾害防御能力。坚持节水优先，完善水资源配置体系，建设水资源配置骨干项目，加强重点水源和城市应急备用水源工程建设。实施防洪提升工程，解决防汛薄弱环节，加快防洪控制性枢纽工程建设和中小河流治理、病险水库除险加固，全面推进堤防和蓄滞洪区建设。加强水源涵养区保护修复，加大重点河湖保护和综合治理力度，恢复水清岸绿的水生态体系。

专栏 7　国家水网骨干工程
01　重大引调水 推动南水北调东中线后续工程建设，深化南水北调西线工程方案比选论证。建设珠三角水资源配置、渝西水资源配置、引江济淮、滇中引水、引汉济渭、新疆奎屯河引水、河北雄安干渠供水、海南琼西北水资源配置等工程。加快引黄济宁、黑龙江三江连通、环北部湾水资源配置工程前期论证。
02　供水灌溉 推进新疆库尔干、黑龙江关门嘴子、贵州观音、湖南犬木塘、浙江开化、广西长塘等大型水库建设。实施黄河河套、四川都江堰、安徽淠史杭等大型灌区续建配套和现代化改造，推进四川向家坝、云南耿马、安徽怀洪新河、海南牛路岭、江西大坳等大型灌区建设。
03　防洪减灾 建设雄安新区防洪工程、长江中下游崩岸治理和重要蓄滞洪区、黄河干流河道和滩区综合治理、淮河入海水道二期、海河河道治理、西江干流堤防、太湖吴淞江、海南迈湾水利枢纽等工程。加强黄河古贤水利枢纽、福建上白石水库等工程前期论证。

第四篇　形成强大国内市场　构建新发展格局

坚持扩大内需这个战略基点，加快培育完整内需体系，把实施扩大内需战略同深化供给侧结构性改革有机结合起来，以创新驱动、高质量供给引领和创造新需求，加快构建以国内大循环为主体、国内国际双循环相互促进的新发展格局。

第十二章　畅通国内大循环

依托强大国内市场，贯通生产、分配、流通、消费各环节，形成需求牵引供给、供给创造需求的更高水平动态平衡，促进国民经济良性循环。

第一节　提升供给体系适配性

深化供给侧结构性改革，提高供给适应引领创造新需求能力。适应个性化、差异化、品质化消费需求，推动生产模式和产业组织方式创新，持续扩大优质消费品、中高端产品供给和教育、医疗、养老等服务供给，提升产品服务质量和客户满意度，推动供需协调匹配。优化提升供给结构，促进农业、制造业、服务业、能源资源等产业协调发展。完善产业配套体系，加快自然垄断行业竞争性环节市场化，实现上下游、产供销有效衔接。健全市场化法治化化解过剩产能长效机制，完善企业兼并重组法律法规和配套政策。建立健全质量分级制度，加快标准升级迭代和国际标准转化应用。开展中国品牌创建行动，保护发展中华老字号，提升自主品牌影响力和竞争力，率先在化妆品、服装、家纺、电子产品等消费品领域培育一批高端品牌。

第二节　促进资源要素顺畅流动

破除制约要素合理流动的堵点，矫正资源要素失衡错配，从源头上畅通国民经济循环。提高金融服务实体经济能力，健全实体经济中长期资金供给制度安排，创新直达实体经济的金融产品和服务，增强多层次资本市场融资功能。实施房地产市场平稳健康发展长效机制，促进房地产与实体经济均衡发展。有效提升劳动者技能，提高就业质量和收入水平，形成人力资本提升和产业转型升级良性循环。健全城乡要素自由流动机制，构建区域产业梯度转移格局，促进城乡区域良性互动。

第三节　强化流通体系支撑作用

深化流通体制改革，畅通商品服务流通渠道，提升流通效率，降低全社会交易成本。加快构建国内统一大市场，对标国际先进规则和最佳实践优化市场环境，促进不同地区和行业标准、规则、政策协调统一，有效破除地方保护、行业垄断和市场分割。建设现代物流体系，加快发展冷链物流，统筹物流枢纽设施、骨干线路、区域分拨中心和末端配送节点建设，完善国家物流枢纽、骨干冷链物流基地设施条件，健全县乡村三级物流配送体系，发展高铁快运等铁路快捷货运产品，加强国际航空货运能力建设，提升国际海运竞争力。优化国际物流通道，加快形成内外联通、安全高效的物流网络。完善现代商贸流通体系，培育一批具有全球竞争力的现代流通企业，支持便利店、农贸市场等商贸流通设施改造升级，发展无接触交易服务，加强商贸流通标准化建设和绿色发展。加快建立储备充足、反应迅速、抗冲击能力强的应急物流体系。

第四节　完善促进国内大循环的政策体系

保持合理的财政支出力度和赤字率水平，完善减税降费政策，构建有利于企业扩大投资、增加研发投入、调节收入分配、减轻消费者负担的税收制度。保持流动性合理充裕，保持货币供应量和社会融资规模增速同名义经济增速基本匹配，创新结构性政策工具，引导金融机构加大对重点领域和薄弱环节支持力度，规范发展消费信贷。推动产业政策向普惠化和功能性转型，强化竞争政策基础性地位，支持技术创新和结构升级。健全与经济发展水平相适应的收入分配、社会保障和公共服务制度。

第十三章　促进国内国际双循环

立足国内大循环，协同推进强大国内市场和贸易强国建设，形成全球资源要素强大引力场，促进内需和外需、进口和出口、引进外资和对外投资协调发展，加快培育参与国际合作和竞争新优势。

第一节　推动进出口协同发展

完善内外贸一体化调控体系，促进内外贸法律法规、监管体制、经营资质、质量标准、检验检疫、认证认可等相衔接，推进同线同标同质。降低进口关税和制度性成本，扩大优质消费品、先进技术、重要设备、能源资源等进口，促进进口来源多元化。完善出口政策，优化出口商品质量和结构，稳步提高出口附加值。优化国际市场布局，引导企业深耕传统出口市场、拓展新兴市场，扩大与周边国家贸易规模，稳定国际市场份额。推动加工贸易转型升级，深化外贸转型升级基地、海关特殊监管区域、贸易促进平台、国际营销服务网络建设，加快发展跨境电商、市场采购贸易等新模式，鼓励建设海外仓，保障外贸产业链供应链畅通运转。创新发展服务贸易，推进服务贸易创新发展试点开放平台建设，提升贸易数字化水平。实施贸易投资融合工程。办好中国国际进口博览会、中国进出口商品交易会、中国国际服务贸易交易会等展会。

第二节　提高国际双向投资水平

坚持引进来和走出去并重，以高水平双向投资高效利用全球资源要素和市场空间，完善产业链供应链保障机制，推动产业竞争力提升。更大力度吸引和利用外资，有序推进电信、互联网、教育、文化、医疗等领域相关业务开放。全面优化外商投资服务，加强外商投资促进和保护，发挥重大外资项目示范效应，支持外资加大中高端制造、高新技术、传统制造转型升级、现代服务等领域和中西部地区投资，支持外资企业设立研发中心和参与承担国家科技计划项目。鼓励外资企业利润再投资。坚持企业主体，创新境外投资方式，优化境外投资结构和布局，提升风险防范能力和收益水平。完善境外生产服务网络和流通体系，加快金融、咨询、会计、法律等生产性服务业国际化发展，推动中国产品、服务、技术、品牌、标准走出去。支持企业融入全球产业链供应链，提高跨国经营能力和水平。引导企业加强合规管理，防范化解境外政治、经济、安全等各类风险。推进多双边投资合作机制建设，健全促进和保障境外投资政策和服务体系，推动境外投资立法。

第十四章　加快培育完整内需体系

深入实施扩大内需战略，增强消费对经济发展的基础性作用和投资对优化供给结构的关键性作用，建设消费和投资需求旺盛的强大国内市场。

第一节　全面促进消费

顺应居民消费升级趋势，把扩大消费同改善人民生活品质结合起来，促进消费向绿色、健康、安全发展，稳步提高居民消费水平。提升传统消费，加快推动汽车等消费品由购买管理向使用管理转变，健全强制报废制度和废旧家电、消费电子等耐用消费品回收处理体系，促进住房消费健康发展。培育新型消费，发展信息消费、数字消费、绿色消费，鼓励定制、体验、智能、时尚消费等新模式新业态发展。发展服务消费，放宽服务消费领域市场准入，推动教育培训、医疗健康、养老托育、文旅体育等消费提质扩容，加快线上线下融合发展。适当增加公共消费，提高公共服务支出效率。扩大节假日消费，完善节假日制度，全面落实带薪休假制度。培育建设国际消费中心城市，打造一批区域消费中心。完善城乡融合消费网络，扩大电子商务进农村覆盖面，改善县域消费环境，推动农村消费梯次升级。完善市内免税店政策，规划建设一批中国特色市内免税店。采取增加居民收入与减负并举等措施，不断扩大中等收入群体，持续释放消费潜力。强化消费者权益保护，完善质量标准和后评价体系，健全缺陷产品召回、产品伤害监测、产品质量担保等制度，完善多元化消费维权机制和纠纷解决机制。

第二节 拓展投资空间

优化投资结构，提高投资效率，保持投资合理增长。加快补齐基础设施、市政工程、农业农村、公共安全、生态环保、公共卫生、物资储备、防灾减灾、民生保障等领域短板，推动企业设备更新和技术改造，扩大战略性新兴产业投资。推进既促消费惠民生又调结构增后劲的新型基础设施、新型城镇化、交通水利等重大工程建设。面向服务国家重大战略，实施川藏铁路、西部陆海新通道、国家水网、雅鲁藏布江下游水电开发、星际探测、北斗产业化等重大工程，推进重大科研设施、重大生态系统保护修复、公共卫生应急保障、重大引调水、防洪减灾、送电输气、沿边沿江沿海交通等一批强基础、增功能、利长远的重大项目建设。深化投融资体制改革，发挥政府投资撬动作用，激发民间投资活力，形成市场主导的投资内生增长机制。健全项目谋划、储备、推进机制，加大资金、用地等要素保障力度，加快投资项目落地见效。规范有序推进政府和社会资本合作（PPP），推动基础设施领域不动产投资信托基金（REITs）健康发展，有效盘活存量资产，形成存量资产和新增投资的良性循环。

第五篇　加快数字化发展　建设数字中国

迎接数字时代，激活数据要素潜能，推进网络强国建设，加快建设数字经济、数字社会、数字政府，以数字化转型整体驱动生产方式、生活方式和治理方式变革。

第十五章　打造数字经济新优势

充分发挥海量数据和丰富应用场景优势，促进数字技术与实体经济深度融合，赋能传统产业转型升级，催生新产业新业态新模式，壮大经济发展新引擎。

第一节　加强关键数字技术创新应用

聚焦高端芯片、操作系统、人工智能关键算法、传感器等关键领域，加快推进基础理论、基础算法、装备材料等研发突破与迭代应用。加强通用处理器、云计算系统和软件核心技术一体化研发。加快布局量子计算、量子通信、神经芯片、DNA 存储等前沿技术，加强信息科学与生命科学、材料等基础学科的交叉创新，支持数字技术开源社区等创新联合体发展，完善开源知识产权和法律体系，鼓励企业开放软件源代码、硬件设计和应用服务。

第二节　加快推动数字产业化

培育壮大人工智能、大数据、区块链、云计算、网络安全等新兴数字产业，提升通信设备、核心电子元器件、关键软件等产业水平。构建基于 5G 的应用场景和产业生态，在智能交通、智慧物流、智慧能源、智慧医疗等重点领域开展试点示范。鼓励企业开放搜索、电商、社交等数据，发展第三方大数据服务产业。促进共享经济、平台经济健康发展。

第三节 推进产业数字化转型

实施“上云用数赋智”行动，推动数据赋能全产业链协同转型。在重点行业和区域建设若干国际水准的工业互联网平台和数字化转型促进中心，深化研发设计、生产制造、经营管理、市场服务等环节的数字化应用，培育发展个性定制、柔性制造等新模式，加快产业园区数字化改造。深入推进服务业数字化转型，培育众包设计、智慧物流、新零售等新增长点。加快发展智慧农业，推进农业生产经营和管理服务数字化改造。

专栏 8 数字经济重点产业

01 云计算

加快云操作系统迭代升级，推动超大规模分布式存储、弹性计算、数据虚拟隔离等技术创新，提高云安全水平。以混合云为重点培育行业解决方案、系统集成、运维管理等云服务产业。

02 大数据

推动大数据采集、清洗、存储、挖掘、分析、可视化算法等技术创新，培育数据采集、标注、存储、传输、管理、应用等全生命周期产业体系，完善大数据标准体系。

03 物联网

推动传感器、网络切片、高精度定位等技术创新，协同发展云服务与边缘计算服务，培育车联网、医疗物联网、家居物联网产业。

04 工业互联网

打造自主可控的标识解析体系、标准体系、安全管理体系，加强工业软件研发应用，培育形成具有国际影响力的工业互联网平台，推进“工业互联网 + 智能制造”产业生态建设。

05 区块链

推动智能合约、共识算法、加密算法、分布式系统等区块链技术创新，以联盟链为重点发展区块链服务平台和金融科技、供应链管理、政务服务等领域应用方案，完善监管机制。

06 人工智能

建设重点行业人工智能数据集，发展算法推理训练场景，推进智能医疗装备、智能运载工具、智能识别系统等智能产品设计与制造，推动通用化和行业性人工智能开放平台建设。

07 虚拟现实和增强现实

推动三维图形生成、动态环境建模、实时动作捕捉、快速渲染处理等技术创新，发展虚拟现实整机、感知交互、内容采集制作等设备和开发工具软件、行业解决方案。

第十六章　加快数字社会建设步伐

适应数字技术全面融入社会交往和日常生活新趋势，促进公共服务和社会运行方式创新，构筑全民畅享的数字生活。

第一节　提供智慧便捷的公共服务

聚焦教育、医疗、养老、抚幼、就业、文体、助残等重点领域，推动数字化服务普惠应用，持续提升群众获得感。推进学校、医院、养老院等公共服务机构资源数字化，加大开放共享和应用力度。推进线上线下公共服务共同发展、深度融合，积极发展在线课堂、互联网医院、智慧图书馆等，支持高水平公共服务机构对接基层、边远和欠发达地区，扩大优质公共服务资源辐射覆盖范围。加强智慧法院建设。鼓励社会力量参与“互联网 + 公共服务”，创新提供服务模式和产品。

第二节　建设智慧城市和数字乡村

以数字化助推城乡发展和治理模式创新，全面提高运行效率和宜居度。分级分类推进新型智慧城市建设，将物联网感知设施、通信系统等纳入公共基础设施统一规划建设，推进市政公用设施、建筑等物联网应用和智能化改造。完善城市信息模型平台和运行管理服务平台，构建城市数据资源体系，推进城市数据大脑建设。探索建设数字孪生城市。加快推进数字乡村建设，构建面向农业农村的综合信息服务体系，建立涉农信息普惠服务机制，推动乡村管理服务数字化。

第三节　构筑美好数字生活新图景

推动购物消费、居家生活、旅游休闲、交通出行等各类场景数字化，打造智慧共享、和睦共治的新型数字生活。推进智慧社区建设，依托社区数字化平台和线下社区服务机构，建设便民惠民智慧服务圈，提供线上线下融合的社区生活服务、社区治理及公共服务、智能小区等服务。丰富数字生活体验，发展数字家庭。加强全民数字技能教育和培训，普及提升公民数字素养。加快信息无障碍建设，帮助老年人、残疾人等共享数字生活。

第十七章　提高数字政府建设水平

将数字技术广泛应用于政府管理服务，推动政府治理流程再造和模式优化，不断提高决策科学性和服务效率。

第一节　加强公共数据开放共享

建立健全国家公共数据资源体系，确保公共数据安全，推进数据跨部门、跨层级、跨地区汇聚融合和深度利用。健全数据资源目录和责任清单制度，提升国家数据共享交换平台功能，深化国家人口、法人、空间地理等基础信息资源共享利用。扩大基础公共信息数据安全有序开放，探索将公共数据服务纳入公共服务体系，构建统一的国家公共数据开放平台和开发利用端口，优先推动企业登记监管、卫生、交通、气象等高价值数据集向社会开放。开展政府数据授权运营试点，鼓励第三方深化对公共数据的挖掘利用。

第二节　推动政务信息化共建共用

加大政务信息化建设统筹力度，健全政务信息化项目清单，持续深化政务信息系统整合，布局建设执政能力、依法治国、经济治理、市场监管、公共安全、生态环境等重大信息系统，提升跨部门协同治理能力。完善国家电子政务网络，集约建设政务云平台和数据中心体系，推进政务信息系统云迁移。加强政务信息化建设快速迭代，增强政务信息系统快速部署能力和弹性扩展能力。

第三节　提高数字化政务服务效能

全面推进政府运行方式、业务流程和服务模式数字化智能化。深化“互联网 + 政务服务”，提升全流程一体化在线服务平台功能。加快构建数字技术辅助政府决策机制，提高基于高频大数据精准动态监测预测预警水平。强化数字技术在公共卫生、自然灾害、事故灾难、社会安全等突发公共事件应对中的运用，全面提升预警和应急处置能力。

第十八章　营造良好数字生态

坚持放管并重，促进发展与规范管理相统一，构建数字规则体系，营造开放、健康、安全的数字生态。

第一节　建立健全数据要素市场规则

统筹数据开发利用、隐私保护和公共安全，加快建立数据资源产权、交易流通、跨境传输和安全保护等基础制度和标准规范。建立健全数据产权交易和行业自律机制，培育规范的数据交易平台和市场主体，发展数据资产评估、登记结算、交易撮合、争议仲裁等市场运营体系。加强涉及国家利益、商业秘密、个人隐私的数据保护，加快推进数据安全、个人信息保护等领域基础性立法，强化数据资源全生命周期安全保护。完善适用于大数据环境下的数据分类分级保护制度。加强数据安全评估，推动数据跨境安全有序流动。

第二节　营造规范有序的政策环境

构建与数字经济发展相适应的政策法规体系。健全共享经济、平台经济和新个体经济管理规范，清理不合理的行政许可、资质资格事项，支持平台企业创新发展、增强国际竞争力。依法依规加强互联网平台经济监管，明确平台企业定位和监管规则，完善垄断认定法律规范，打击垄断和不正当竞争行为。探索建立无人驾驶、在线医疗、金融科技、智能配送等监管框架，完善相关法律法规和伦理审查规则。健全数字经济统计监测体系。

第三节　加强网络安全保护

健全国家网络安全法律法规和制度标准，加强重要领域数据资源、重要网络和信息系统安全保障。建立健全关键信息基础设施保护体系，提升安全防护和维护政治安全能力。加强网络安全风险评估和审查。加强网络安全基础设施建设，强化跨领域网络安全信息共享和工作协同，提升网络安全威胁发现、监测预警、应急指挥、攻击溯源能力。加强网络安全关键技术研发，加快人工智能安全技术创新，提升网络安全产业综合竞争力。加强网络安全宣传教育和人才培养。

第四节　推动构建网络空间命运共同体

推进网络空间国际交流与合作，推动以联合国为主渠道、以联合国宪章为基本原则制定数字和网络空间国际规则。推动建立多边、民主、透明的全球互联网治理体系，建立更加公平合理的网络基础设施和资源治理机制。积极参与数据安全、数字货币、数字税等国际规则和数字技术标准制定。推动全球网络安全保障合作机制建设，构建保护数据要素、处置网络安全事件、打击网络犯罪的国际协调合作机制。向欠发达国家提供技术、设备、服务等数字援助，使各国共享数字时代红利。积极推进网络文化交流互鉴。

专栏 9　数字化应用场景
01　智能交通 发展自动驾驶和车路协同的出行服务。推广公路智能管理、交通信号联动、公交优先通行控制。建设智能铁路、智慧民航、智慧港口、数字航道、智慧停车场。
02　智慧能源 推动煤矿、油气田、电厂等智能化升级，开展用能信息广泛采集、能效在线分析，实现源网荷储互动、多能协同互补、用能需求智能调控。
03　智能制造 促进设备联网、生产环节数字化连接和供应链协同响应，推进生产数据贯通化、制造柔性化、产品个性化、管理智能化。
04　智慧农业及水利 推广大田作物精准播种、精准施肥施药、精准收获，推动设施园艺、畜禽水产养殖智能化应用。构建智慧水利体系，以流域为单元提升水情测报和智能调度能力。
05　智慧教育 推动社会化高质量在线课程资源纳入公共教学体系，推进优质教育资源在线辐射农村和边远地区薄弱学校，发展场景式、体验式学习和智能化教育管理评价。
06　智慧医疗 完善电子健康档案和病历、电子处方等数据库，加快医疗卫生机构数据共享。推广远程医疗，推进医学影像辅助判读、临床辅助诊断等应用。运用大数据提升对医疗机构和医疗行为的监管能力。

07　智慧文旅 推动景区、博物馆等发展线上数字化体验产品，建设景区监测设施和大数据平台，发展沉浸式体验、虚拟展厅、高清直播等新型文旅服务。
08　智慧社区 推动政务服务平台、社区感知设施和家庭终端联通，发展智能预警、应急救援救护和智慧养老等社区惠民服务，建立无人物流配送体系。
09　智慧家居 应用感应控制、语音控制、远程控制等技术手段，发展智能家电、智能照明、智能安防监控、智能音箱、新型穿戴设备、服务机器人等。
10　智慧政务 推进政务服务一网通办，推广应用电子证照、电子合同、电子签章、电子发票、电子档案，健全政务服务“好差评”评价体系。

第六篇　全面深化改革
构建高水平社会主义市场经济体制

坚持和完善社会主义基本经济制度，充分发挥市场在资源配置中的决定性作用，更好发挥政府作用，推动有效市场和有为政府更好结合。

第十九章　激发各类市场主体活力

毫不动摇巩固和发展公有制经济，毫不动摇鼓励、支持、引导非公有制经济发展，培育更有活力、创造力和竞争力的市场主体。

第一节　加快国有经济布局优化和结构调整

围绕服务国家战略，坚持有进有退、有所为有所不为，加快国有经济布局优化、结构调整和战略性重组，增强国有经济竞争力、创新力、控制力、影响力、抗风险能力，做强做优做大国有资本和国有企业。发挥国有经济战略支撑作用，推动国有经济进一步聚焦战略安全、产业引领、国计民生、公共服务等功能，调整盘活存量资产，优化增量资本配置，向关系国家安全、国民经济命脉的重要行业集中，向提供公共服务、应急能力建设和公益性等关系国计民生的重要行业集中，向前瞻性战略性新兴产业集中。对充分竞争领域的国有经济，强化资本收益目标和财务硬约束，增强流动性，完善国有资本优化配置机制。建立布局结构调整长效机制，动态发布国有经济布局优化和结构调整指引。

第二节　推动国有企业完善中国特色现代企业制度

坚持党对国有企业的全面领导，促进加强党的领导和完善公司治理相统一，加快建立权责法定、权责透明、协调运转、有效制衡的公司治理机制。加强董事会建设，落实董事会职权，使董事会成为企业经营决策主体。按照完善治理、强化激励、突出主业、提高效率的要求，深化国有企业混合所有制改革，深度转换经营机制，对混合所有制企业探索实行有别于国有独资、全资公司的治理机制和监管制度。推行经理层成员任期制和契约化管理，完善市场化薪酬分配机制，灵活开展多种形式的中长期激励。

第三节　健全管资本为主的国有资产监管体制

坚持授权与监管相结合、放活与管好相统一，大力推进国资监管理念、重点、方式等多方位转变。优化管资本方式，全面实行清单管理，深入开展分类授权放权，注重通过法人治理结构履职，加强事中事后监管。深化国有资本投资、运营公司改革，科学合理界定政府及国资监管机构，国有资本投资、运营公司和所持股企业的权利边界。健全协同高效的监督机制，严格责任追究，切实防止国有资产流失。加快推进经营性国有资产集中统一监管。

第四节　优化民营企业发展环境

健全支持民营企业发展的法治环境、政策环境和市场环境，依法平等保护民营企业产权和企业家权益。保障民营企业依法平等使用资源要素、公开公平公正参与竞争、同等受到法律保护。进一步放宽民营企业市场准入，破除招投标等领域各种壁垒。创新金融支持民营企业政策工具，健全融资增信支持体系，对民营企业信用评级、发债一视同仁，降低综合融资成本。完善促进中小微企业和个体工商户发展的政策体系，加大税费优惠和信贷支持力度。构建亲清政商关系，建立规范化政企沟通渠道。健全防范和化解拖欠中小企业账款长效机制。

第五节　促进民营企业高质量发展

鼓励民营企业改革创新，提升经营能力和管理水平。引导有条件的民营企业建立现代企业制度。支持民营企业开展基础研究和科技创新、参与关键核心技术研发和国家重大科技项目攻关。完善民营企业参与国家重大战略实施机制。推动民营企业守法合规经营，鼓励民营企业积极履行社会责任、参与社会公益和慈善事业。弘扬企业家精神，实施年轻一代民营企业家健康成长促进计划。

第二十章　建设高标准市场体系

实施高标准市场体系建设行动，健全市场体系基础制度，坚持平等准入、公正监管、开放有序、诚信守法，形成高效规范、公平竞争的国内统一市场。

第一节　全面完善产权制度

健全归属清晰、权责明确、保护严格、流转顺畅的现代产权制度。实施民法典，制修订物权、债权、股权等产权法律法规，明晰产权归属、完善产权权能。健全以公平为原则的产权保护制度，依法平等保护国有、民营、外资等各种所有制企业产权。健全产权执法司法保护制度，完善涉企产权案件申诉、复核、重审等保护机制，推动涉企冤错案件依法甄别纠正常态化机制化，畅通涉政府产权纠纷反映和处理渠道。加强数据、知识、环境等领域产权制度建设，健全自然资源资产产权制度和法律法规。

第二节　推进要素市场化配置改革

建立健全城乡统一的建设用地市场，统筹推进农村土地征收、集体经营性建设用地入市、宅基地制度改革。改革土地计划管理方式，赋予省级政府更大用地自主权，探索建立全国性的建设用地、补充耕地指标跨区域交易机制。建立不同产业用地类型合理转换机制，增加混合产业用地供给。健全统一规范的人力资源市场体系，破除劳动力和人才在城乡、区域和不同所有制单位间的流动障碍，减少人事档案管理中的不合理限制。发展技术和数据要素市场。健全要素市场运行机制，完善交易规则和服务体系。深化公共资源交易平台整合共享。

第三节　强化竞争政策基础地位

坚持鼓励竞争、反对垄断，完善竞争政策框架，构建覆盖事前、事中、事后全环节的竞争政策实施机制。统筹做好增量审查与存量清理，强化公平竞争审查制度的刚性约束，完善公平竞争审查细则，持续清理废除妨碍全国统一市场和公平竞争的规定及做法。完善市场竞争状况评估制度，建立投诉举报和处理回应机制。加大反垄断和反不正当竞争执法司法力度，防止资本无序扩张。推进能源、铁路、电信、公用事业等行业竞争性环节市场化改革，放开竞争性业务准入，进一步引入市场竞争机制，加强对自然垄断业务的监管。

第四节　健全社会信用体系

建立健全信用法律法规和标准体系，制定公共信用信息目录和失信惩戒措施清单，完善失信主体信用修复机制。推广信用承诺制度。加强信用信息归集、共享、公开和应用，推广惠民便企信用产品与服务。建立公共信用信息和金融信息的共享整合机制。培育具有国际竞争力的企业征信机构和信用评级机构，加强征信监管，推动信用服务市场健康发展。加强信用信息安全管理，保障信用主体合法权益。建立健全政府失信责任追究制度。

第二十一章　建立现代财税金融体制

更好发挥财政在国家治理中的基础和重要支柱作用，增强金融服务实体经济能力，健全符合高质量发展要求的财税金融制度。

第一节　加快建立现代财政制度

深化预算管理制度改革，强化对预算编制的宏观指导和审查监督。加强财政资源统筹，推进财政支出标准化，强化预算约束和绩效管理。完善跨年度预算平衡机制，加强中期财政规划管理，增强国家重大战略任务财力保障。建立权责清晰、财力协调、区域均衡的中央和地方财政关系，适当加强中央在知识产权保护、养老保险、跨区域生态环境保护等方面事权，减少并规范中央和地方共同事权。健全省以下财政体制，增强基层公共服务保障能力。完善财政转移支付制度，优化转移支付结构，规范转移支付项目。完善权责发生制政府综合财务报告制度。建立健全规范的政府举债融资机制。

第二节　完善现代税收制度

优化税制结构，健全直接税体系，适当提高直接税比重。完善个人所得税制度，推进扩大综合征收范围，优化税率结构。聚焦支持稳定制造业、巩固产业链供应链，进一步优化增值税制度。调整优化消费税征收范围和税率，推进征收环节后移并稳步下划地方。规范完善税收优惠。推进房地产税立法，健全地方税体系，逐步扩大地方税政管理权。深化税收征管制度改革，建设智慧税务，推动税收征管现代化。

第三节　深化金融供给侧结构性改革

健全具有高度适应性、竞争力、普惠性的现代金融体系，构建金融有效支持实体经济的体制机制。建设现代中央银行制度，完善货币供应调控机制。稳妥推进数字货币研发。健全市场化利率形成和传导机制，完善央行政策利率体系，更好发挥贷款市场报价利率基准作用。优化金融体系结构，深化国有商业银行改革，加快完善中小银行和农村信用社治理结构，规范发展非银行金融机构，增强金融普惠性。改革优化政策性金融，强化服务国家战略和规划能力。深化保险公司改革，提高商业保险保障能力。健全金融机构公司治理，强化股东股权和关联交易监管。完善资本市场基础制度，健全多层次资本市场体系，大力发展机构投资者，提高直接融资特别是股权融资比重。全面实行股票发行注册制，建立常态化退市机制，提高上市公司质量。深化新三板改革。完善市场化债券发行机制，稳步扩大债券市场规模，丰富债券品种，发行长期国债和基础设施长期债券。完善投资者保护制度和存款保险制度。完善现代金融监管体系，补齐监管制度短板，在审慎监管前提下有序推进金融创新，健全风险全覆盖监管框架，提高金融监管透明度和法治化水平。稳妥发展金融科技，加快金融机构数字化转型。强化监管科技运用和金融创新风险评估，探索建立创新产品纠偏和暂停机制。

第二十二章　提升政府经济治理能力

加快转变政府职能，建设职责明确、依法行政的政府治理体系，创新和完善宏观调控，提高政府治理效能。

第一节　完善宏观经济治理

健全以国家发展规划为战略导向，以财政政策和货币政策为主要手段，就业、产业、投资、消费、环保、区域等政策紧密配合，目标优化、分工合理、高效协同的宏观经济治理体系。增强国家发展规划对公共预算、国土开发、资源配置等政策的宏观引导、统筹协调功能，健全宏观政策制定和执行机制，重视预期管理和引导，合理把握经济增长、就业、价格、国际收支等调控目标，在区间调控基础上加强定向调控、相机调控和精准调控。完善宏观调控政策体系，搞好跨周期政策设计，提高逆周期调节能力，促进经济总量平衡、结构优化、内外均衡。加强宏观经济治理数据库等建设，提升大数据等现代技术手段辅助治理能力，推进统计现代化改革。健全宏观经济政策评估评价制度和重大风险识别预警机制，畅通政策制定参与渠道，提高决策科学化、民主化、法治化水平。

第二节　构建一流营商环境

深化简政放权、放管结合、优化服务改革，全面实行政府权责清单制度，持续优化市场化法治化国际化营商环境。实施全国统一的市场准入负面清单制度，破除清单之外隐性准入壁垒，以服务业为重点进一步放宽准入限制。精简行政许可事项，减少归并资质资格许可，取消不必要的备案登记和年检认定，规范涉企检查。全面推行“证照分离”、“照后减证”改革，全面开展工程建设项目审批制度改革。改革生产许可制度，简化工业产品审批程序，实施涉企经营许可事项清单管理。建立便利、高效、有序的市场主体退出制度，简化普通注销程序，建立健全企业破产和自然人破产制度。创新政务服务方式，推进审批服务便民化。深化国际贸易“单一窗口”建设。完善营商环境评价体系。

第三节　推进监管能力现代化

健全以“双随机、一公开”监管和“互联网 + 监管”为基本手段、以重点监管为补充、以信用监管为基础的新型监管机制，推进线上线下一体化监管。严格市场监管、质量监管、安全监管，加强对食品药品、特种设备和网络交易、旅游、广告、中介、物业等的监管，强化要素市场交易监管，对新产业新业态实施包容审慎监管。深化市场监管综合行政执法改革，完善跨领域跨部门联动执法、协同监管机制。深化行业协会、商会和中介机构改革。加强社会公众、新闻媒体监督。

第七篇　坚持农业农村优先发展 全面推进乡村振兴

走中国特色社会主义乡村振兴道路，全面实施乡村振兴战略，强化以工补农、以城带乡，推动形成工农互促、城乡互补、协调发展、共同繁荣的新型工农城乡关系，加快农业农村现代化。

第二十三章　提高农业质量效益和竞争力

持续强化农业基础地位，深化农业供给侧结构性改革，强化质量导向，推动乡村产业振兴。

第一节　增强农业综合生产能力

夯实粮食生产能力基础，保障粮、棉、油、糖、肉、奶等重要农产品供给安全。坚持最严格的耕地保护制度，强化耕地数量保护和质量提升，严守 18 亿亩耕地红线，遏制耕地“非农化”、防止“非粮化”，规范耕地占补平衡，严禁占优补劣、占水田补旱地。以粮食生产功能区和重要农产品生产保护区为重点，建设国家粮食安全产业带，实施高标准农田建设工程，建成 10.75 亿亩集中连片高标准农田。实施黑土地保护工程，加强东北黑土地保护和地力恢复。推进大中型灌区节水改造和精细化管理，建设节水灌溉骨干工程，同步推进水价综合改革。加强大中型、智能化、复合型农业机械研发应用，农作物耕种收综合机械化率提高到 75%。加强种质资源保护利用和种子库建设，确保种源安全。加强农业良种技术攻关，有序推进生物育种产业化应用，培育具有国际竞争力的种业龙头企业。完善农业科技创新体系，创新农技推广服务方式，建设智慧农业。加强动物防疫和农作物病虫害防治，强化农业气象服务。

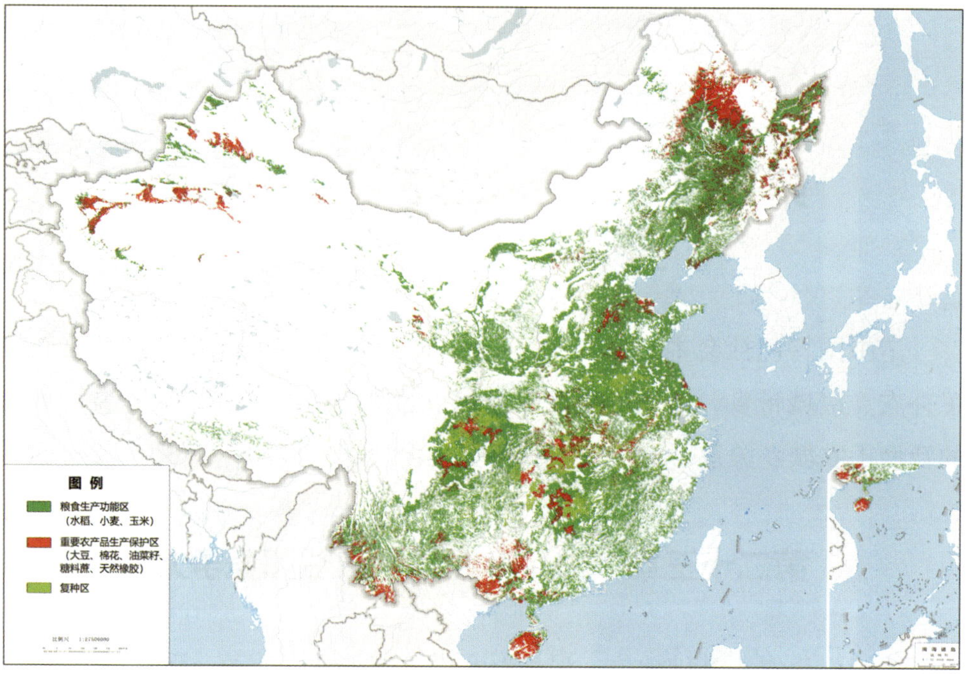

图 2　粮食生产功能区和重要农产品生产保护区布局示意图

第二节　深化农业结构调整

优化农业生产布局，建设优势农产品产业带和特色农产品优势区。推进粮经饲统筹、农林牧渔协调，优化种植业结构，大力发展现代畜牧业，促进水产生态健康养殖。积极发展设施农业，因地制宜发展林果业。深入推进优质粮食工程。推进农业绿色转型，加强产地环境保护治理，发展节水农业和旱作农业，深入实施农药化肥减量行动，治理农膜污染，提升农膜回收利用率，推进秸秆综合利用和畜禽粪污资源化利用。完善绿色农业标准体系，加强绿色食品、有机农产品和地理标志农产品认证管理。强化全过程农产品质量安全监管，健全追溯体系。建设现代农业产业园区和农业现代化示范区。

第三节　丰富乡村经济业态

发展县域经济，推进农村一二三产业融合发展，延长农业产业链条，发展各具特色的现代乡村富民产业。推动种养加结合和产业链再造，提高农产品加工业和农业生产性服务业发展水平，壮大休闲农业、乡村旅游、民宿经济等特色产业。加强农产品仓储保鲜和冷链物流设施建设，健全农村产权交易、商贸流通、检验检测认证等平台和智能标准厂房等设施，引导农村二三产业集聚发展。完善利益联结机制，通过“资源变资产、资金变股金、农民变股东”，让农民更多分享产业增值收益。

第二十四章　实施乡村建设行动

把乡村建设摆在社会主义现代化建设的重要位置，优化生产生活生态空间，持续改善村容村貌和人居环境，建设美丽宜居乡村。

第一节　强化乡村建设的规划引领

统筹县域城镇和村庄规划建设，通盘考虑土地利用、产业发展、居民点建设、人居环境整治、生态保护、防灾减灾和历史文化传承。科学编制县域村庄布局规划，因地制宜、分类推进村庄建设，规范开展全域土地综合整治，保护传统村落、民族村寨和乡村风貌，严禁随意撤并村庄搞大社区、违背农民意愿大拆大建。优化布局乡村生活空间，严格保护农业生产空间和乡村生态空间，科学划定养殖业适养、限养、禁养区域。鼓励有条件地区编制实用性村庄规划。

第二节　提升乡村基础设施和公共服务水平

以县域为基本单元推进城乡融合发展，强化县城综合服务能力和乡镇服务农民功能。健全城乡基础设施统一规划、统一建设、统一管护机制，推动市政公用设施向郊区乡村和规模较大中心镇延伸，完善乡村水、电、路、气、邮政通信、广播电视、物流等基础设施，提升农房建设质量。推进城乡基本公共服务标准统一、制度并轨，增加农村教育、医疗、养老、文化等服务供给，推进县域内教师医生交流轮岗，鼓励社会力量兴办农村公益事业。提高农民科技文化素质，推动乡村人才振兴。

第三节　改善农村人居环境

开展农村人居环境整治提升行动，稳步解决“垃圾围村”和乡村黑臭水体等突出环境问题。推进农村生活垃圾就地分类和资源化利用，以乡镇政府驻地和中心村为重点梯次推进农村生活污水治理。支持因地制宜推进农村厕所革命。推进农村水系综合整治。深入开展村庄清洁和绿化行动，实现村庄公共空间及庭院房屋、村庄周边干净整洁。

专栏 10　现代农业农村建设工程

01　高标准农田

新建高标准农田 2.75 亿亩，其中新增高效节水灌溉面积 0.6 亿亩。实施东北地区 1.4 亿亩黑土地保护性耕作。

02　现代种业

建设国家农作物种质资源长期库、种质资源中期库圃，提升海南、甘肃、四川等国家级育制种基地水平，建设黑龙江大豆等区域性育制种基地。新建、改扩建国家畜禽和水产品种质资源库、保种场（区）、基因库，推进国家级畜禽核心育种场建设。

03　农业机械化

创建 300 个农作物生产全程机械化示范县，建设 300 个设施农业和规模养殖全程机械化示范县，推进农机深松整地和丘陵山区农田宜机化改造。

04　动物防疫和农作物病虫害防治

提升动物疫病国家参考实验室和病原学监测区域中心设施条件，改善牧区动物防疫专用设施和基层动物疫苗冷藏设施，建设动物防疫指定通道和病死动物无害化处理场。分级建设农作物病虫疫情监测中心和病虫害应急防治中心、农药风险监控中心。建设林草病虫害防治中心。

05　农业面源污染治理

在长江、黄河等重点流域环境敏感区建设 200 个农业面源污染综合治理示范县，继续推进畜禽养殖粪污资源化利用，在水产养殖主产区推进养殖尾水治理。

06　农产品冷链物流设施

建设 30 个全国性和 70 个区域性农产品骨干冷链物流基地，提升田头市场仓储保鲜设施，改造畜禽定点屠宰加工厂冷链储藏和运输设施。

07　乡村基础设施

因地制宜推动自然村通硬化路，加强村组连通和村内道路建设，推进农村水源保护和供水保障工程建设，升级改造农村电网，提升农村宽带网络水平，强化运行管护。

08　农村人居环境整治提升

有序推进经济欠发达地区以及高海拔、寒冷、缺水地区的农村改厕。支持 600 个县整县推进人居环境整治，建设农村生活垃圾和污水处理设施。

第二十五章　健全城乡融合发展体制机制

建立健全城乡要素平等交换、双向流动政策体系，促进要素更多向乡村流动，增强农业农村发展活力。

第一节　深化农业农村改革

巩固完善农村基本经营制度，落实第二轮土地承包到期后再延长 30 年政策，完善农村承包地所有权、承包权、经营权分置制度，进一步放活经营权。发展多种形式适度规模经营，加快培育家庭农场、农民合作社等新型农业经营主体，健全农业专业化社会化服务体系，实现小农户和现代农业有机衔接。深化农村宅基地制度改革试点，加快房地一体的宅基地确权颁证，探索宅基地所有权、资格权、使用权分置实现形式。积极探索实施农村集体经营性建设用地入市制度。允许农村集体在农民自愿前提下，依法把有偿收回的闲置宅基地、废弃的集体公益性建设用地转变为集体经营性建设用地入市。建立土地征收公共利益认定机制，缩小土地征收范围。深化农村集体产权制度改革，完善产权权能，将经营性资产量化到集体经济组织成员，发展壮大新型农村集体经济。切实减轻村级组织负担。发挥国家城乡融合发展试验区、农村改革试验区示范带动作用。

第二节　加强农业农村发展要素保障

健全农业农村投入保障制度，加大中央财政转移支付、土地出让收入、地方政府债券支持农业农村力度。健全农业支持保护制度，完善粮食主产区利益补偿机制，构建新型农业补贴政策体系，完善粮食最低收购价政策。深化供销合作社改革。完善农村用地保障机制，保障设施农业和乡村产业发展合理用地需求。健全农村金融服务体系，完善金融支农激励机制，扩大农村资产抵押担保融资范围，发展农业保险。允许入乡就业创业人员在原籍地或就业创业地落户并享受相关权益，建立科研人员入乡兼职兼薪和离岗创业制度。

第二十六章　实现巩固拓展脱贫攻坚成果同乡村振兴有效衔接

建立完善农村低收入人口和欠发达地区帮扶机制，保持主要帮扶政策和财政投入力度总体稳定，接续推进脱贫地区发展。

第一节　巩固提升脱贫攻坚成果

严格落实“摘帽不摘责任、摘帽不摘政策、摘帽不摘帮扶、摘帽不摘监管”要求，建立健全巩固拓展脱贫攻坚成果长效机制。健全防止返贫动态监测和精准帮扶机制，对易返贫致贫人口实施常态化监测，建立健全快速发现和响应机制，分层分类及时纳入帮扶政策范围。完善农村社会保障和救助制度，健全农村低收入人口常态化帮扶机制。对脱贫地区继续实施城乡建设用地增减挂钩节余指标省内交易政策、调整完善跨省域交易政策。加强扶贫项目资金资产管理和监督，推动特色产业可持续发展。推广以工代赈方式，带动低收入人口就地就近就业。做好易地扶贫搬迁后续帮扶，加强大型搬迁安置区新型城镇化建设。

第二节　提升脱贫地区整体发展水平

实施脱贫地区特色种养业提升行动，广泛开展农产品产销对接活动，深化拓展消费帮扶。在西部地区脱贫县中集中支持一批乡村振兴重点帮扶县，从财政、金融、土地、人才、基础设施、公共服务等方面给予集中支持，增强其巩固脱贫成果及内生发展能力。坚持和完善东西部协作和对口支援、中央单位定点帮扶、社会力量参与帮扶等机制，调整优化东西部协作结对帮扶关系和帮扶方式，强化产业合作和劳务协作。

第八篇　完善新型城镇化战略
提升城镇化发展质量

坚持走中国特色新型城镇化道路，深入推进以人为核心的新型城镇化战略，以城市群、都市圈为依托促进大中小城市和小城镇协调联动、特色化发展，使更多人民群众享有更高品质的城市生活。

第二十七章　加快农业转移人口市民化

坚持存量优先、带动增量，统筹推进户籍制度改革和城镇基本公共服务常住人口全覆盖，健全农业转移人口市民化配套政策体系，加快推动农业转移人口全面融入城市。

第一节　深化户籍制度改革

放开放宽除个别超大城市外的落户限制，试行以经常居住地登记户口制度。全面取消城区常住人口 300 万以下的城市落户限制，确保外地与本地农业转移人口进城落户标准一视同仁。全面放宽城区常住人口 300 万至 500 万的 I 型大城市落户条件。完善城区常住人口 500 万以上的超大特大城市积分落户政策，精简积分项目，确保社会保险缴纳年限和居住年限分数占主要比例，鼓励取消年度落户名额限制。健全以居住证为载体、与居住年限等条件相挂钩的基本公共服务提供机制，鼓励地方政府提供更多基本公共服务和办事便利，提高居住证持有人城镇义务教育、住房保障等服务的实际享有水平。

第二节　健全农业转移人口市民化机制

完善财政转移支付与农业转移人口市民化挂钩相关政策，提高均衡性转移支付分配中常住人口折算比例，中央财政市民化奖励资金分配主要依据跨省落户人口数量确定。建立财政性建设资金对吸纳落户较多城市的基础设施投资补助机制，加大中央预算内投资支持力度。调整城镇建设用地年度指标分配依据，建立同吸纳农业转移人口落户数量和提供保障性住房规模挂钩机制。根据人口流动实际调整人口流入流出地区教师、医生等编制定额和基本公共服务设施布局。依法保障进城落户农民农村土地承包权、宅基地使用权、集体收益分配权，建立农村产权流转市场体系，健全农户“三权”市场化退出机制和配套政策。

第二十八章　完善城镇化空间布局

发展壮大城市群和都市圈，分类引导大中小城市发展方向和建设重点，形成疏密有致、分工协作、功能完善的城镇化空间格局。

第一节　推动城市群一体化发展

以促进城市群发展为抓手，全面形成“两横三纵”城镇化战略格局。优化提升京津冀、长三角、珠三角、成渝、长江中游等城市群，发展壮大山东半岛、粤闽浙沿海、中原、关中平原、北部湾等城市群，培育发展哈长、辽中南、山西中部、黔中、滇中、呼包鄂榆、兰州—西宁、宁夏沿黄、天山北坡等城市群。建立健全城市群一体化协调发展机制和成本共担、利益共享机制，统筹推进基础设施协调布局、产业分工协作、公共服务共享、生态共建环境共治。优化城市群内部空间结构，构筑生态和安全屏障，形成多中心、多层级、多节点的网络型城市群。

第二节　建设现代化都市圈

依托辐射带动能力较强的中心城市，提高 1 小时通勤圈协同发展水平，培育发展一批同城化程度高的现代化都市圈。以城际铁路和市域（郊）铁路等轨道交通为骨干，打通各类“断头路”、“瓶颈路”，推动市内市外交通有效衔接和轨道交通“四网融合”，提高都市圈基础设施连接性贯通性。鼓励都市圈社保和落户积分互认、教育和医疗资源共享，推动科技创新券通兑通用、产业园区和科研平台合作共建。鼓励有条件的都市圈建立统一的规划委员会，实现规划统一编制、统一实施，探索推进土地、人口等统一管理。

第三节　优化提升超大特大城市中心城区功能

统筹兼顾经济、生活、生态、安全等多元需要，转变超大特大城市开发建设方式，加强超大特大城市治理中的风险防控，促进高质量、可持续发展。有序疏解中心城区一般性制造业、区域性物流基地、专业市场等功能和设施，以及过度集中的医疗和高等教育等公共服务资源，合理降低开发强度和人口密度。增强全球资源配置、科技创新策源、高端产业引领功能，率先形成以现代服务业为主体、先进制造业为支撑的产业结构，提升综合能级与国际竞争力。坚持产城融合，完善郊区新城功能，实现多中心、组团式发展。

第四节　完善大中城市宜居宜业功能

充分利用综合成本相对较低的优势，主动承接超大特大城市产业转移和功能疏解，夯实实体经济发展基础。立足特色资源和产业基础，确立制造业差异化定位，推动制造业规模化集群化发展，因地制宜建设先进制造业基地、商贸物流中心和区域专业服务中心。优化市政公用设施布局和功能，支持三级医院和高等院校在大中城市布局，增加文化体育资源供给，营造现代时尚的消费场景，提升城市生活品质。

第五节　推进以县城为重要载体的城镇化建设

加快县城补短板强弱项，推进公共服务、环境卫生、市政公用、产业配套等设施提级扩能，增强综合承载能力和治理能力。支持东部地区基础较好的县城建设，重点支持中西部和东北城镇化地区县城建设，合理支持农产品主产区、重点生态功能区县城建设。健全县城建设投融资机制，更好发挥财政性资金作用，引导金融资本和社会资本加大投入力度。稳步有序推动符合条件的县和镇区常住人口 20 万以上的特大镇设市。按照区位条件、资源禀赋和发展基础，因地制宜发展小城镇，促进特色小镇规范健康发展。

图 3　城镇化空间格局示意图

第二十九章　全面提升城市品质

加快转变城市发展方式，统筹城市规划建设管理，实施城市更新行动，推动城市空间结构优化和品质提升。

第一节　转变城市发展方式

按照资源环境承载能力合理确定城市规模和空间结构，统筹安排城市建设、产业发展、生态涵养、基础设施和公共服务。推行功能复合、立体开发、公交导向的集约紧凑型发展模式，统筹地上地下空间利用，增加绿化节点和公共开敞空间，新建住宅推广街区制。推行城市设计和风貌管控，落实适用、经济、绿色、美观的新时期建筑方针，加强新建高层建筑管控。加快推进城市更新，改造提升老旧小区、老旧厂区、老旧街区和城中村等存量片区功能，推进老旧楼宇改造，积极扩建新建停车场、充电桩。

第二节 推进新型城市建设

顺应城市发展新理念新趋势，开展城市现代化试点示范，建设宜居、创新、智慧、绿色、人文、韧性城市。提升城市智慧化水平，推行城市楼宇、公共空间、地下管网等“一张图”数字化管理和城市运行一网统管。科学规划布局城市绿环绿廊绿楔绿道，推进生态修复和功能完善工程，优先发展城市公共交通，建设自行车道、步行道等慢行网络，发展智能建造，推广绿色建材、装配式建筑和钢结构住宅，建设低碳城市。保护和延续城市文脉，杜绝大拆大建，让城市留下记忆、让居民记住乡愁。建设源头减排、蓄排结合、排涝除险、超标应急的城市防洪排涝体系，推动城市内涝治理取得明显成效。增强公共设施应对风暴、干旱和地质灾害的能力，完善公共设施和建筑应急避难功能。加强无障碍环境建设。拓展城市建设资金来源渠道，建立期限匹配、渠道多元、财务可持续的融资机制。

第三节 提高城市治理水平

坚持党建引领、重心下移、科技赋能，不断提升城市治理科学化精细化智能化水平，推进市域社会治理现代化。改革完善城市管理体制。推广“街乡吹哨、部门报到、接诉即办”等基层管理机制经验，推动资源、管理、服务向街道社区下沉，加快建设现代社区。运用数字技术推动城市管理手段、管理模式、管理理念创新，精准高效满足群众需求。加强物业服务监管，提高物业服务覆盖率、服务质量和标准化水平。

第四节 完善住房市场体系和住房保障体系

坚持房子是用来住的、不是用来炒的定位，加快建立多主体供给、多渠道保障、租购并举的住房制度，让全体人民住有所居、职住平衡。坚持因地制宜、多策并举，夯实城市政府主体责任，稳定地价、房价和预期。建立住房和土地联动机制，加强房地产金融调控，发挥住房税收调节作用，支持合理自住需求，遏制投资投机性需求。加快培育和发展住房租赁市场，有效盘活存量住房资源，有力有序扩大城市租赁住房供给，完善长租房政策，逐步使租购住房在享受公共服务上具有同等权利。加快住房租赁法规建设，加强租赁市场监管，保障承租人和出租人合法权益。有效增加保障性住房供给，完善住房保障基础性制度和支持政策。以人口流入多、房价高的城市为重点，扩大保障性租赁住房供给，着力解决困难群体和新市民住房问题。单列租赁住房用地计划，探索利用集体建设用地和企事业单位自有闲置土地建设租赁住房，支持将非住宅房屋改建为保障性租赁住房。完善土地出让收入分配机制，加大财税、金融支持力度。因地制宜发展共有产权住房。处理好基本保障和非基本保障的关系，完善住房保障方式，健全保障对象、准入门槛、退出管理等政策。改革完善住房公积金制度，健全缴存、使用、管理和运行机制。

专栏 11　新型城镇化建设工程
01　都市圈建设 在中心城市辐射带动作用强、与周边城市同城化程度高的地区，培育发展一批现代化都市圈，推进基础设施互联互通、公共服务互认共享。
02　城市更新 完成 2000 年底前建成的 21.9 万个城镇老旧小区改造，基本完成大城市老旧厂区改造，改造一批大型老旧街区，因地制宜改造一批城中村。
03　城市防洪排涝 以 31 个重点防洪城市和大江大河沿岸沿线城市为重点，提升改造城市蓄滞洪空间、堤防、护岸、河道、防洪工程、排水管网等防洪排涝设施，因地制宜建设海绵城市，全部消除城市严重易涝积水区段。
04　县城补短板 推进县城、县级市城区及特大镇补短板，完善综合医院、疾控中心、养老中心、幼儿园、市政管网、市政交通、停车场、充电桩、污水垃圾处理设施和产业平台配套设施。高质量完成 120 个县城补短板示范任务。
05　现代社区培育 完善社区养老托育、医疗卫生、文化体育、物流配送、便民商超、家政物业等服务网络和线上平台，城市社区综合服务设施实现全覆盖。实施大学生社工计划，每万城镇常住人口拥有社区工作者 18 人。
06　城乡融合发展 建设嘉兴湖州、福州东部、广州清远、南京无锡常州、济南青岛、成都西部、重庆西部、西安咸阳、长春吉林、许昌、鹰潭等国家城乡融合发展试验区，加强改革授权和政策集成。

第九篇　优化区域经济布局
促进区域协调发展

深入实施区域重大战略、区域协调发展战略、主体功能区战略，健全区域协调发展体制机制，构建高质量发展的区域经济布局和国土空间支撑体系。

第三十章　优化国土空间开发保护格局

立足资源环境承载能力，发挥各地区比较优势，促进各类要素合理流动和高效集聚，推动形成主体功能明显、优势互补、高质量发展的国土空间开发保护新格局。

第一节　完善和落实主体功能区制度

顺应空间结构变化趋势，优化重大基础设施、重大生产力和公共资源布局，分类提高城市化地区发展水平，推动农业生产向粮食生产功能区、重要农产品生产保护区和特色农产品优势区集聚，优化生态安全屏障体系，逐步形成城市化地区、农产品主产区、生态功能区三大空间格局。细化主体功能区划分，按照主体功能定位划分政策单元，对重点开发地区、生态脆弱地区、能源资源富集地区等制定差异化政策，分类精准施策。加强空间发展统筹协调，保障国家重大发展战略落地实施。

第二节　开拓高质量发展的重要动力源

以中心城市和城市群等经济发展优势区域为重点，增强经济和人口承载能力，带动全国经济效率整体提升。以京津冀、长三角、粤港澳大湾区为重点，提升创新策源能力和全球资源配置能力，加快打造引领高质量发展的第一梯队。在中西部有条件的地区，以中心城市为引领，提升城市群功能，加快工业化城镇化进程，形成高质量发展的重要区域。破除资源流动障碍，优化行政区划设置，提高中心城市综合承载能力和资源优化配置能力，强化对区域发展的辐射带动作用。

第三节　提升重要功能性区域的保障能力

以农产品主产区、重点生态功能区、能源资源富集地区和边境地区等承担战略功能的区域为支撑，切实维护国家粮食安全、生态安全、能源安全和边疆安全，与动力源地区共同打造高质量发展的动力系统。支持农产品主产区增强农业生产能力，支持生态功能区把发展重点放到保护生态环境、提供生态产品上，支持生态功能区人口逐步有序向城市化地区转移并定居落户。优化能源开发布局和运输格局，加强能源资源综合开发利用基地建设，提升国内能源供给保障水平。增强边疆地区发展能力，强化人口和经济支撑，促进民族团结和边疆稳定。健全公共资源配置机制，对重点生态功能区、农产品主产区、边境地区等提供有效转移支付。

第三十一章　深入实施区域重大战略

聚焦实现战略目标和提升引领带动能力，推动区域重大战略取得新的突破性进展，促进区域间融合互动、融通补充。

第一节　加快推动京津冀协同发展

紧抓疏解北京非首都功能“牛鼻子”，构建功能疏解政策体系，实施一批标志性疏解项目。高标准高质量建设雄安新区，加快启动区和起步区建设，推动管理体制创新。高质量建设北京城市副中心，促进与河北省三河、香河、大厂三县市一体化发展。推动天津滨海新区高质量发展，支持张家口首都水源涵养功能区和生态环境支撑区建设。提高北京科技创新中心基础研究和原始创新能力，发挥中关村国家自主创新示范区先行先试作用，推动京津冀产业链与创新链深度融合。基本建成轨道上的京津冀，提高机场群港口群协同水平。深化大气污染联防联控联治，强化华北地下水超采及地面沉降综合治理。

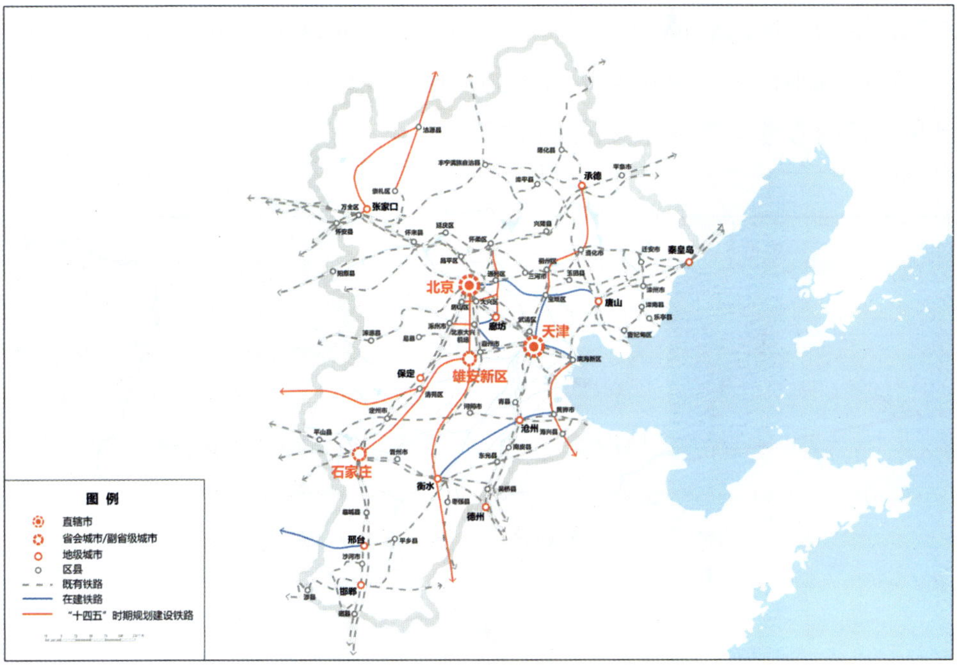

图 4　京津冀地区轨道交通规划图

第二节　全面推动长江经济带发展

坚持生态优先、绿色发展和共抓大保护、不搞大开发，协同推动生态环境保护和经济发展，打造人与自然和谐共生的美丽中国样板。持续推进生态环境突出问题整改，推动长江全流域按单元精细化分区管控，实施城镇污水垃圾处理、工业污染治理、农业面源污染治理、船舶污染治理、尾矿库污染治理等工程。深入开展绿色发展示范，推进赤水河流域生态环境保护。实施长江十年禁渔。围绕建设长江大动脉，整体设计综合交通运输体系，疏解三峡枢纽瓶颈制约，加快沿江高铁和货运铁路建设。发挥产业协同联动整体优势，构建绿色产业体系。保护好长江文物和文化遗产。

第三节　积极稳妥推进粤港澳大湾区建设

加强粤港澳产学研协同发展，完善广深港、广珠澳科技创新走廊和深港河套、粤澳横琴科技创新极点“两廊两点”架构体系，推进综合性国家科学中心建设，便利创新要素跨境流动。加快城际铁路建设，统筹港口和机场功能布局，优化航运和航空资源配置。深化通关模式改革，促进人员、货物、车辆便捷高效流动。扩大内地与港澳专业资格互认范围，深入推进重点领域规则衔接、机制对接。便利港澳青年到大湾区内地城市就学就业创业，打造粤港澳青少年交流精品品牌。

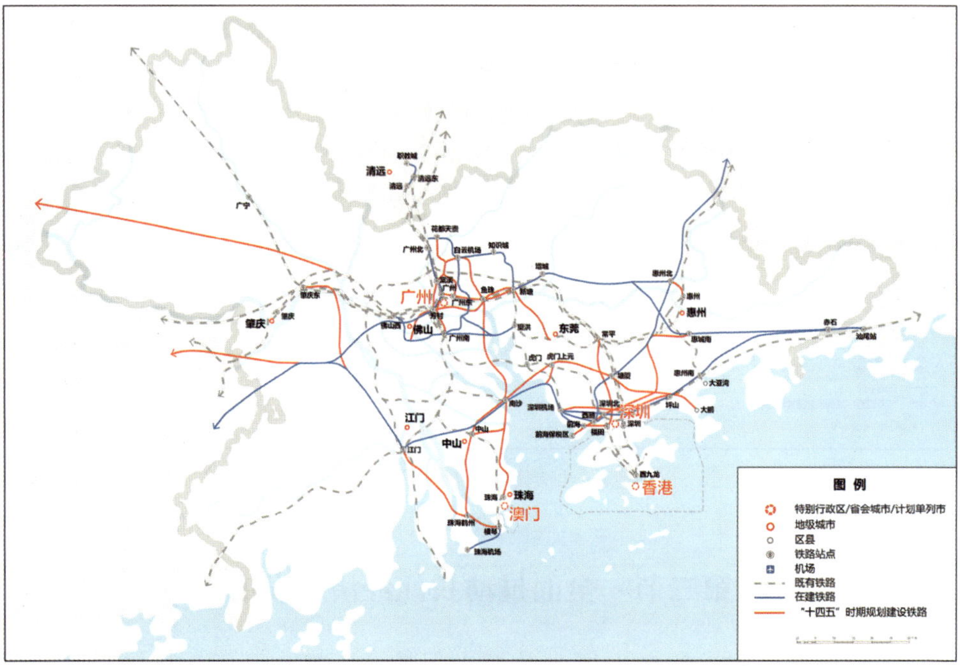

图 5　粤港澳大湾区轨道交通规划图

第四节　提升长三角一体化发展水平

瞄准国际先进科创能力和产业体系，加快建设长三角 G60 科创走廊和沿沪宁产业创新带，提高长三角地区配置全球资源能力和辐射带动全国发展能力。加快基础设施互联互通，实现长三角地级及以上城市高铁全覆盖，推进港口群一体化治理。打造虹桥国际开放枢纽，强化上海自贸试验区临港新片区开放型经济集聚功能，深化沪苏浙皖自贸试验区联动发展。加快公共服务便利共享，优化优质教育和医疗卫生资源布局。推进生态环境共保联治，高水平建设长三角生态绿色一体化发展示范区。

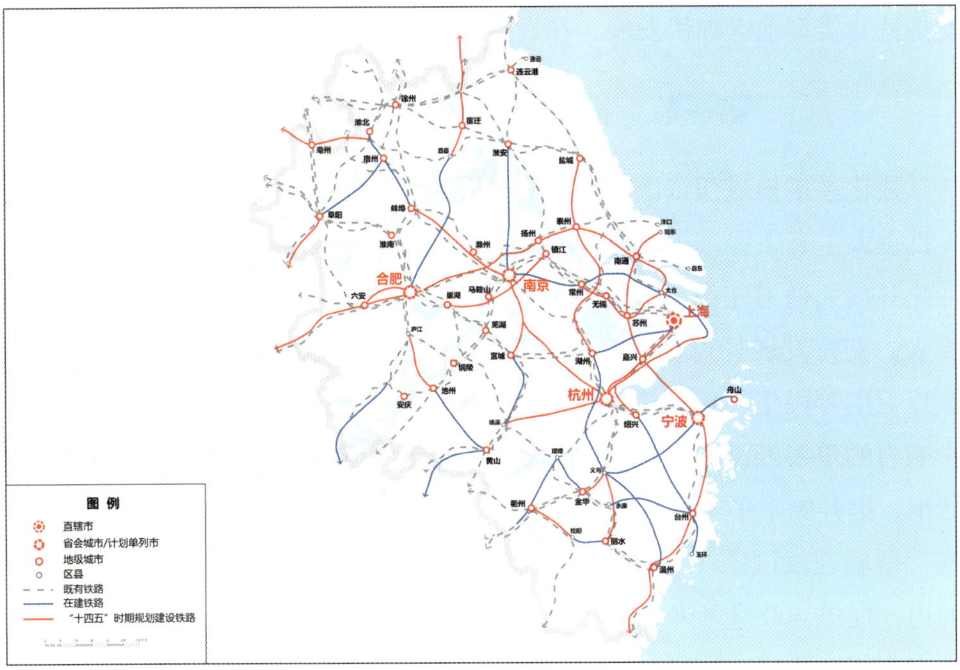

图 6　长三角地区轨道交通规划图

第五节　扎实推进黄河流域生态保护和高质量发展

加大上游重点生态系统保护和修复力度，筑牢三江源“中华水塔”，提升甘南、若尔盖等区域水源涵养能力。创新中游黄土高原水土流失治理模式，积极开展小流域综合治理、旱作梯田和淤地坝建设。推动下游二级悬河治理和滩区综合治理，加强黄河三角洲湿地保护和修复。开展汾渭平原、河套灌区等农业面源污染治理，清理整顿黄河岸线内工业企业，加强沿黄河城镇污水处理设施及配套管网建设。实施深度节水控水行动，降低水资源开发利用强度。合理控制煤炭开发强度，推进能源资源一体化开发利用，加强矿山生态修复。优化中心城市和城市群发展格局，统筹沿黄河县城和乡村建设。实施黄河文化遗产系统保护工程，打造具有国际影响力的黄河文化旅游带。建设黄河流域生态保护和高质量发展先行区。

第三十二章　深入实施区域协调发展战略

深入推进西部大开发、东北全面振兴、中部地区崛起、东部率先发展，支持特殊类型地区加快发展，在发展中促进相对平衡。

第一节　推进西部大开发形成新格局

强化举措推进西部大开发，切实提高政策精准性和有效性。深入实施一批重大生态工程，开展重点区域综合治理。积极融入“一带一路”建设，强化开放大通道建设，构建内陆多层次开放平台。加大西部地区基础设施投入，支持发展特色优势产业，集中力量巩固脱贫攻坚成果，补齐教育、医疗卫生等民生领域短板。推进成渝地区双城经济圈建设，打造具有全国影响力的重要经济中心、科技创新中心、改革开放新高地、高品质生活宜居地，提升关中平原城市群建设水平，促进西北地区与西南地区合作互动。支持新疆建设国家“三基地一通道”，支持西藏打造面向南亚开放的重要通道。促进 400 毫米降水线西侧区域保护发展。

第二节　推动东北振兴取得新突破

从维护国家国防、粮食、生态、能源、产业安全的战略高度，加强政策统筹，实现重点突破。加快转变政府职能，深化国有企业改革攻坚，着力优化营商环境，大力发展民营经济。打造辽宁沿海经济带，建设长吉图开发开放先导区，提升哈尔滨对俄合作开放能级。加快发展现代农业，打造保障国家粮食安全的“压舱石”。加大生态资源保护力度，筑牢祖国北疆生态安全屏障。改造提升装备制造等传统优势产业，培育发展新兴产业，大力发展寒地冰雪、生态旅游等特色产业，打造具有国际影响力的冰雪旅游带，形成新的均衡发展产业结构和竞争优势。实施更具吸引力的人才集聚措施。深化与东部地区对口合作。

第三节　开创中部地区崛起新局面

着力打造重要先进制造业基地、提高关键领域自主创新能力、建设内陆地区开放高地、巩固生态绿色发展格局，推动中部地区加快崛起。做大做强先进制造业，在长江、京广、陇海、京九等沿线建设一批中高端产业集群，积极承接新兴产业布局和转移。推动长江中游城市群协同发展，加快武汉、长株潭都市圈建设，打造全国重要增长极。夯实粮食生产基础，不断提高农业综合效益和竞争力，加快发展现代农业。加强生态环境共保联治，着力构筑生态安全屏障。支持淮河、汉江生态经济带上下游合作联动发展。加快对外开放通道建设，高标准高水平建设内陆地区开放平台。提升公共服务保障特别是应对公共卫生等重大突发事件能力。

第四节　鼓励东部地区加快推进现代化

发挥创新要素集聚优势，加快在创新引领上实现突破，推动东部地区率先实现高质量发展。加快培育世界级先进制造业集群，引领新兴产业和现代服务业发展，提升要素产出效率，率先实现产业升级。更高层次参与国际经济合作和竞争，打造对外开放新优势，率先建立全方位开放型经济体系。支持深圳建设中国特色社会主义先行示范区、浦东打造社会主义现代化建设引领区、浙江高质量发展建设共同富裕示范区。深入推进山东新旧动能转换综合试验区建设。

第五节　支持特殊类型地区发展

统筹推进革命老区振兴，因地制宜发展特色产业，传承弘扬红色文化，支持赣闽粤原中央苏区高质量发展示范，推进陕甘宁、大别山、左右江、川陕、沂蒙等革命老区绿色创新发展。推进生态退化地区综合治理和生态脆弱地区保护修复，支持毕节试验区建设。推动资源型地区可持续发展示范区和转型创新试验区建设，实施采煤沉陷区综合治理和独立工矿区改造提升工程。推进老工业基地制造业竞争优势重构，建设产业转型升级示范区。改善国有林场林区基础设施。多措并举解决高海拔地区群众生产生活困难。推进兴边富民、稳边固边，大力改善边境地区生产生活条件，完善沿边城镇体系，支持边境口岸建设，加快抵边村镇和抵边通道建设。推动边境贸易创新发展。加大对重点边境地区发展精准支持力度。

专栏12　促进边境地区发展工程
01　边境城镇 完善边境城镇功能，重点支持满洲里、宽甸、珲春、绥芬河、东兴、腾冲、米林、塔城、可克达拉等边境城镇提升承载能力。

02 抵边村庄 完善边境村庄基础设施和公共服务设施，新建抵边新村 200 个左右，实现抵边自然村道路、电力、通信、邮政、广电普遍覆盖。
03 沿边抵边公路 建设集安至桓仁、珲春至圈河、泸水至腾冲、墨脱经察隅至滇藏界、青河经富蕴至阿勒泰、布伦口至红其拉甫、巴里坤至老爷庙、二连浩特至赛罕塔拉等沿边抵边公路。
04 边境机场 建设塔什库尔干、隆子、绥芬河等机场，迁建延吉机场，建设 20 个左右边境通用机场。
05 边境口岸 建设里孜、黑河、同江、黑瞎子岛口岸，改造提升吉隆、樟木、磨憨、霍尔果斯、阿拉山口、满洲里、二连浩特、瑞丽、友谊关、红其拉甫、甘其毛都、策克、吐尔尕特、伊尔克什坦口岸。

第六节　健全区域协调发展体制机制

建立健全区域战略统筹、市场一体化发展、区域合作互助、区际利益补偿等机制，更好促进发达地区和欠发达地区、东中西部和东北地区共同发展。提升区域合作层次和水平，支持省际交界地区探索建立统一规划、统一管理、合作共建、利益共享的合作新机制。完善财政转移支付支持欠发达地区的机制，逐步实现基本公共服务均等化，引导人才向西部和艰苦边远地区流动。完善区域合作与利益调节机制，支持流域上下游、粮食主产区主销区、资源输出地输入地之间开展多种形式的利益补偿，鼓励探索共建园区、飞地经济等利益共享模式。聚焦铸牢中华民族共同体意识，加大对民族地区发展支持力度，全面深入持久开展民族团结进步宣传教育和创建，促进各民族交往交流交融。

第三十三章　积极拓展海洋经济发展空间

坚持陆海统筹、人海和谐、合作共赢，协同推进海洋生态保护、海洋经济发展和海洋权益维护，加快建设海洋强国。

第一节　建设现代海洋产业体系

围绕海洋工程、海洋资源、海洋环境等领域突破一批关键核心技术。培育壮大海洋工程装备、海洋生物医药产业，推进海水淡化和海洋能规模化利用，提高海洋文化旅游开发水平。优化近海绿色养殖布局，建设海洋牧场，发展可持续远洋渔业。建设一批高质量海洋经济发展示范区和特色化海洋产业集群，全面提高北部、东部、南部三大海洋经济圈发展水平。以沿海经济带为支撑，深化与周边国家涉海合作。

第二节　打造可持续海洋生态环境

探索建立沿海、流域、海域协同一体的综合治理体系。严格围填海管控，加强海岸带综合管理与滨海湿地保护。拓展入海污染物排放总量控制范围，保障入海河流断面水质。加快推进重点海域综合治理，构建流域—河口—近岸海域污染防治联动机制，推进美丽海湾保护与建设。防范海上溢油、危险化学品泄露等重大环境风险，提升应对海洋自然灾害和突发环境事件能力。完善海岸线保护、海域和无居民海岛有偿使用制度，探索海岸建筑退缩线制度和海洋生态环境损害赔偿制度，自然岸线保有率不低于 35%。

第三节　深度参与全球海洋治理

积极发展蓝色伙伴关系，深度参与国际海洋治理机制和相关规则制定与实施，推动建设公正合理的国际海洋秩序，推动构建海洋命运共同体。深化与沿海国家在海洋环境监测和保护、科学研究和海上搜救等领域务实合作，加强深海战略性资源和生物多样性调查评价。参与北极务实合作，建设“冰上丝绸之路”。提高参与南极保护和利用能力。加强形势研判、风险防范和法理斗争，加强海事司法建设，坚决维护国家海洋权益。有序推进海洋基本法立法。

第十篇　发展社会主义先进文化
提升国家文化软实力

坚持马克思主义在意识形态领域的指导地位，坚定文化自信，坚持以社会主义核心价值观引领文化建设，围绕举旗帜、聚民心、育新人、兴文化、展形象的使命任务，促进满足人民文化需求和增强人民精神力量相统一，推进社会主义文化强国建设。

第三十四章　提高社会文明程度

加强社会主义精神文明建设，培育和践行社会主义核心价值观，推动形成适应新时代要求的思想观念、精神面貌、文明风尚、行为规范。

第一节　推动理想信念教育常态化制度化

深入开展习近平新时代中国特色社会主义思想学习教育，健全用党的创新理论武装全党、教育人民的工作体系。建立健全“不忘初心、牢记使命”的制度和长效机制，加强和改进思想政治工作，持续开展中国特色社会主义和中国梦宣传教育，加强党史、新中国史、改革开放史、社会主义发展史教育，加强爱国主义、集体主义、社会主义教育，加强革命文化研究阐释和宣传教育，弘扬党和人民在各个历史时期奋斗中形成的伟大精神。完善弘扬社会主义核心价值观的法律政策体系，把社会主义核心价值观要求融入法治建设和社会治理，体现到国民教育、精神文明创建、文化产品创作生产全过程。完善青少年理想信念教育齐抓共管机制。

第二节　发展中国特色哲学社会科学

加强对习近平新时代中国特色社会主义思想的整体性系统性研究、出版传播、宣传阐释，推进马克思主义中国化、时代化、大众化。深入实施马克思主义理论研究和建设工程，推进习近平新时代中国特色社会主义思想研究中心（院）、中国特色社会主义理论体系研究中心等建设，建好用好“学习强国”等学习平台。构建中国特色哲学社会科学学科体系、学术体系和话语体系，深入实施哲学社会科学创新工程，加强中国特色新型智库建设。

第三节　传承弘扬中华优秀传统文化

深入实施中华优秀传统文化传承发展工程，强化重要文化和自然遗产、非物质文化遗产系统性保护，推动中华优秀传统文化创造性转化、创新性发展。加强文物科技创新，实施中华文明探源和考古中国工程，开展中华文化资源普查，加强文物和古籍保护研究利用，推进革命文物和红色遗址保护，完善流失文物追索返还制度。建设长城、大运河、长征、黄河等国家文化公园，加强世界文化遗产、文物保护单位、考古遗址公园、历史文化名城名镇名村保护。健全非物质文化遗产保护传承体系，加强各民族优秀传统手工艺保护和传承。

第四节　持续提升公民文明素养

推进公民道德建设，大力开展社会公德、职业道德、家庭美德、个人品德建设。开展国家勋章、国家荣誉称号获得者和时代楷模、道德模范、最美人物、身边好人的宣传学习。实施文明创建工程，拓展新时代文明实践中心建设，科学规范做好文明城市、文明村镇、文明单位、文明校园、文明家庭评选表彰，深化未成年人思想道德建设。完善市民公约、乡规民约、学生守则、团体章程等社会规范，建立惩戒失德行为机制。弘扬诚信文化，建设诚信社会。广泛开展志愿服务关爱行动。提倡艰苦奋斗、勤俭节约，开展以劳动创造幸福为主题的宣传教育。加强网络文明建设，发展积极健康的网络文化。

第三十五章　提升公共文化服务水平

坚持为人民服务、为社会主义服务的方向，坚持百花齐放、百家争鸣的方针，加强公共文化服务体系建设和体制机制创新，强化中华文化传播推广和文明交流互鉴，更好保障人民文化权益。

第一节 加强优秀文化作品创作生产传播

把提高质量作为文艺作品的生命线，提高文艺原创能力。实施文艺作品质量提升工程，健全重大现实、重大革命、重大历史题材创作规划组织机制，加强农村、少儿等题材创作，不断推出反映时代新气象、讴歌人民新创造的文艺精品。建立健全文化产品创作生产、传播引导、宣传推广的激励机制和评价体系，推动形成健康清朗的文艺生态。加强文化队伍建设，培养造就高水平创作人才和德艺双馨的名家大师。

第二节 完善公共文化服务体系

优化城乡文化资源配置，推进城乡公共文化服务体系一体建设。创新实施文化惠民工程，提升基层综合性文化服务中心功能，广泛开展群众性文化活动。推进公共图书馆、文化馆、美术馆、博物馆等公共文化场馆免费开放和数字化发展。推进媒体深度融合，做强新型主流媒体。完善应急广播体系，实施智慧广电固边工程和乡村工程。发展档案事业。深入推进全民阅读，建设“书香中国”，推动农村电影放映优化升级。创新公共文化服务运行机制，鼓励社会力量参与公共文化服务供给和设施建设运营。

第三节 提升中华文化影响力

加强对外文化交流和多层次文明对话，创新推进国际传播，利用网上网下，讲好中国故事，传播好中国声音，促进民心相通。开展“感知中国”、“走读中国”、“视听中国”活动，办好中国文化年（节）、旅游年（节）。建设中文传播平台，构建中国语言文化全球传播体系和国际中文教育标准体系。

第三十六章 健全现代文化产业体系

坚持把社会效益放在首位、社会效益和经济效益相统一，健全现代文化产业体系和市场体系。

第一节　扩大优质文化产品供给

实施文化产业数字化战略，加快发展新型文化企业、文化业态、文化消费模式，壮大数字创意、网络视听、数字出版、数字娱乐、线上演播等产业。加快提升超高清电视节目制播能力，推进电视频道高清化改造，推进沉浸式视频、云转播等应用。实施文化品牌战略，打造一批有影响力、代表性的文化品牌。培育骨干文化企业，规范发展文化产业园区，推动区域文化产业带建设。积极发展对外文化贸易，开拓海外文化市场，鼓励优秀传统文化产品和影视剧、游戏等数字文化产品“走出去”，加强国家文化出口基地建设。

第二节　推动文化和旅游融合发展

坚持以文塑旅、以旅彰文，打造独具魅力的中华文化旅游体验。深入发展大众旅游、智慧旅游，创新旅游产品体系，改善旅游消费体验。加强区域旅游品牌和服务整合，建设一批富有文化底蕴的世界级旅游景区和度假区，打造一批文化特色鲜明的国家级旅游休闲城市和街区。推进红色旅游、文化遗产旅游、旅游演艺等创新发展，提升度假休闲、乡村旅游等服务品质，完善邮轮游艇、低空旅游等发展政策。健全旅游基础设施和集散体系，推进旅游厕所革命，强化智慧景区建设。建立旅游服务质量评价体系，规范在线旅游经营服务。

第三节　深化文化体制改革

完善文化管理体制和生产经营机制，提升文化治理效能。完善国有文化资产管理体制机制，深化公益性文化事业单位改革，推进公共文化机构法人治理结构改革。深化国有文化企业分类改革，推进国有文艺院团改革和院线制改革。完善文化市场综合执法体制，制定未成年人网络保护、信息网络传播视听等领域法律法规。

专栏 13 社会主义文化繁荣发展工程
01 中国特色社会主义理论出版传播 编辑出版习近平谈治国理政、习近平新时代中国特色社会主义思想学习问答、分领域学习纲要等系列理论读物，编辑出版党史、新中国史、改革开放史、社会主义发展史经典教材，加强海外翻译出版和宣介推广。
02 文艺精品创作 开展精神文明建设“五个一”、舞台艺术、影视精品、优秀剧本、美术创作收藏、重大出版等工程，实施当代文学艺术创作、中华文化新媒体传播、纪录片创作传播、地方戏曲传承发展、网络文艺创作传播等重大项目。
03 全媒体传播和数字文化 推进国家、省、市、县四级融媒体中心（平台）建设。推进国家有线电视网络整合和 5G 一体化发展。分类采集梳理文化遗产数据，建设国家文化大数据体系。实施出版融合发展工程。
04 文化遗产保护传承 加强安阳殷墟、汉长安城、隋唐洛阳城和重要石窟寺等遗址保护，开展江西汉代海昏侯国、河南仰韶村、良渚古城、石峁、陶寺、三星堆、曲阜鲁国故城等国家考古遗址公园建设。建设 20 个国家重点区域考古标本库房、30 个国家级文化生态保护区和 20 个国家级非物质文化遗产馆。
05 中华典籍整理出版 整理出版 300 种中华典籍，组织《永乐大典》、敦煌文献等重点古籍系统性保护整理出版，实施国家古籍数字化工程。推进点校本“二十四史”及清史稿修订等重大出版工程，推进复兴文库建设，启动新编中国通史纂修工程、中华民族交往交流交融史编纂工程。
06 重大文化设施建设 建设中国共产党历史展览馆、中央档案馆新馆、国家版本馆、国家文献储备库、故宫博物院北院区、国家美术馆、国家文化遗产科技创新中心。
07 旅游目的地质量提升 打造海南国际旅游消费中心、粤港澳大湾区世界级旅游目的地、长江国际黄金旅游带、黄河文化旅游带、杭黄自然生态和文化旅游廊道、巴蜀文化旅游走廊、桂林国际旅游胜地，健全游客服务、停车及充电、交通、流量监测管理等设施。

第十一篇　推动绿色发展
促进人与自然和谐共生

坚持绿水青山就是金山银山理念，坚持尊重自然、顺应自然、保护自然，坚持节约优先、保护优先、自然恢复为主，实施可持续发展战略，完善生态文明领域统筹协调机制，构建生态文明体系，推动经济社会发展全面绿色转型，建设美丽中国。

第三十七章　提升生态系统质量和稳定性

坚持山水林田湖草系统治理，着力提高生态系统自我修复能力和稳定性，守住自然生态安全边界，促进自然生态系统质量整体改善。

第一节　完善生态安全屏障体系

强化国土空间规划和用途管控，划定落实生态保护红线、永久基本农田、城镇开发边界以及各类海域保护线。以国家重点生态功能区、生态保护红线、国家级自然保护地等为重点，实施重要生态系统保护和修复重大工程，加快推进青藏高原生态屏障区、黄河重点生态区、长江重点生态区和东北森林带、北方防沙带、南方丘陵山地带、海岸带等生态屏障建设。加强长江、黄河等大江大河和重要湖泊湿地生态保护治理，加强重要生态廊道建设和保护。全面加强天然林和湿地保护，湿地保护率提高到 55%。科学推进水土流失和荒漠化、石漠化综合治理，开展大规模国土绿化行动，推行林长制。科学开展人工影响天气活动。推行草原森林河流湖泊休养生息，健全耕地休耕轮作制度，巩固退耕还林还草、退田还湖还湿、退围还滩还海成果。

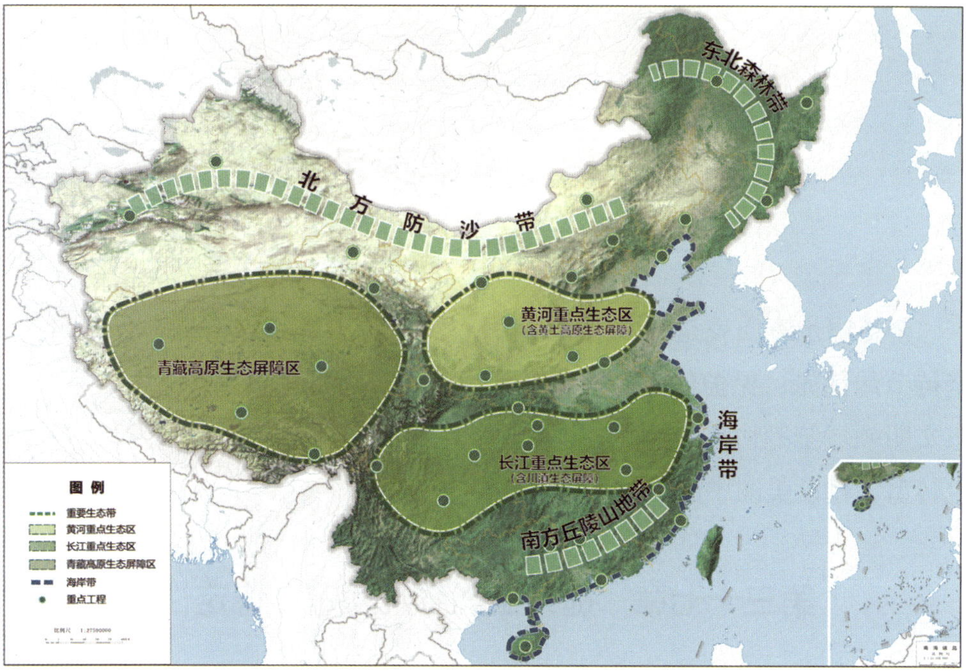

图 7　重要生态系统保护和修复重大工程布局示意图

第二节　构建自然保护地体系

科学划定自然保护地保护范围及功能分区，加快整合归并优化各类保护地，构建以国家公园为主体、自然保护区为基础、各类自然公园为补充的自然保护地体系。严格管控自然保护地范围内非生态活动，稳妥推进核心区内居民、耕地、矿权有序退出。完善国家公园管理体制和运营机制，整合设立一批国家公园。实施生物多样性保护重大工程，构筑生物多样性保护网络，加强国家重点保护和珍稀濒危野生动植物及其栖息地的保护修复，加强外来物种管控。完善生态保护和修复用地用海等政策。完善自然保护地、生态保护红线监管制度，开展生态系统保护成效监测评估。

第三节　健全生态保护补偿机制

加大重点生态功能区、重要水系源头地区、自然保护地转移支付力度，鼓励受益地区和保护地区、流域上下游通过资金补偿、产业扶持等多种形式开展横向生态补偿。完善市场化多元化生态补偿，鼓励各类社会资本参与生态保护修复。完善森林、草原和湿地生态补偿制度。推动长江、黄河等重要流域建立全流域生态补偿机制。建立生态产品价值实现机制，在长江流域和三江源国家公园等开展试点。制定实施生态保护补偿条例。

专栏 14　重要生态系统保护和修复工程

01　青藏高原生态屏障区

以三江源、祁连山、若尔盖、甘南黄河重要水源补给区等为重点，加强原生地带性植被、珍稀物种及其栖息地保护，新增沙化土地治理 100 万公顷、退化草原治理 320 万公顷，沙化土地封禁保护 20 万公顷。

02　黄河重点生态区（含黄土高原生态屏障）

以黄土高原、秦岭、贺兰山等为重点，加强“三化”草场治理和水土流失综合治理，保护修复黄河三角洲等湿地，保护修复林草植被 80 万公顷，新增水土流失治理 200 万公顷、沙化土地治理 80 万公顷。

03　长江重点生态区（含川滇生态屏障）

以横断山区、岩溶石漠化区、三峡库区、洞庭湖、鄱阳湖等为重点，开展森林质量精准提升、河湖湿地修复、石漠化综合治理等，加强珍稀濒危野生动植物保护恢复，完成营造林 110 万公顷，新增水土流失治理 500 万公顷、石漠化治理 100 万公顷。

04　东北森林带

以大小兴安岭、长白山及三江平原、松嫩平原重要湿地等为重点，实施天然林保护修复，保护重点沼泽湿地和珍稀候鸟迁徙地，培育天然林后备资源 70 万公顷，新增退化草原治理 30 万公顷。

05　北方防沙带

以内蒙古高原、河西走廊、塔里木河流域、京津冀地区等为重点，推进防护林体系建设及退化林修复、退化草原修复、京津风沙源治理等，完成营造林 220 万公顷，新增沙化土地治理 750 万公顷、退化草原治理 270 万公顷。

06　南方丘陵山地带

以南岭山地、武夷山区、湘桂岩溶石漠化区等为重点，实施森林质量精准提升行动，推进水土流失和石漠化综合治理，加强河湖生态保护修复，保护濒危物种及其栖息地，营造防护林 9 万公顷，新增石漠化治理 30 万公顷。

07　海岸带

以黄渤海、长三角、粤闽浙沿海、粤港澳大湾区、海南岛、北部湾等为重点，全面保护自然岸线，整治修复岸线长度 400 公里、滨海湿地 2 万公顷，营造防护林 11 万公顷。

08　自然保护地及野生动植物保护

推进三江源、东北虎豹、大熊猫和海南热带雨林等国家公园建设，新整合设立秦岭、黄河口等国家公园。建设珍稀濒危野生动植物基因保存库、救护繁育场所，专项拯救 48 种极度濒危野生动物和 50 种极小种群植物。

第三十八章　持续改善环境质量

深入打好污染防治攻坚战，建立健全环境治理体系，推进精准、科学、依法、系统治污，协同推进减污降碳，不断改善空气、水环境质量，有效管控土壤污染风险。

第一节　深入开展污染防治行动

坚持源头防治、综合施策，强化多污染物协同控制和区域协同治理。加强城市大气质量达标管理，推进细颗粒物（$PM_{2.5}$）和臭氧（O_3）协同控制，地级及以上城市 $PM_{2.5}$ 浓度下降 10%，有效遏制 O_3 浓度增长趋势，基本消除重污染天气。持续改善京津冀及周边地区、汾渭平原、长三角地区空气质量，因地制宜推动北方地区清洁取暖、工业窑炉治理、非电行业超低排放改造，加快挥发性有机物排放综合整治，氮氧化物和挥发性有机物排放总量分别下降 10% 以上。完善水污染防治流域协同机制，加强重点流域、重点湖泊、城市水体和近岸海域综合治理，推进美丽河湖保护与建设，化学需氧量和氨氮排放总量分别下降 8%，基本消除劣Ⅴ类国控断面和城市黑臭水体。开展城市饮用水水源地规范化建设，推进重点流域重污染企业搬迁改造。推进受污染耕地和建设用地管控修复，实施水土环境风险协同防控。加强塑料污染全链条防治。加强环境噪声污染治理。重视新污染物治理。

第二节　全面提升环境基础设施水平

构建集污水、垃圾、固废、危废、医废处理处置设施和监测监管能力于一体的环境基础设施体系，形成由城市向建制镇和乡村延伸覆盖的环境基础设施网络。推进城镇污水管网全覆盖，开展污水处理差别化精准提标，推广污泥集中焚烧无害化处理，城市污泥无害化处置率达到 90%，地级及以上缺水城市污水资源化利用率超过 25%。建设分类投放、分类收集、分类运输、分类处理的生活垃圾处理系统。以主要产业基地为重点布局危险废弃物集中利用处置设施。加快建设地级及以上城市医疗废弃物集中处理设施，健全县域医疗废弃物收集转运处置体系。

第三节 严密防控环境风险

建立健全重点风险源评估预警和应急处置机制。全面整治固体废物非法堆存，提升危险废弃物监管和风险防范能力。强化重点区域、重点行业重金属污染监控预警。健全有毒有害化学物质环境风险管理体制，完成重点地区危险化学品生产企业搬迁改造。严格核与辐射安全监管，推进放射性污染防治。建立生态环境突发事件后评估机制和公众健康影响评估制度。在高风险领域推行环境污染强制责任保险。

第四节 积极应对气候变化

落实 2030 年应对气候变化国家自主贡献目标，制定 2030 年前碳排放达峰行动方案。完善能源消费总量和强度双控制度，重点控制化石能源消费。实施以碳强度控制为主、碳排放总量控制为辅的制度，支持有条件的地方和重点行业、重点企业率先达到碳排放峰值。推动能源清洁低碳安全高效利用，深入推进工业、建筑、交通等领域低碳转型。加大甲烷、氢氟碳化物、全氟化碳等其他温室气体控制力度。提升生态系统碳汇能力。锚定努力争取 2060 年前实现碳中和，采取更加有力的政策和措施。加强全球气候变暖对我国承受力脆弱地区影响的观测和评估，提升城乡建设、农业生产、基础设施适应气候变化能力。加强青藏高原综合科学考察研究。坚持公平、共同但有区别的责任及各自能力原则，建设性参与和引领应对气候变化国际合作，推动落实联合国气候变化框架公约及其巴黎协定，积极开展气候变化南南合作。

第五节 健全现代环境治理体系

建立地上地下、陆海统筹的生态环境治理制度。全面实行排污许可制，实现所有固定污染源排污许可证核发，推动工业污染源限期达标排放，推进排污权、用能权、用水权、碳排放权市场化交易。完善环境保护、节能减排约束性指标管理。完善河湖管理保护机制，强化河长制、湖长制。加强领导干部自然资源资产离任审计。完善中央生态环境保护督察制度。完善省以下生态环境机构监测监察执法垂直管理制度，推进生态环境保护综合执法改革，完善生态环境公益诉讼制度。加大环保信息公开力度，加强企业环境治理责任制度建设，完善公众监督和举报反馈机制，引导社会组织和公众共同参与环境治理。

第三十九章　加快发展方式绿色转型

坚持生态优先、绿色发展，推进资源总量管理、科学配置、全面节约、循环利用，协同推进经济高质量发展和生态环境高水平保护。

第一节　全面提高资源利用效率

坚持节能优先方针，深化工业、建筑、交通等领域和公共机构节能，推动 5G、大数据中心等新兴领域能效提升，强化重点用能单位节能管理，实施能量系统优化、节能技术改造等重点工程，加快能耗限额、产品设备能效强制性国家标准制修订。实施国家节水行动，建立水资源刚性约束制度，强化农业节水增效、工业节水减排和城镇节水降损，鼓励再生水利用，单位 GDP 用水量下降 16% 左右。加强土地节约集约利用，加大批而未供和闲置土地处置力度，盘活城镇低效用地，支持工矿废弃土地恢复利用，完善土地复合利用、立体开发支持政策，新增建设用地规模控制在 2950 万亩以内，推动单位 GDP 建设用地使用面积稳步下降。提高矿产资源开发保护水平，发展绿色矿业，建设绿色矿山。

第二节　构建资源循环利用体系

全面推行循环经济理念，构建多层次资源高效循环利用体系。深入推进园区循环化改造，补齐和延伸产业链，推进能源资源梯级利用、废物循环利用和污染物集中处置。加强大宗固体废弃物综合利用，规范发展再制造产业。加快发展种养有机结合的循环农业。加强废旧物品回收设施规划建设,完善城市废旧物品回收分拣体系。推行生产企业“逆向回收”等模式，建立健全线上线下融合、流向可控的资源回收体系。拓展生产者责任延伸制度覆盖范围。推进快递包装减量化、标准化、循环化。

第三节　大力发展绿色经济

坚决遏制高耗能、高排放项目盲目发展，推动绿色转型实现积极发展。壮大节能环保、清洁生产、清洁能源、生态环境、基础设施绿色升级、绿色服务等产业，推广合同能源管理、合同节水管理、环境污染第三方治理等服务模式。推动煤炭等化石能源清洁高效利用，推进钢铁、石化、建材等行业绿色化改造，加快大宗货物和中长途货物运输“公转铁”、“公转水”。推动城市公交和物流配送车辆电动化。构建市场导向的绿色技术创新体系，实施绿色技术创新攻关行动，开展重点行业和重点产品资源效率对标提升行动。建立统一的绿色产品标准、认证、标识体系，完善节能家电、高效照明产品、节水器具推广机制。深入开展绿色生活创建行动。

第四节　构建绿色发展政策体系

强化绿色发展的法律和政策保障。实施有利于节能环保和资源综合利用的税收政策。大力发展绿色金融。健全自然资源有偿使用制度，创新完善自然资源、污水垃圾处理、用水用能等领域价格形成机制。推进固定资产投资项目节能审查、节能监察、重点用能单位管理制度改革。完善能效、水效“领跑者”制度。强化高耗水行业用水定额管理。深化生态文明试验区建设。深入推进山西国家资源型经济转型综合配套改革试验区建设和能源革命综合改革试点。

专栏 15　环境保护和资源节约工程
01　大气污染物减排 实施 8.5 亿吨水泥熟料、4.6 亿吨焦化产能和 4000 台左右有色行业炉窑清洁生产改造，完成 5.3 亿吨钢铁产能超低排放改造，开展石化、化工、涂装、医药、包装印刷等重点行业挥发性有机物治理改造，推进大气污染防治重点区域散煤清零。
02　水污染防治和水生态修复 巩固地级及以上城市黑臭水体治理成效，推进 363 个县级城市建成区 1500 段黑臭水体综合治理。加强太湖、巢湖、滇池、丹江口水库、洱海、白洋淀、鄱阳湖、洞庭湖、查干湖、乌梁素海等重点湖库污染防治和生态修复，实施永定河、木兰溪等综合治理，加快华北地区及其他重点区域地下水超采综合治理和黄河河口综合治理。

03　土壤污染防治与安全利用 在土壤污染面积较大的 100 个县推进农用地安全利用示范。以化工、有色金属行业为重点，实施 100 个土壤污染源头管控项目。
04　城镇污水垃圾处理设施 新增和改造污水收集管网 8 万公里，新增污水处理能力 2000 万立方米 / 日。加快垃圾焚烧设施建设，城市生活垃圾日清运量超过 300 吨地区实现原生垃圾零填埋，开展小型生活垃圾焚烧设施建设试点。
05　医废危废处置和固废综合利用 补齐医疗废弃物处置设施短板，建设国家和 6 个区域性危废风险防控技术中心、20 个区域性特殊危废集中处置中心。以尾矿和共伴生矿、煤矸石、粉煤灰、建筑垃圾等为重点，开展 100 个大宗固体废弃物综合利用示范。
06　资源节约利用 实施重大节能低碳技术产业化示范工程，开展近零能耗建筑、近零碳排放、碳捕集利用与封存（CCUS）等重大项目示范。开展 60 个大中城市废旧物资循环利用体系建设。

第十二篇　实行高水平对外开放
开拓合作共赢新局面

坚持实施更大范围、更宽领域、更深层次对外开放，依托我国超大规模市场优势，促进国际合作，实现互利共赢，推动共建“一带一路”行稳致远，推动构建人类命运共同体。

第四十章　建设更高水平开放型经济新体制

全面提高对外开放水平，推进贸易和投资自由化便利化，持续深化商品和要素流动型开放，稳步拓展规则、规制、管理、标准等制度型开放。

第一节　加快推进制度型开放

构建与国际通行规则相衔接的制度体系和监管模式。健全外商投资准入前国民待遇加负面清单管理制度，进一步缩减外资准入负面清单，落实准入后国民待遇，促进内外资企业公平竞争。建立健全跨境服务贸易负面清单管理制度，健全技术贸易促进体系。稳妥推进银行、证券、保险、基金、期货等金融领域开放，深化境内外资本市场互联互通，健全合格境外投资者制度。稳慎推进人民币国际化，坚持市场驱动和企业自主选择，营造以人民币自由使用为基础的新型互利合作关系。完善出入境、海关、外汇、税收等环节管理服务。

第二节　提升对外开放平台功能

统筹推进各类开放平台建设，打造开放层次更高、营商环境更优、辐射作用更强的开放新高地。完善自由贸易试验区布局，赋予其更大改革自主权，深化首创性、集成化、差别化改革探索，积极复制推广制度创新成果。稳步推进海南自由贸易港建设，以货物贸易“零关税”、服务贸易“既准入又准营”为方向推进贸易自由化便利化，大幅放宽市场准入，全面推行“极简审批”投资制度，开展跨境证券投融资改革试点和数据跨境传输安全管理试点，实施更加开放的人才、出入境、运输等政策，制定出台海南自由贸易港法，初步建立中国特色自由贸易港政策和制度体系。创新提升国家级新区和开发区，促进综合保税区高水平开放，完善沿边重点开发开放试验区、边境经济合作区、跨境经济合作区功能，支持宁夏、贵州、江西建设内陆开放型经济试验区。

第三节　优化区域开放布局

鼓励各地立足比较优势扩大开放，强化区域间开放联动，构建陆海内外联动、东西双向互济的开放格局。巩固东部沿海地区和超大特大城市开放先导地位，率先推动全方位高水平开放。加快中西部和东北地区开放步伐，支持承接国内外产业转移，培育全球重要加工制造基地和新增长极，研究在内陆地区增设国家一类口岸，助推内陆地区成为开放前沿。推动沿边开发开放高质量发展，加快边境贸易创新发展，更好发挥重点口岸和边境城市内外联通作用。支持广西建设面向东盟的开放合作高地、云南建设面向南亚东南亚和环印度洋地区开放的辐射中心。

第四节　健全开放安全保障体系

构筑与更高水平开放相匹配的监管和风险防控体系。健全产业损害预警体系，丰富贸易调整援助、贸易救济等政策工具，妥善应对经贸摩擦。健全外商投资国家安全审查、反垄断审查和国家技术安全清单管理、不可靠实体清单等制度。建立重要资源和产品全球供应链风险预警系统，加强国际供应链保障合作。加强国际收支监测，保持国际收支基本平衡和外汇储备基本稳定。加强对外资产负债监测，建立健全全口径外债监管体系。完善境外投资分类分级监管体系。构建海外利益保护和风险预警防范体系。优化提升驻外外交机构基础设施保障能力，完善领事保护工作体制机制，维护海外中国公民、机构安全和正当权益。

第四十一章　推动共建“一带一路”高质量发展

坚持共商共建共享原则，秉持绿色、开放、廉洁理念，深化务实合作，加强安全保障，促进共同发展。

第一节　加强发展战略和政策对接

推进战略、规划、机制对接，加强政策、规则、标准联通。创新对接方式，推进已签文件落实见效，推动与更多国家商签投资保护协定、避免双重征税协定等，加强海关、税收、监管等合作，推动实施更高水平的通关一体化。拓展规则对接领域，加强融资、贸易、能源、数字信息、农业等领域规则对接合作。促进共建“一带一路”倡议同区域和国际发展议程有效对接、协同增效。

第二节　推进基础设施互联互通

推动陆海天网四位一体联通，以“六廊六路多国多港”为基本框架，构建以新亚欧大陆桥等经济走廊为引领，以中欧班列、陆海新通道等大通道和信息高速路为骨架，以铁路、港口、管网等为依托的互联互通网络，打造国际陆海贸易新通道。聚焦关键通道和关键城市，有序推动重大合作项目建设，将高质量、可持续、抗风险、价格合理、包容可及目标融入项目建设全过程。提高中欧班列开行质量，推动国际陆运贸易规则制定。扩大“丝路海运”品牌影响。推进福建、新疆建设“一带一路”核心区。推进“一带一路”空间信息走廊建设。建设“空中丝绸之路”。

第三节　深化经贸投资务实合作

推动与共建“一带一路”国家贸易投资合作优化升级，积极发展丝路电商。深化国际产能合作，拓展第三方市场合作，构筑互利共赢的产业链供应链合作体系，扩大双向贸易和投资。坚持以企业为主体、市场为导向，遵循国际惯例和债务可持续原则，健全多元化投融资体系。创新融资合作框架，发挥共建“一带一路”专项贷款、丝路基金等作用。建立健全“一带一路”金融合作网络，推动金融基础设施互联互通，支持多边和各国金融机构共同参与投融资。完善“一带一路”风险防控和安全保障体系，强化法律服务保障，有效防范化解各类风险。

第四节　架设文明互学互鉴桥梁

深化公共卫生、数字经济、绿色发展、科技教育、文化艺术等领域人文合作，加强议会、政党、民间组织往来，密切妇女、青年、残疾人等群体交流，形成多元互动的人文交流格局。推进实施共建“一带一路”科技创新行动计划，建设数字丝绸之路、创新丝绸之路。加强应对气候变化、海洋合作、野生动物保护、荒漠化防治等交流合作，推动建设绿色丝绸之路。积极与共建“一带一路”国家开展医疗卫生和传染病防控合作，建设健康丝绸之路。

第四十二章　积极参与全球治理体系改革和建设

高举和平、发展、合作、共赢旗帜，坚持独立自主的和平外交政策，推动构建新型国际关系，推动全球治理体系朝着更加公正合理的方向发展。

第一节　维护和完善多边经济治理机制

维护多边贸易体制，积极参与世界贸易组织改革，坚决维护发展中成员地位。推动二十国集团等发挥国际经济合作功能，建设性参与亚太经合组织、金砖国家等机制经济治理合作，提出更多中国倡议、中国方案。推动主要多边金融机构深化治理改革，支持亚洲基础设施投资银行和新开发银行更好发挥作用，提高参与国际金融治理能力。推动国际宏观经济政策沟通协调，搭建国际合作平台，共同维护全球产业链供应链稳定畅通、全球金融市场稳定，合力促进世界经济增长。推动新兴领域经济治理规则制定。

第二节　构建高标准自由贸易区网络

实施自由贸易区提升战略，构建面向全球的高标准自由贸易区网络。

优化自由贸易区布局，推动区域全面经济伙伴关系协定实施，加快中日韩自由贸易协定谈判进程，稳步推进亚太自贸区建设。提升自由贸易区建设水平，积极考虑加入全面与进步跨太平洋伙伴关系协定，推动商签更多高标准自由贸易协定和区域贸易协定。

第三节　积极营造良好外部环境

积极发展全球伙伴关系，推进大国协调和合作，深化同周边国家关系，加强同发展中国家团结合作。坚持多边主义和共商共建共享原则，维护以联合国为核心的国际体系和以国际法为基础的国际秩序，共同应对全球性挑战。积极参与重大传染病防控国际合作，推动构建人类卫生健康共同体。深化对外援助体制机制改革，优化对外援助布局，向发展中国家特别是最不发达国家提供力所能及的帮助，加强医疗卫生、科技教育、绿色发展、减贫、人力资源开发、紧急人道主义等领域对外合作和援助。积极落实联合国 2030 年可持续发展议程。

第十三篇　提升国民素质　促进人的全面发展

把提升国民素质放在突出重要位置，构建高质量的教育体系和全方位全周期的健康体系，优化人口结构，拓展人口质量红利，提升人力资本水平和人的全面发展能力。

第四十三章　建设高质量教育体系

全面贯彻党的教育方针，坚持优先发展教育事业，坚持立德树人，增强学生文明素养、社会责任意识、实践本领，培养德智体美劳全面发展的社会主义建设者和接班人。

第一节　推进基本公共教育均等化

巩固义务教育基本均衡成果，完善办学标准，推动义务教育优质均衡发展和城乡一体化。加快城镇学校扩容增位，保障农业转移人口随迁子女平等享有基本公共教育服务。改善乡村小规模学校和乡镇寄宿制学校条件，加强乡村教师队伍建设，提高乡村教师素质能力，完善留守儿童关爱体系，巩固义务教育控辍保学成果。巩固提升高中阶段教育普及水平，鼓励高中阶段学校多样化发展，高中阶段教育毛入学率提高到 92% 以上。规范校外培训。完善普惠性学前教育和特殊教育、专门教育保障机制，学前教育毛入园率提高到 90% 以上。提高民族地区教育质量和水平，加大国家通用语言文字推广力度。

第二节　增强职业技术教育适应性

突出职业技术（技工）教育类型特色，深入推进改革创新，优化结构与布局，大力培养技术技能人才。完善职业技术教育国家标准，推行“学历证书 + 职业技能等级证书”制度。创新办学模式，深化产教融合、校企合作，鼓励企业举办高质量职业技术教育，探索中国特色学徒制。实施现代职业技术教育质量提升计划，建设一批高水平职业技术院校和专业，稳步发展职业本科教育。深化职普融通，实现职业技术教育与普通教育双向互认、纵向流动。

第三节　提高高等教育质量

推进高等教育分类管理和高等学校综合改革，构建更加多元的高等教育体系，高等教育毛入学率提高到 60%。分类建设一流大学和一流学科，支持发展高水平研究型大学。建设高质量本科教育，推进部分普通本科高校向应用型转变。建立学科专业动态调整机制和特色发展引导机制，增强高校学科设置针对性，推进基础学科高层次人才培养模式改革，加快培养理工农医类专业紧缺人才。加强研究生培养管理，提升研究生教育质量，稳步扩大专业学位研究生规模。优化区域高等教育资源布局，推进中西部地区高等教育振兴。

第四节　建设高素质专业化教师队伍

建立高水平现代教师教育体系，加强师德师风建设，完善教师管理和发展政策体系，提升教师教书育人能力素质。重点建设一批师范教育基地，支持高水平综合大学开展教师教育，健全师范生公费教育制度，推进教育类研究生和公费师范生免试认定教师资格改革。支持高水平工科大学举办职业技术师范专业，建立高等学校、职业学校与行业企业联合培养“双师型”教师机制。深化中小学、幼儿园教师管理综合改革，统筹教师编制配置和跨区调整，推进义务教育教师“县管校聘”管理改革，适当提高中高级教师岗位比例。

第五节　深化教育改革

深化新时代教育评价改革，建立健全教育评价制度和机制，发展素质教育，更加注重学生爱国情怀、创新精神和健康人格培养。坚持教育公益性原则，加大教育经费投入，改革完善经费使用管理制度，提高经费使用效益。落实和扩大学校办学自主权，完善学校内部治理结构，有序引导社会参与学校治理。深化考试招生综合改革。支持和规范民办教育发展，开展高水平中外合作办学。发挥在线教育优势，完善终身学习体系，建设学习型社会。推进高水平大学开放教育资源，完善注册学习和弹性学习制度，畅通不同类型学习成果的互认和转换渠道。

专栏 16　教育提质扩容工程
01　普惠性幼儿园 以人口集中流入地、农村地区和“三区三州”为重点，新建、改扩建 2 万所幼儿园，增加普惠学位 400 万个以上。
02　基础教育 以教育基础薄弱县和人口流入地为重点，新建、改扩建中小学校 4000 所以上。在边境县（团场）建设 100 所“国门学校”。
03　职业技术教育 支持建设 200 所以上高水平高职学校和 600 个以上高水平专业，支持建设一批优秀中职学校和优质专业。
04　高等教育 加强“双一流”建设高校基础研究和协同创新能力建设，提升 100 所中西部本科高校办学条件，布局建设一批高水平公共卫生学院和高水平师范院校。
05　产教融合平台 围绕集成电路、人工智能、工业互联网、储能等重点领域，布局建设一批国家产教融合创新平台和研究生联合培养基地。建设 100 个高水平、专业化、开放型产教融合实训基地。

第四十四章　全面推进健康中国建设

把保障人民健康放在优先发展的战略位置，坚持预防为主的方针，深入实施健康中国行动，完善国民健康促进政策，织牢国家公共卫生防护网，为人民提供全方位全生命期健康服务。

第一节　构建强大公共卫生体系

改革疾病预防控制体系，强化监测预警、风险评估、流行病学调查、检验检测、应急处置等职能。建立稳定的公共卫生事业投入机制，改善疾控基础条件，强化基层公共卫生体系。落实医疗机构公共卫生责任，创新医防协同机制。完善突发公共卫生事件监测预警处置机制，加强实验室检测网络建设，健全医疗救治、科技支撑、物资保障体系，提高应对突发公共卫生事件能力。建立分级分层分流的传染病救治网络，建立健全统一的国家公共卫生应急物资储备体系，大型公共建筑预设平疫结合改造接口。筑牢口岸防疫防线。加强公共卫生学院和人才队伍建设。完善公共卫生服务项目，扩大国家免疫规划，强化慢性病预防、早期筛查和综合干预。完善心理健康和精神卫生服务体系。

第二节　深化医药卫生体制改革

坚持基本医疗卫生事业公益属性，以提高医疗质量和效率为导向，以公立医疗机构为主体、非公立医疗机构为补充，扩大医疗服务资源供给。加强公立医院建设，加快建立现代医院管理制度，深入推进治理结构、人事薪酬、编制管理和绩效考核改革。加快优质医疗资源扩容和区域均衡布局，建设国家医学中心和区域医疗中心。加强基层医疗卫生队伍建设，以城市社区和农村基层、边境口岸城市、县级医院为重点，完善城乡医疗服务网络。加快建设分级诊疗体系，积极发展医疗联合体。加强预防、治疗、护理、康复有机衔接。推进国家组织药品和耗材集中带量采购使用改革，发展高端医疗设备。完善创新药物、疫苗、医疗器械等快速审评审批机制，加快临床急需和罕见病治疗药品、医疗器械审评审批，促进临床急需境外已上市新药和医疗器械尽快在境内上市。提升医护人员培养质量与规模，扩大儿科、全科等短缺医师规模，每千人口拥有注册护士数提高到 3.8 人。实施医师区域注册，推动医师多机构执业。稳步扩大城乡家庭医生签约服务覆盖范围，提高签约服务质量。支持社会办医，鼓励有经验的执业医师开办诊所。

第三节　健全全民医保制度

健全基本医疗保险稳定可持续筹资和待遇调整机制，完善医保缴费参保政策，实行医疗保障待遇清单制度。做实基本医疗保险市级统筹，推动省级统筹。完善基本医疗保险门诊共济保障机制，健全重大疾病医疗保险和救助制度。完善医保目录动态调整机制。推行以按病种付费为主的多元复合式医保支付方式。将符合条件的互联网医疗服务纳入医保支付范围，落实异地就医结算。扎实推进医保标准化、信息化建设，提升经办服务水平。健全医保基金监管机制。稳步建立长期护理保险制度。积极发展商业医疗保险。

第四节　推动中医药传承创新

坚持中西医并重和优势互补，大力发展中医药事业。健全中医药服务体系，发挥中医药在疾病预防、治疗、康复中的独特优势。加强中西医结合，促进少数民族医药发展。加强古典医籍精华的梳理和挖掘，建设中医药科技支撑平台，改革完善中药审评审批机制，促进中药新药研发保护和产业发展。强化中药质量监管，促进中药质量提升。强化中医药特色人才培养，加强中医药文化传承与创新发展，推动中医药走向世界。

第五节　建设体育强国

广泛开展全民健身运动，增强人民体质。推动健康关口前移，深化体教融合、体卫融合、体旅融合。完善全民健身公共服务体系，推进社会体育场地设施建设和学校场馆开放共享，提高健身步道等便民健身场所覆盖面，因地制宜发展体育公园，支持在不妨碍防洪安全前提下利用河滩地等建设公共体育设施。保障学校体育课和课外锻炼时间，以青少年为重点开展国民体质监测和干预。坚持文化教育和专业训练并重，加强竞技体育后备人才培养，提升重点项目竞技水平，巩固传统项目优势，探索中国特色足球篮球排球发展路径，持续推进冰雪运动发展，发展具有世界影响力的职业体育赛事。扩大体育消费，发展健身休闲、户外运动等体育产业。办好北京冬奥会、冬残奥会及杭州亚运会等。

第六节　深入开展爱国卫生运动

丰富爱国卫生工作内涵，促进全民养成文明健康生活方式。加强公共卫生环境基础设施建设，推进城乡环境卫生整治，强化病媒生物防制。深入推进卫生城镇创建。加强健康教育和健康知识普及，树立良好饮食风尚，制止餐饮浪费行为，开展控烟限酒行动，坚决革除滥食野生动物等陋习，推广分餐公筷、垃圾分类投放等生活习惯。

专栏 17　全民健康保障工程
01　疾病预防控制 启动中国疾病预防控制中心二期项目，依托现有疾控机构建设 15 个左右区域公共卫生中心，升级改造 20 个左右国家重大传染病防控救治基地、20 个左右国家紧急医学救援基地。
02　国家医学中心 加强国家心血管、呼吸、肿瘤、创伤、儿科等医学中心建设。聚焦重大病种，打造若干引领国内、具有全球影响力的高水平医学中心和医学创新转化中心。
03　区域医疗中心 支持高水平医疗机构在外出就医多、医疗资源薄弱的省份建设一批区域医疗中心，建成河北、河南、山西、辽宁、安徽、福建、云南、新疆等区域医疗中心。
04　县级医院 推动省市优质医疗资源支持县级医院发展，力争新增 500 个县级医院（含中医院）达到三级医院设施条件和服务能力。
05　中医药发展 打造 20 个左右国家中医药传承创新中心，20 个左右中西医协同旗舰医院，20 个左右中医疫病防治基地，100 个左右中医特色重点医院，形成一批中医优势专科。
06　全民健身场地设施 新建、改扩建 1000 个左右体育公园，建设户外运动、健身休闲等配套公共基础设施。推进社会足球场地和体育健身步道建设。

第四十五章　实施积极应对人口老龄化国家战略

制定人口长期发展战略，优化生育政策，以“一老一小”为重点完善人口服务体系，促进人口长期均衡发展。

第一节　推动实现适度生育水平

增强生育政策包容性，推动生育政策与经济社会政策配套衔接，减轻家庭生育、养育、教育负担，释放生育政策潜力。完善幼儿养育、青少年发展、老人赡养、病残照料等政策和产假制度，探索实施父母育儿假。改善优生优育全程服务，加强孕前孕产期健康服务，提高出生人口质量。建立健全计划生育特殊困难家庭全方位帮扶保障制度。改革完善人口统计和监测体系，密切监测生育形势。深化人口发展战略研究，健全人口与发展综合决策机制。

第二节　健全婴幼儿发展政策

发展普惠托育服务体系，健全支持婴幼儿照护服务和早期发展的政策体系。加强对家庭照护和社区服务的支持指导，增强家庭科学育儿能力。严格落实城镇小区配套园政策，积极发展多种形式的婴幼儿照护服务机构，鼓励有条件的用人单位提供婴幼儿照护服务，支持企事业单位和社会组织等社会力量提供普惠托育服务，鼓励幼儿园发展托幼一体化服务。推进婴幼儿照护服务专业化、规范化发展，提高保育保教质量和水平。

第三节　完善养老服务体系

推动养老事业和养老产业协同发展，健全基本养老服务体系，大力发展普惠型养老服务，支持家庭承担养老功能，构建居家社区机构相协调、医养康养相结合的养老服务体系。完善社区居家养老服务网络，推进公共设施适老化改造，推动专业机构服务向社区延伸，整合利用存量资源发展社区嵌入式养老。强化对失能、部分失能特困老年人的兜底保障，积极发展农村互助幸福院等互助性养老。深化公办养老机构改革，提升服务能力和水平，完善公建民营管理机制，支持培训疗养资源转型发展养老，加强对护理型民办养老机构的政策扶持，开展普惠养老城企联动专项行动。加强老年健康服务，深入推进医养康养结合。加大养老护理型人才培养力度，扩大养老机构护理型床位供给，养老机构护理型床位占比提高到55%，更好满足高龄失能失智老年人护理服务需求。逐步提升老年人福利水平，完善经济困难高龄失能老年人补贴制度和特殊困难失能留守老年人探访关爱制度。健全养老服务综合监管制度。构建养老、孝老、敬老的社会环境，强化老年人权益保障。综合考虑人均预期寿命提高、人口老龄化趋势加快、受教育年限增加、劳动力结构变化等因素，按照小步调整、弹性实施、分类推进、统筹兼顾等原则，逐步延迟法定退休年龄，促进人力资源充分利用。发展银发经济，开发适老化技术和产品，培育智慧养老等新业态。

专栏 18　“一老一小”服务项目
01　特殊困难家庭适老化改造 支持 200 万户特殊困难高龄、失能、残疾老年人家庭实施适老化改造，配备辅助器具和防走失装置等设施。
02　社区居家养老服务网络建设 支持 500 个区县建设连锁化运营、标准化管理的示范性社区居家养老服务网络，提供失能护理、日间照料以及助餐助浴助洁助医助行等服务。
03　养老机构服务提升 支持 300 个左右培训疗养机构转型为普惠养老机构、1000 个左右公办养老机构增加护理型床位，支持城市依托基层医疗卫生资源建设医养结合设施。
04　普惠托育服务扩容 支持 150 个城市利用社会力量发展综合托育服务机构和社区托育服务设施，新增示范性普惠托位 50 万个以上。
05　儿童友好城市建设 开展 100 个儿童友好城市示范，加强校外活动场所、社区儿童之家建设和公共空间适儿化改造，完善儿童公共服务设施。

第十四篇　增进民生福祉
提升共建共治共享水平

坚持尽力而为、量力而行，健全基本公共服务体系，加强普惠性、基础性、兜底性民生建设，完善共建共治共享的社会治理制度，制定促进共同富裕行动纲要，自觉主动缩小地区、城乡和收入差距，让发展成果更多更公平惠及全体人民，不断增强人民群众获得感、幸福感、安全感。

第四十六章　健全国家公共服务制度体系

加快补齐基本公共服务短板，着力增强非基本公共服务弱项，努力提升公共服务质量和水平。

第一节　提高基本公共服务均等化水平

推动城乡区域基本公共服务制度统一、质量水平有效衔接。围绕公共教育、就业创业、社会保险、医疗卫生、社会服务、住房保障、公共文化体育、优抚安置、残疾人服务等领域，建立健全基本公共服务标准体系，明确国家标准并建立动态调整机制，推动标准水平城乡区域间衔接平衡。按照常住人口规模和服务半径统筹基本公共服务设施布局和共建共享，促进基本公共服务资源向基层延伸、向农村覆盖、向边远地区和生活困难群众倾斜。

第二节　创新公共服务提供方式

区分基本与非基本，突出政府在基本公共服务供给保障中的主体地位，推动非基本公共服务提供主体多元化、提供方式多样化。在育幼、养老等供需矛盾突出的服务领域，支持社会力量扩大普惠性规范性服务供给，保障提供普惠性规范性服务的各类机构平等享受优惠政策。鼓励社会力量通过公建民营、政府购买服务、政府和社会资本合作等方式参与公共服务供给。深化公共服务领域事业单位改革，营造事业单位与社会力量公平竞争的市场环境。

第三节　完善公共服务政策保障体系

优化财政支出结构，优先保障基本公共服务补短板。明确中央和地方在公共服务领域事权和支出责任，加大中央和省级财政对基层政府提供基本公共服务的财力支持。将更多公共服务项目纳入政府购买服务指导性目录，加大政府购买力度，完善财政、融资和土地等优惠政策。在资格准入、职称评定、土地供给、财政支持、政府采购、监督管理等方面公平对待民办与公办机构。

第四十七章　实施就业优先战略

健全有利于更充分更高质量就业的促进机制，扩大就业容量，提升就业质量，缓解结构性就业矛盾。

第一节　强化就业优先政策

坚持经济发展就业导向，健全就业目标责任考核机制和就业影响评估机制。完善高校毕业生、退役军人、农民工等重点群体就业支持体系。完善与就业容量挂钩的产业政策，支持吸纳就业能力强的服务业、中小微企业和劳动密集型企业发展，稳定拓展社区超市、便利店和社区服务岗位。促进平等就业，增加高质量就业，注重发展技能密集型产业，支持和规范发展新就业形态，扩大政府购买基层教育、医疗和专业化社会服务规模。建立促进创业带动就业、多渠道灵活就业机制，全面清理各类限制性政策，增强劳动力市场包容性。统筹城乡就业政策，积极引导农村劳动力就业。扩大公益性岗位安置，着力帮扶残疾人、零就业家庭成员等困难人员就业。

第二节　健全就业公共服务体系

健全覆盖城乡的就业公共服务体系，加强基层公共就业创业服务平台建设，为劳动者和企业免费提供政策咨询、职业介绍、用工指导等服务。构建常态化援企稳岗帮扶机制，统筹用好就业补助资金和失业保险基金。健全劳务输入集中区域与劳务输出省份对接协调机制，加强劳动力跨区域精准对接。加强劳动者权益保障，健全劳动合同制度和劳动关系协调机制，完善欠薪治理长效机制和劳动争议调解仲裁制度，探索建立新业态从业人员劳动权益保障机制。健全就业需求调查和失业监测预警机制。

第三节　全面提升劳动者就业创业能力

健全终身技能培训制度，持续大规模开展职业技能培训。深入实施职业技能提升行动和重点群体专项培训计划，广泛开展新业态新模式从业人员技能培训，有效提高培训质量。统筹各级各类职业技能培训资金，创新使用方式，畅通培训补贴直达企业和培训者渠道。健全培训经费税前扣除政策，鼓励企业开展岗位技能提升培训。支持开展订单式、套餐制培训。建设一批公共实训基地和产教融合基地，推动培训资源共建共享。办好全国职业技能大赛。

第四十八章　优化收入分配结构

坚持居民收入增长和经济增长基本同步、劳动报酬提高和劳动生产率提高基本同步，持续提高低收入群体收入，扩大中等收入群体，更加积极有为地促进共同富裕。

第一节　拓展居民收入增长渠道

坚持按劳分配为主体、多种分配方式并存，提高劳动报酬在初次分配中的比重。健全工资决定、合理增长和支付保障机制，完善最低工资标准和工资指导线形成机制，积极推行工资集体协商制度。完善按要素分配政策制度，健全各类生产要素由市场决定报酬的机制，探索通过土地、资本等要素使用权、收益权增加中低收入群体要素收入。完善国有企业市场化薪酬分配机制，普遍实行全员绩效管理。改革完善体现岗位绩效和分级分类管理的事业单位薪酬制度。规范劳务派遣用工行为，保障劳动者同工同酬。多渠道增加城乡居民财产性收入，提高农民土地增值收益分享比例，完善上市公司分红制度，创新更多适应家庭财富管理需求的金融产品。完善国有资本收益上缴公共财政制度，加大公共财政支出用于民生保障力度。

第二节　扩大中等收入群体

实施扩大中等收入群体行动计划，以高校和职业院校毕业生、技能型劳动者、农民工等为重点，不断提高中等收入群体比重。提高高校、职业院校毕业生就业匹配度和劳动参与率。拓宽技术工人上升通道，畅通非公有制经济组织、社会组织、自由职业专业技术人员职称申报和技能等级认定渠道，提高技能型人才待遇水平和社会地位。实施高素质农民培育计划，运用农业农村资源和现代经营方式增加收入。完善小微创业者扶持政策，支持个体工商户、灵活就业人员等群体勤劳致富。

第三节　完善再分配机制

加大税收、社会保障、转移支付等调节力度和精准性，发挥慈善等第三次分配作用，改善收入和财富分配格局。健全直接税体系，完善综合与分类相结合的个人所得税制度，加强对高收入者的税收调节和监管。增强社会保障待遇和服务的公平性可及性，完善兜底保障标准动态调整机制。规范收入分配秩序，保护合法收入，合理调节过高收入，取缔非法收入，遏制以垄断和不正当竞争行为获取收入。建立完善个人收入和财产信息系统。健全现代支付和收入监测体系。

第四十九章　健全多层次社会保障体系

坚持应保尽保原则，按照兜底线、织密网、建机制的要求，加快健全覆盖全民、统筹城乡、公平统一、可持续的多层次社会保障体系。

第一节　改革完善社会保险制度

健全养老保险制度体系，促进基本养老保险基金长期平衡。实现基本养老保险全国统筹，放宽灵活就业人员参保条件，实现社会保险法定人群全覆盖。完善划转国有资本充实社保基金制度，优化做强社会保障战略储备基金。完善城镇职工基本养老金合理调整机制，逐步提高城乡居民基础养老金标准。发展多层次、多支柱养老保险体系，提高企业年金覆盖率，规范发展第三支柱养老保险。推进失业保险、工伤保险向职业劳动者广覆盖，实现省级统筹。推进社保转移接续，完善全国统一的社会保险公共服务平台。

第二节　优化社会救助和慈善制度

以城乡低保对象、特殊困难人员、低收入家庭为重点，健全分层分类的社会救助体系，构建综合救助格局。健全基本生活救助制度和医疗、教育、住房、就业、受灾人员等专项救助制度，完善救助标准和救助对象动态调整机制。健全临时救助政策措施，强化急难社会救助功能。加强城乡救助体系统筹，逐步实现常住地救助申领。积极发展服务类社会救助，推进政府购买社会救助服务。促进慈善事业发展，完善财税等激励政策。规范发展网络慈善平台，加强彩票和公益金管理。

第三节　健全退役军人工作体系和保障制度

完善退役军人事务组织管理体系、工作运行体系和政策制度体系，提升退役军人服务保障水平。深化退役军人安置制度改革，加大教育培训和就业扶持力度，拓展就业领域，提升安置质量。建立健全新型待遇保障体系，完善和落实优抚政策，合理提高退役军人和其他优抚对象待遇标准，做好随调配偶子女工作安排、落户和教育等工作。完善离退休军人和伤病残退役军人移交安置、收治休养制度，加强退役军人服务中心（站）建设，提升优抚医院、光荣院、军供站等建设服务水平。加强退役军人保险制度衔接。大力弘扬英烈精神，加强烈士纪念设施建设和管护，建设军人公墓。深入推动双拥模范城（县）创建。

第五十章　保障妇女未成年人和残疾人基本权益

坚持男女平等基本国策，坚持儿童优先发展，提升残疾人关爱服务水平，切实保障妇女、未成年人、残疾人等群体发展权利和机会。

第一节　促进男女平等和妇女全面发展

深入实施妇女发展纲要，持续改善妇女发展环境，促进妇女平等依法行使权利、参与经济社会发展、共享发展成果。保障妇女享有卫生健康服务，完善宫颈癌、乳腺癌综合防治体系和救助政策。保障妇女平等享有受教育权利，持续提高受教育年限和综合能力素质。保障妇女平等享有经济权益，消除就业性别歧视，依法享有产假和生育津贴，保障农村妇女土地权益。保障妇女平等享有政治权利，推动妇女广泛参与社会事务和民主管理。落实法规政策性别平等评估机制，完善分性别统计制度。提高留守妇女关爱服务水平。严厉打击侵害妇女和女童人身权利的违法犯罪行为。

第二节　提升未成年人关爱服务水平

深入实施儿童发展纲要，优化儿童发展环境，切实保障儿童生存权、发展权、受保护权和参与权。完善儿童健康服务体系，预防和控制儿童疾病，减少儿童死亡和严重出生缺陷发生，有效控制儿童肥胖和近视，实施学龄前儿童营养改善计划。保障儿童公平受教育权利，加强儿童心理健康教育和服务。加强困境儿童分类保障，完善农村留守儿童关爱服务体系，健全孤儿和事实无人抚养儿童保障机制。完善落实未成年人监护制度，严厉打击侵害未成年人权益的违法犯罪行为，完善未成年人综合保护体系。深入实施青年发展规划，促进青年全面发展，搭建青年成长成才和建功立业的平台，激发青年创新创业活力。

第三节　加强家庭建设

以建设文明家庭、实施科学家教、传承优良家风为重点，深入实施家家幸福安康工程。构建支持家庭发展的法律政策体系，推进家庭教育立法进程，加大反家庭暴力法实施力度，加强婚姻家庭辅导服务，预防和化解婚姻家庭矛盾纠纷。构建覆盖城乡的家庭教育指导服务体系，健全学校家庭社会协同育人机制。促进家庭服务多元化发展。充分发挥家庭家教家风在基层社会治理中的作用。

第四节　提升残疾人保障和发展能力

健全残疾人帮扶制度，帮助残疾人普遍参加基本医疗和基本养老保险，动态调整困难残疾人生活补贴和重度残疾人护理补贴标准。完善残疾人就业支持体系，加强残疾人劳动权益保障，优先为残疾人提供职业技能培训，扶持残疾人自主创业。推进适龄残疾儿童和少年教育全覆盖，提升特殊教育质量。建成康复大学，促进康复服务市场化发展，提高康复辅助器具适配率，提升康复服务质量。开展重度残疾人托养照护服务。加强残疾人服务设施和综合服务能力建设，完善无障碍环境建设和维护政策体系，支持困难残疾人家庭无障碍设施改造。

专栏 19　社会关爱服务行动
01　残疾人服务 加强专业化残疾人康复、托养和综合服务设施建设，补贴 110 万户困难重度残疾人家庭无障碍设施改造，提升社区无障碍建设水平。
02　困难儿童关爱 支持儿童福利机构建设，提升孤弃儿童集中养治教康水平。加强留守儿童数量较多的欠发达地区未成年人保护设施建设。建设残疾儿童康复救助定点机构，推动残疾儿童普遍享有基本康复服务。
03　流浪乞讨人员救助 充分利用现有社会福利设施建设流浪乞讨人员救助设施或救助站，实现救助服务网络覆盖全部县市。
04　精神卫生福利设施 在精神卫生服务能力不足的地区建设 100 个左右精神卫生福利设施，为困难精神障碍患者提供集中养护、康复服务。
05　公益性殡葬服务 加强殡仪馆、公益性骨灰安葬（放）设施建设，推动老旧殡仪馆改造，推动基本殡葬服务设施覆盖全部县市。推进农村公墓建设。加大生态殡葬奖补力度。

第五十一章　构建基层社会治理新格局

健全党组织领导的自治、法治、德治相结合的城乡基层社会治理体系，完善基层民主协商制度，建设人人有责、人人尽责、人人享有的社会治理共同体。

第一节　夯实基层社会治理基础

健全党组织领导、村（居）委会主导、人民群众为主体的基层社会治理框架。依法厘清基层政府与基层群众性自治组织的权责边界，制定县（区）职能部门、乡镇（街道）在城乡社区治理方面的权责清单制度，实行工作事项准入制度，减轻基层特别是村级组织负担。加强基层群众性自治组织规范化建设，合理确定其功能、规模和事务范围。加强基层群众自治机制建设，完善村（居）民议事会、理事会、监督委员会等自治载体，健全村（居）民参与社会治理的组织形式和制度化渠道。

第二节　健全社区管理和服务机制

推动社会治理和服务重心下移、资源下沉，提高城乡社区精准化精细化服务管理能力。推进审批权限和公共服务事项向基层延伸，构建网格化管理、精细化服务、信息化支撑、开放共享的基层管理服务平台，推动就业社保、养老托育、扶残助残、医疗卫生、家政服务、物流商超、治安执法、纠纷调处、心理援助等便民服务场景有机集成和精准对接。完善城市社区居委会职能，督促业委会和物业服务企业履行职责，改进社区物业服务管理。构建专职化、专业化的城乡社区工作者队伍。

第三节　积极引导社会力量参与基层治理

发挥群团组织和社会组织在社会治理中的作用，畅通和规范市场主体、新社会阶层、社会工作者和志愿者等参与社会治理的途径，全面激发基层社会治理活力。培育规范化行业协会商会、公益慈善组织、城乡社区社会组织，加强财政补助、购买服务、税收优惠、人才保障等政策支持和事中事后监管。支持和发展社会工作服务机构和志愿服务组织，壮大志愿者队伍，搭建更多志愿服务平台，健全志愿服务体系。

第十五篇 统筹发展和安全 建设更高水平的平安中国

坚持总体国家安全观，实施国家安全战略，维护和塑造国家安全，统筹传统安全和非传统安全，把安全发展贯穿国家发展各领域和全过程，防范和化解影响我国现代化进程的各种风险，筑牢国家安全屏障。

第五十二章 加强国家安全体系和能力建设

坚持政治安全、人民安全、国家利益至上有机统一，以人民安全为宗旨，以政治安全为根本，以经济安全为基础，以军事、科技、文化、社会安全为保障，不断增强国家安全能力。完善集中统一、高效权威的国家安全领导体制，健全国家安全法治体系、战略体系、政策体系、人才体系和运行机制，完善重要领域国家安全立法、制度、政策。巩固国家安全人民防线，加强国家安全宣传教育，增强全民国家安全意识，建立健全国家安全风险研判、防控协同、防范化解机制。健全国家安全审查和监管制度，加强国家安全执法。坚定维护国家政权安全、制度安全、意识形态安全，全面加强网络安全保障体系和能力建设，切实维护新型领域安全，严密防范和严厉打击敌对势力渗透、破坏、颠覆、分裂活动。

第五十三章 强化国家经济安全保障

强化经济安全风险预警、防控机制和能力建设，实现重要产业、基础设施、战略资源、重大科技等关键领域安全可控，着力提升粮食、能源、金融等领域安全发展能力。

第一节　实施粮食安全战略

实施分品种保障策略，完善重要农产品供给保障体系和粮食产购储加销体系，确保口粮绝对安全、谷物基本自给、重要农副产品供应充足。毫不放松抓好粮食生产，深入实施藏粮于地、藏粮于技战略，开展种源“卡脖子”技术攻关，提高良种自主可控能力。严守耕地红线和永久基本农田控制线，稳定并增加粮食播种面积和产量，合理布局区域性农产品应急保供基地。深化农产品收储制度改革，加快培育多元市场购销主体，改革完善中央储备粮管理体制，提高粮食储备调控能力。强化粮食安全省长责任制和“菜篮子”市长负责制，实行党政同责。有效降低粮食生产、储存、运输、加工环节损耗，开展粮食节约行动。积极开展重要农产品国际合作，健全农产品进口管理机制，推动进口来源多元化，培育国际大粮商和农业企业集团。制定粮食安全保障法。

第二节　实施能源资源安全战略

坚持立足国内、补齐短板、多元保障、强化储备，完善产供储销体系，增强能源持续稳定供应和风险管控能力，实现煤炭供应安全兜底、油气核心需求依靠自保、电力供应稳定可靠。夯实国内产量基础，保持原油和天然气稳产增产，做好煤制油气战略基地规划布局和管控。扩大油气储备规模，健全政府储备和企业社会责任储备有机结合、互为补充的油气储备体系。加强煤炭储备能力建设。完善能源风险应急管控体系，加强重点城市和用户电力供应保障，强化重要能源设施、能源网络安全防护。多元拓展油气进口来源，维护战略通道和关键节点安全。培育以我为主的交易中心和定价机制，积极推进本币结算。加强战略性矿产资源规划管控，提升储备安全保障能力，实施新一轮找矿突破战略行动。

第三节　实施金融安全战略

健全金融风险预防、预警、处置、问责制度体系，落实监管责任和属地责任，对违法违规行为零容忍，守住不发生系统性风险的底线。完善宏观审慎管理体系，保持宏观杠杆率以稳为主、稳中有降。加强系统重要性金融机构和金融控股公司监管，强化不良资产认定和处置，防范化解影子银行风险，有序处置高风险金融机构，严厉打击非法金融活动，健全互联网金融监管长效机制。完善债务风险识别、评估预警和有效防控机制，健全债券市场违约处置机制，推动债券市场统一执法，稳妥化解地方政府隐性债务，严惩逃废债行为。完善跨境资本流动管理框架，加强监管合作，提高开放条件下风险防控和应对能力。加强人民币跨境支付系统建设，推进金融业信息化核心技术安全可控，维护金融基础设施安全。

专栏 20　经济安全保障工程
01　粮食储备设施 建设高标准粮仓，实施粮食绿色仓储提升工程，整合布局一批大型粮食物流枢纽和园区，提高应急分拨集散和通道衔接能力。
02　油气勘探开发 加强四川、鄂尔多斯、塔里木、准噶尔等重点盆地油气勘探开发，稳定渤海湾、松辽盆地老油区产量，建设川渝天然气生产基地。推进山西沁水盆地、鄂尔多斯东缘煤层气和川南、鄂西、云贵地区页岩气勘探开发，推进页岩油勘探开发。开展南海等地区天然气水合物试采。
03　煤制油气基地 稳妥推进内蒙古鄂尔多斯、陕西榆林、山西晋北、新疆准东、新疆哈密等煤制油气战略基地建设，建立产能和技术储备。
04　电力安全保障 布局一批坚强局部电网，建设本地支撑电源和重要用户应急保安电源。建设电力应急指挥系统、大型水电站安全和应急管理平台。构建电力行业网络安全仿真验证环境和网络安全态势感知平台。
05　新一轮找矿突破战略行动 开展基础性地质调查，优选油气、铀、铜、铝等 100 ~ 200 个找矿远景区，提交可供商业勘查的靶区 200 ~ 300 处。
06　应急处置能力提升 建设 6 个区域应急救援中心和综合应急实训演练基地。推动救援装备现代化，升级完善中央和地方综合应急物资储备库，建设一批应急物资物流基地。建设 3 座区域核与辐射应急监测物资储备库。

第五十四章　全面提高公共安全保障能力

坚持人民至上、生命至上，健全公共安全体制机制，严格落实公共安全责任和管理制度，保障人民生命安全。

第一节　提高安全生产水平

完善和落实安全生产责任制，建立公共安全隐患排查和安全预防控制体系。建立企业全员安全生产责任制度，压实企业安全生产主体责任。加强安全生产监测预警和监管监察执法，深入推进危险化学品、矿山、建筑施工、交通、消防、民爆、特种设备等重点领域安全整治，实行重大隐患治理逐级挂牌督办和整改效果评价。推进企业安全生产标准化建设，加强工业园区等重点区域安全管理。加强矿山深部开采与重大灾害防治等领域先进技术装备创新应用，推进危险岗位机器人替代。在重点领域推进安全生产责任保险全覆盖。

第二节　严格食品药品安全监管

加强和改进食品药品安全监管制度，完善食品药品安全法律法规和标准体系，探索建立食品安全民事公益诉讼惩罚性赔偿制度。深入实施食品安全战略，加强食品全链条质量安全监管，推进食品安全放心工程建设攻坚行动，加大重点领域食品安全问题联合整治力度。严防严控药品安全风险，构建药品和疫苗全生命周期管理机制，完善药品电子追溯体系，实现重点类别药品全过程来源可溯、去向可追。稳步推进医疗器械唯一标识制度。加强食品药品安全风险监测、抽检和监管执法，强化快速通报和快速反应。

第三节　加强生物安全风险防控

建立健全生物安全风险防控和治理体系，全面提高国家生物安全治理能力。完善国家生物安全风险监测预警体系和防控应急预案制度，健全重大生物安全事件信息统一发布机制。加强动植物疫情和外来入侵物种口岸防控。统筹布局生物安全基础设施，构建国家生物数据中心体系，加强高级别生物安全实验室体系建设和运行管理。强化生物安全资源监管，制定完善人类遗传资源和生物资源目录，建立健全生物技术研究开发风险评估机制。推进生物安全法实施。加强生物安全领域国际合作，积极参与生物安全国际规则制定。

第四节　完善国家应急管理体系

构建统一指挥、专常兼备、反应灵敏、上下联动的应急管理体制，优化国家应急管理能力体系建设，提高防灾减灾抗灾救灾能力。坚持分级负责、属地为主，健全中央与地方分级响应机制，强化跨区域、跨流域灾害事故应急协同联动。开展灾害事故风险隐患排查治理，实施公共基础设施安全加固和自然灾害防治能力提升工程，提升洪涝干旱、森林草原火灾、地质灾害、气象灾害、地震等自然灾害防御工程标准。加强国家综合性消防救援队伍建设，增强全灾种救援能力。加强和完善航空应急救援体系与能力。科学调整应急物资储备品类、规模和结构，提高快速调配和紧急运输能力。构建应急指挥信息和综合监测预警网络体系，加强极端条件应急救援通信保障能力建设。发展巨灾保险。

第五十五章　维护社会稳定和安全

正确处理新形势下人民内部矛盾，加强社会治安防控，编织全方位、立体化、智能化社会安全网。

第一节　健全社会矛盾综合治理机制

坚持和发展新时代“枫桥经验”，构建源头防控、排查梳理、纠纷化解、应急处置的社会矛盾综合治理机制。畅通和规范群众诉求表达、利益协调、权益保障通道，完善人民调解、行政调解、司法调解联动工作体系。健全矛盾纠纷多元化解机制，充分发挥调解、仲裁、行政裁决、行政复议、诉讼等防范化解社会矛盾的作用。完善和落实信访制度，依法及时就地解决群众合理诉求。健全社会矛盾风险防控协同机制。健全社会心理服务体系和危机干预机制。

第二节　推进社会治安防控体系现代化

坚持专群结合、群防群治，提高社会治安立体化、法治化、专业化、智能化水平，形成问题联治、工作联动、平安联创的工作机制，健全社会治安防控体系。继续开展好禁毒人民战争和反恐怖斗争，推动扫黑除恶常态化，严厉打击各类违法犯罪活动，提升打击新型网络犯罪和跨国跨区域犯罪能力。坚持打防结合、整体防控，强化社会治安重点地区排查整治，健全社会治安协调联动机制。推进公安大数据智能化平台建设。完善执法司法权力运行监督和制约机制，健全执法司法人员权益保障机制。建设国门安全防控体系。深化国际执法安全务实合作。

第十六篇　加快国防和军队现代化　实现富国和强军相统一

贯彻习近平强军思想，贯彻新时代军事战略方针，坚持党对人民军队的绝对领导，坚持政治建军、改革强军、科技强军、人才强军、依法治军，加快机械化信息化智能化融合发展，全面加强练兵备战，提高捍卫国家主权、安全、发展利益的战略能力，确保 2027 年实现建军百年奋斗目标。

第五十六章　提高国防和军队现代化质量效益

加快军事理论现代化，与时俱进创新战争和战略指导，健全新时代军事战略体系，发展先进作战理论。加快军队组织形态现代化，深化国防和军队改革，推进军事管理革命，加快军兵种和武警部队转型建设，壮大战略力量和新域新质作战力量，打造高水平战略威慑和联合作战体系，加强军事力量联合训练、联合保障、联合运用。加快军事人员现代化，贯彻新时代军事教育方针，完善三位一体新型军事人才培养体系，锻造高素质专业化新型军事人才方阵。加快武器装备现代化，聚力国防科技自主创新、原始创新，加速战略性前沿性颠覆性技术发展，加速武器装备升级换代和智能化武器装备发展。

第五十七章　促进国防实力和经济实力同步提升

同国家现代化发展相协调，搞好战略层面筹划，深化资源要素共享，强化政策制度协调，完善组织管理、工作运行、政策制度、人才队伍、风险防控体系，构建一体化国家战略体系和能力。推动重点区域、重点领域、新兴领域协调发展，集中力量实施国防领域重大工程。促进军事建设布局与区域经济发展布局有机结合，更好服务国家安全发展战略需要。深化军民科技协同创新，加强海洋、空天、网络空间、生物、新能源、人工智能、量子科技等领域军民统筹发展，推动军地科研设施资源共享，推进军地科研成果双向转化应用和重点产业发展。强化基础设施共建共用，加强新型基础设施统筹建设，加大经济建设项目贯彻国防要求力度。加快建设现代军事物流体系和资产管理体系。加强军地人才联合培养，健全军地人才交流使用、资格认证等制度。优化国防科技工业布局，加快标准化通用化进程。推进武器装备市场准入、空中交通管理等改革。完善国防动员体系，加强应急应战协同，健全强边固防机制，强化全民国防教育，巩固军政军民团结。维护军人军属合法权益，让军人成为全社会尊崇的职业。

第十七篇　加强社会主义民主法治建设 健全党和国家监督制度

坚持中国共产党领导、人民当家作主、依法治国有机统一，推进中国特色社会主义政治制度自我完善和发展。

第五十八章　发展社会主义民主

坚持和完善党总揽全局、协调各方的领导制度体系，把党的领导落实到国家发展各领域各方面各环节。坚持和完善人民代表大会制度，加强人大对“一府一委两院”的监督，保障人民依法通过各种途径和形式管理国家事务、管理经济文化事业、管理社会事务。坚持和完善中国共产党领导的多党合作和政治协商制度，提高中国特色社会主义参政党建设水平，加强人民政协专门协商机构建设，发挥社会主义协商民主独特优势，提高建言资政和凝聚共识水平。全面贯彻党的民族政策，坚持和完善民族区域自治制度，铸牢中华民族共同体意识，促进各民族共同团结奋斗、共同繁荣发展。全面贯彻党的宗教工作基本方针，坚持我国宗教中国化方向，积极引导宗教与社会主义社会相适应。健全基层群众自治制度，增强群众自我管理、自我服务、自我教育、自我监督实效。发挥工会、共青团、妇联等人民团体作用，把各自联系的群众紧紧凝聚在党的周围。完善大统战工作格局，促进政党关系、民族关系、宗教关系、阶层关系、海内外同胞关系和谐，巩固和发展大团结大联合局面。全面贯彻党的侨务政策，凝聚侨心、服务大局。

第五十九章　全面推进依法治国

坚定不移走中国特色社会主义法治道路，坚持依法治国、依法执政、依法行政共同推进，一体建设法治国家、法治政府、法治社会，实施法治中国建设规划。健全保障宪法全面实施的体制机制，加强宪法实施和监督，落实宪法解释程序机制，推进合宪性审查。完善立法体制机制，加强重点领域、新兴领域、涉外领域立法，立改废释纂并举，完善以宪法为核心的中国特色社会主义法律体系。实施法治政府建设实施纲要，坚持和完善重大行政决策程序制度，深化行政执法体制改革，严格规范公正文明执法，规范执法自由裁量权，推进行政复议体制改革。深化司法体制综合配套改革，完善审判制度、检察制度、刑罚执行制度、律师制度，全面落实司法责任制，加强对司法活动监督，深化执行体制改革，促进司法公正。实施法治社会建设实施纲要，加强社会主义法治文化建设，深入开展法治宣传教育，实施"八五"普法规划，完善公共法律服务体系、法律援助和国家司法救助制度。全面加强人权司法保护，促进人权事业全面发展。加强涉外法治体系建设，加强涉外法律人才培养。

第六十章　完善党和国家监督体系

健全党统一领导、全面覆盖、权威高效的监督体系，形成决策科学、执行坚决、监督有力的权力运行机制。落实全面从严治党主体责任、监督责任，强化政治监督，深化政治巡视并强化整改落实。推进纪律监督、监察监督、派驻监督、巡视监督统筹衔接，以党内监督为主导、推动各类监督贯通协调，形成常态长效的监督合力，使监督体系更好融入国家治理体系。深化纪检监察体制改革，加强上级纪委监委对下级纪委监委的领导，推进纪检监察工作规范化、法治化，发挥监督保障执行、促进完善发展作用。完善权力配置和运行制约机制，健全分事行权、分岗设权、分级授权、定期轮岗制度，完善党务、政务、司法和各领域办事公开制度，健全发现问题、纠正偏差、精准问责有效机制，构建全覆盖的责任制度和监督制度。坚持无禁区、全覆盖、零容忍，一体推进不敢腐、不能腐、不想腐，营造风清气正的良好政治生态和发展环境。深化反腐败国际合作。锲而不舍落实中央八项规定精神，完善作风建设长效机制，持续纠治形式主义、官僚主义，切实防止享乐主义、奢靡之风反弹回潮，坚决整治群众身边的腐败和不正之风。

第十八篇　坚持“一国两制”推进祖国统一

保持香港、澳门长期繁荣稳定，推进两岸关系和平发展和祖国统一，共创中华民族伟大复兴的美好未来。

第六十一章　保持香港、澳门长期繁荣稳定

全面准确贯彻“一国两制”、“港人治港”、“澳人治澳”、高度自治的方针，坚持依法治港治澳，维护宪法和基本法确定的特别行政区宪制秩序，落实中央对特别行政区全面管治权，落实特别行政区维护国家安全的法律制度和执行机制，维护国家主权、安全、发展利益和特别行政区社会大局稳定，坚决防范和遏制外部势力干预港澳事务，支持港澳巩固提升竞争优势，更好融入国家发展大局。

第一节　支持港澳巩固提升竞争优势

支持香港提升国际金融、航运、贸易中心和国际航空枢纽地位，强化全球离岸人民币业务枢纽、国际资产管理中心及风险管理中心功能。支持香港建设国际创新科技中心、亚太区国际法律及解决争议服务中心、区域知识产权贸易中心，支持香港服务业向高端高增值方向发展，支持香港发展中外文化艺术交流中心。支持澳门丰富世界旅游休闲中心内涵，支持粤澳合作共建横琴，扩展中国与葡语国家商贸合作服务平台功能，打造以中华文化为主流、多元文化共存的交流合作基地，支持澳门发展中医药研发制造、特色金融、高新技术和会展商贸等产业，促进经济适度多元发展。

第二节　支持港澳更好融入国家发展大局

完善港澳融入国家发展大局、同内地优势互补、协同发展机制。支持

港澳参与、助力国家全面开放和现代化经济体系建设，打造共建“一带一路”功能平台。深化内地与港澳经贸、科创合作关系，深化并扩大内地与港澳金融市场互联互通。高质量建设粤港澳大湾区，深化粤港澳合作、泛珠三角区域合作，推进深圳前海、珠海横琴、广州南沙、深港河套等粤港澳重大合作平台建设。加强内地与港澳各领域交流合作，完善便利港澳居民在内地发展和生活居住的政策措施，加强宪法和基本法教育、国情教育，增强港澳同胞国家意识和爱国精神。支持港澳同各国各地区开展交流合作。

第六十二章　推进两岸关系和平发展和祖国统一

坚持一个中国原则和“九二共识”，以两岸同胞福祉为依归，推动两岸关系和平发展、融合发展，高度警惕和坚决遏制“台独”分裂活动。

第一节　深化两岸融合发展

完善保障台湾同胞福祉和在大陆享受同等待遇的制度和政策，持续出台实施惠台利民政策措施，让台湾同胞分享发展机遇，参与大陆经济社会发展进程。支持台商台企参与“一带一路”建设和国家区域协调发展战略。推进两岸金融合作，支持符合条件的台资企业在大陆上市。推进海峡两岸产业合作区、平潭综合实验区、昆山深化两岸产业合作试验区等两岸合作平台建设。支持福建探索海峡两岸融合发展新路，加快两岸融合发展示范区建设。加强两岸产业合作，打造两岸共同市场，壮大中华民族经济。

第二节　加强两岸人文交流

积极促进两岸交流合作和人员往来，加深相互理解，增进互信认同。推动两岸文化教育、医疗卫生等领域交流合作，促进社会保障和公共资源共享，支持两岸邻近或条件相当地区基本公共服务均等化、普惠化、便捷化，促进两岸同胞共同传承和创新发展中华优秀传统文化。加强两岸基层和青少年交流，鼓励台湾青年来大陆追梦、筑梦、圆梦。团结广大台湾同胞共同反对“台独”分裂活动，维护和推动两岸关系和平发展，致力中华民族伟大复兴。

第十九篇　加强规划实施保障

坚持党的全面领导，健全规划实施保障机制，更好履行政府职责，最大程度激发各类主体的活力和创造力，形成全面建设社会主义现代化国家的强大合力。

第六十三章　加强党中央集中统一领导

贯彻党把方向、谋大局、定政策、促改革的要求，深入学习贯彻习近平新时代中国特色社会主义思想，增强“四个意识”、坚定“四个自信”、做到“两个维护”，不断提高政治判断力、政治领悟力、政治执行力，把党的领导贯穿到规划实施的各领域和全过程，确保党中央重大决策部署贯彻落实。充分发挥全面从严治党引领保障作用，把完善党和国家监督体系融入规划实施之中。完善上下贯通、执行有力的组织体系，提高各级领导班子和干部适应新时代新要求抓改革、促发展、保稳定的政治能力和专业化水平。

激发全社会参与规划实施的积极性，注重发挥工会、共青团、妇联等作用，充分发挥民主党派、工商联和无党派人士作用，最大限度凝聚全社会共识和力量。构建适应高质量发展要求的内生激励机制，健全激励导向的绩效评价考核机制和尽职免责机制，调动广大干部特别是基层干部的积极性、主动性、创造性。

第六十四章　健全统一规划体系

加快建立健全以国家发展规划为统领，以空间规划为基础，以专项规划、区域规划为支撑，由国家、省、市县级规划共同组成，定位准确、边界清晰、功能互补、统一衔接的国家规划体系。

第一节　强化国家发展规划的统领作用

更好发挥国家发展规划战略导向作用，强化空间规划、专项规划、区域规划对本规划实施的支撑。按照本规划确定的国土空间开发保护要求和重点任务，制定实施国家级空间规划，为重大战略任务落地提供空间保障。聚焦本规划确定的战略重点和主要任务，在科技创新、数字经济、绿色生态、民生保障等领域，制定实施一批国家级重点专项规划，明确细化落实发展任务的时间表和路线图。根据本规划确定的区域发展战略任务，制定实施一批国家级区域规划实施方案。加强地方规划对本规划提出的发展战略、主要目标、重点任务、重大工程项目的贯彻落实。

第二节　加强规划衔接协调

健全目录清单、编制备案、衔接协调等规划管理制度，制定“十四五”国家级专项规划等目录清单，依托国家规划综合管理信息平台推进规划备案，将各类规划纳入统一管理。建立健全规划衔接协调机制，报请党中央、国务院批准的规划及省级发展规划报批前须与本规划进行衔接，确保国家级空间规划、专项规划、区域规划等各级各类规划与本规划在主要目标、发展方向、总体布局、重大政策、重大工程、风险防控等方面协调一致。

第六十五章　完善规划实施机制

加强对本规划实施的组织、协调和督导，建立健全规划实施监测评估、政策保障、考核监督机制。

第一节　落实规划实施责任

各地区、各部门要根据职责分工，制定本规划涉及本地区、本部门的主要目标任务实施方案。本规划确定的约束性指标、重大工程项目和公共服务、生态环保、安全保障等领域任务，要明确责任主体和进度要求，合理配置公共资源，引导调控社会资源，确保如期完成。本规划提出的预期性指标和产业发展、结构调整等领域任务，主要依靠发挥市场主体作用实现，各级政府要创造良好的政策环境、体制环境和法治环境。年度计划要贯彻本规划提出的发展目标和重点任务，将本规划确定的主要指标分解纳入年度计划指标体系，设置年度目标并做好年度间综合平衡，合理确定年度工作重点。

第二节　加强规划实施监测评估

开展规划实施情况动态监测、中期评估和总结评估，中期评估和总结评估情况按程序提请中央政治局常委会审议，并依法向全国人民代表大会常务委员会报告规划实施情况，自觉接受人大监督。发挥国家监察机关和审计机关对推进规划实施的监督作用。规划实施情况纳入各有关部门、地方领导班子和干部评价体系，作为改进政府工作的重要依据。需要对本规划进行调整时，由国务院提出调整方案，报全国人民代表大会常务委员会批准。

第三节　强化政策协同保障

坚持规划定方向、财政作保障、金融为支撑、其他政策相协调，着力构建规划与宏观政策协调联动机制。按照本规划目标任务、结合经济发展形势，合理确定宏观政策取向。坚持公共财政服从和服务于公共政策，增强国家重大战略任务财力保障，加强中期财政规划和年度预算、政府投资计划与本规划实施的衔接协调，中央财政性资金优先投向本规划确定的重大任务和重大工程项目。坚持项目跟着规划走、资金和要素跟着项目走，依据本规划制定重大工程项目清单，对清单内工程项目简化审批核准程序，优先保障规划选址、土地供应和资金需求，单体重大工程项目用地需求由国家统一保障。

第四节　加快发展规划立法

坚持依法制定规划、依法实施规划的原则，将党中央、国务院关于统一规划体系建设和国家发展规划的规定、要求和行之有效的经验做法以法律形式固定下来，加快出台发展规划法，强化规划编制实施的法治保障。

第十三届全国人民代表大会第四次会议关于国民经济和社会发展第十四个五年规划和 2035 年远景目标纲要的决议

第十三届全国人民代表大会第四次会议关于国民经济和社会发展第十四个五年规划和 2035 年远景目标纲要的决议

（2021 年 3 月 11 日第十三届全国人民代表大会第四次会议通过）

第十三届全国人民代表大会第四次会议审查了国务院提出的《中华人民共和国国民经济和社会发展第十四个五年规划和 2035 年远景目标纲要（草案）》，会议同意全国人民代表大会财政经济委员会的审查结果报告，决定批准这个规划纲要。

会议认为，在以习近平同志为核心的党中央坚强领导下，全党全国各族人民砥砺前行、开拓创新，“十三五”规划目标任务胜利完成，全面建成小康社会取得伟大历史性成就，决战脱贫攻坚取得全面胜利，中华民族伟大复兴向前迈出了新的一大步。这充分彰显了中国共产党领导和中国特色社会主义制度优势，将激励全党全国各族人民再接再厉，向实现第二个百年奋斗目标继续奋勇前进。

会议要求，“十四五”时期要高举中国特色社会主义伟大旗帜，深入贯彻党的十九大和十九届二中、三中、四中、五中全会精神，坚持以马克思列宁主义、毛泽东思想、邓小平理论、“三个代表”重要思想、科学发展观、习近平新时代中国特色社会主义思想为指导，全面贯彻党的基本理论、基本路线、基本方略，统筹推进经济建设、政治建设、文化建设、社会建设、生态文明建设的总体布局，协调推进全面建设社会主义现代化国家、全面深化改革、全面依法治国、全面从严治党的战略布局，坚持稳中求进工作总基调，准确把握新发展阶段，深入贯彻新发展理念，加快构建新发展格局，推动高质量发展，统筹发展和安全，推进国家治理体系和治理能力现代化，实现经济行稳致远、社会安定和谐，为全面建设社会主义现代化国家开好局起好步。

第十三届全国人民代表大会财政经济委员会关于国民经济和社会发展第十四个五年规划和 2035 年远景目标纲要草案的审查结果报告

第十三届全国人民代表大会财政经济委员会关于国民经济和社会发展第十四个五年规划和 2035 年远景目标纲要草案的审查结果报告

（2021 年 3 月 9 日第十三届全国人民代表大会第四次会议主席团第二次会议通过）

十三届全国人大四次会议主席团：

第十三届全国人民代表大会第四次会议审查了国务院提出的《中华人民共和国国民经济和社会发展第十四个五年规划和 2035 年远景目标纲要（草案）》（以下简称《纲要草案》）。全国人民代表大会财政经济委员会在对《纲要草案》进行初步审查的基础上，根据各代表团和有关专门委员会的审查意见，又作了进一步审查。国务院根据审查意见对《纲要草案》作了修改。现将审查结果报告如下。

一、“十三五”规划目标任务胜利完成

财政经济委员会认为，“十三五”时期我国经济社会发展取得新的历史性成就。面对错综复杂的国际形势、艰巨繁重的国内改革发展稳定任务特别是新冠肺炎疫情严重冲击，以习近平同志为核心的党中央团结带领全党全国各族人民砥砺前行、开拓创新，奋发有为推进党和国家各项事业，胜利完成了“十三五”规划目标任务，交出一份人民满意、世界瞩目、可以载入史册的答卷。总体来看，经济运行总体平稳，经济结构持续优化，科技创新取得重大进展，改革开放实现重要突破，脱贫攻坚成果举世瞩目，生态环境明显改善，民生得到有力保障，社会事业全面发展。经过五年持续奋斗，我国经济实力、科技实力、综合国力和人民生活水平跃上新的大台阶，决胜全面建成小康社会取得决定性成就，中华民族伟大复兴向前迈出了新的一大步。这充分彰显了中国共产党领导和中国特色社会主义制度

优势，将激励全党全国各族人民再接再厉，向实现第二个百年奋斗目标继续奋勇前进。

当前和今后一个时期，我国仍处于重要战略机遇期，机遇和挑战都有新的发展变化。国际环境日趋复杂，不稳定性不确定性明显增加。我国发展不平衡不充分问题仍然比较突出，重点领域关键环节改革任务仍然艰巨，创新能力亟待增强，农业基础还不稳固，城乡区域发展不够平衡，收入分配差距较大，生态环保任重道远，民生保障尚存短板，社会治理还有弱项。要增强忧患意识，保持战略定力，坚定必胜信心，集中力量办好自己的事情，善于在危机中育先机、于变局中开新局，推动经济社会高质量发展。

二、《纲要草案》总体可行

财政经济委员会认为，国务院提出的《纲要草案》以习近平新时代中国特色社会主义思想为指导，深入贯彻落实习近平总书记在党的十九届五中全会上的重要讲话精神，符合《中共中央关于制定国民经济和社会发展第十四个五年规划和二〇三五年远景目标的建议》提出的目标和要求，体现了立足新发展阶段、贯彻新发展理念、构建新发展格局、推动高质量发展的要求，符合经济社会发展实际，安排总体可行。建议第十三届全国人民代表大会第四次会议批准国务院提出的《中华人民共和国国民经济和社会发展第十四个五年规划和 2035 年远景目标纲要（草案）》。

三、做好“十四五”时期经济社会发展工作的建议

“十四五”时期是我国全面建成小康社会、实现第一个百年奋斗目标之后，乘势而上开启全面建设社会主义现代化国家新征程、向第二个百年奋斗目标进军的第一个五年，做好“十四五”时期经济社会发展工作意义重大。要高举中国特色社会主义伟大旗帜，深入贯彻党的十九大和十九届二中、三中、四中、五中全会精神，坚持以马克思列宁主义、毛泽东思想、邓小平理论、“三个代表”重要思想、科学发展观、习近平新时代中国特色社会主义思想为指导，全面贯彻党的基本理论、基本路线、基本方略，统筹推进经济建设、政治建设、文化建设、社会建设、生态文明建设的总体布局，协调推进全面建设社会主义现代化国家、全面深化改革、全面依

法治国、全面从严治党的战略布局，增强“四个意识”、坚定“四个自信”、做到“两个维护”，坚定不移贯彻创新、协调、绿色、开放、共享的新发展理念，坚持稳中求进工作总基调，以推动高质量发展为主题，以深化供给侧结构性改革为主线，以改革创新为根本动力，以满足人民日益增长的美好生活需要为根本目的，统筹发展和安全，加快建设现代化经济体系，加快构建以国内大循环为主体、国内国际双循环相互促进的新发展格局，推进国家治理体系和治理能力现代化，实现经济行稳致远、社会安定和谐，为全面建设社会主义现代化国家开好局起好步。为此，财政经济委员会提出以下建议：

（一）坚持创新驱动发展战略，发展现代产业体系。强化国家战略科技力量，把科技自立自强作为国家发展的战略支撑。健全新型举国体制，打好关键核心技术攻坚战。加强基础研究，注重原始创新。完善科技创新体制机制，加强知识产权保护，激发人才创新活力，调动全社会特别是企业创新积极性，加大研发投入，完善稳定支持机制和创新服务体系，提高科技成果转化率和资金使用效益。推进产业基础高级化、产业链现代化，提高经济质量效益和核心竞争力。保持制造业比重基本稳定，发展壮大战略性新兴产业，促进先进制造业和现代服务业深度融合。加快数字化和智能化发展，推动产业数字化转型。

（二）形成强大国内市场，加快构建新发展格局。坚持扩大内需这个战略基点，深化供给侧结构性改革，加强需求侧管理，培育完整内需体系。优化供给结构，改善供给质量，提升供给体系的韧性和对国内需求的适配性。打破行业垄断和地方保护，贯通生产、分配、流通、消费各环节。依托国内大循环吸引全球资源要素，充分利用国内国际两个市场两种资源，强化国内大循环主导作用，以国际循环提升国内大循环效率和水平，实现国内国际双循环相互促进。

（三）促进城乡区域协调发展，提升新型城镇化质量。全面推进乡村振兴，加快农业农村现代化。强化以工补农、以城带乡，推动形成工农互促、城乡互补、协调发展、共同繁荣的新型工农城乡关系。巩固提升脱贫攻坚成果，健全防止返贫监测和帮扶机制。深入实施区域重大战略、区域协调发展战略、主体功能区战略，健全区域战略统筹、市场一体化发展、区域合作互助、区际利益补偿等机制，更好地促进发达地区和欠发达地区、东中西部和东北地区共同发展。坚持陆海统筹，发展海洋经济。扎实推进以人为核心的新型城镇化，健全农业转移人口市民化机制，完善城镇化空间布局，开展城市更新行动，全面提升城市品质。

（四）推动绿色低碳发展，加强生态文明建设。坚持山水林田湖草系统治理，推进生态系统保护和修复。深入打好污染防治攻坚战，强化多污染物协同控制和区域协同治理，完善市场化、多元化生态补偿，持续改善环境质量。积极应对气候变化，抓紧制定 2030 年前碳排放达峰行动方案，完善能源消费总量和强度双控制度，加快发展方式绿色转型。积极参与和引领应对气候变化等生态环保国际合作。健全现代生态环境治理体系，建立地上地下、陆海统筹的生态环境治理制度。

（五）全面深化改革，推进高水平对外开放。发挥全面深化改革在构建新发展格局中的关键作用。坚持和完善社会主义基本经济制度，建设高标准市场体系，强化竞争政策基础地位。加快转变政府职能，构建市场化、法治化、国际化营商环境。深化国资国企改革，加快国有经济布局优化和结构调整。优化民营经济发展环境，依法平等保护民营企业产权和企业家权益，完善促进中小微企业和个体工商户发展的法律环境和政策体系。加快完善现代财税体制，健全政府债务管理，优化税制结构，落实税收法定原则。推动建立现代金融体系，构建金融有效支持实体经济的体制机制，完善资本市场基础制度，提高直接融资比重，坚持金融创新必须在审慎监管前提下有序进行。全面提高对外开放水平，推动贸易和投资自由化便利化，稳妥推进金融领域开放，推动共建“一带一路”高质量发展。高举构建人类命运共同体旗帜，积极参与全球治理体系改革和建设。

（六）增进民生福祉，扎实推动共同富裕。提高基本公共服务均等化水平，推动城乡、区域基本公共服务有效衔接。强化就业优先政策，扩大就业容量，提高就业质量，缓解结构性就业矛盾，保障劳动者权益。保持居民收入增长和经济增长基本同步，提高劳动报酬在初次分配中的比重，持续提高低收入群体收入，扩大中等收入群体，缩小收入差距。建设高质量教育体系，办好让人民满意的教育。繁荣发展文化事业和文化产业。健全覆盖全民、统筹城乡、公平统一、可持续的多层次社会保障体系，加快实现基本养老保险全国统筹，推动基本医疗、失业、工伤保险省级统筹，稳步建立长期护理保险制度。积极应对人口老龄化，优化生育政策，以“一老一小”为重点完善人口服务体系，健全普惠性学前教育和托育服务保障机制。构建强大公共卫生体系，完善基层医疗卫生保障，提高应对突发公共卫生事件和防治重大疾病能力，推动中医药传承创新，全面推进健康中国建设。

（七）统筹发展和安全，实现安全发展。坚持总体国家安全观，加强国家安全体系和能力建设。确保国家经济安全，增强产业体系抗冲击能力。确保粮食安全，提高良种自主可控能力。保障能源资源安全，加强战略性矿产资源规划管控。维护财政金融安全，压实监管责任，守住不发生系统性风险底线。确保生态安全，严密防控环境风险。维护新型领域安全，全面加强网络安全保障体系和能力建设。保障人民生命安全，强化安全生产和食品药品安全责任制，完善国家应急管理体系，提升灾害防治能力。维护社会稳定和安全，加强和创新社会治理，提升国家治理效能。

以上报告，请审议。

第十三届全国人民代表大会财政经济委员会

2021 年 3 月 9 日

《中华人民共和国国民经济和社会发展第十四个五年规划和2035年远景目标纲要》

一图读懂

第一篇

开启全面建设社会主义现代化国家新征程

中华人民共和国国民经济和社会发展第十四个五年（2021—2025年）规划和2035年远景目标纲要，根据《中共中央关于制定国民经济和社会发展第十四个五年规划和二〇三五年远景目标的建议》编制，主要阐明国家战略意图，明确政府工作重点，引导规范市场主体行为，是我国开启全面建设社会主义现代化国家新征程的宏伟蓝图，是全国各族人民共同的行动纲领。

发展环境

- **决胜全面建成小康社会取得决定性成就**

“十三五”规划目标任务胜利完成，全面建成小康社会取得伟大历史性成就，决战脱贫攻坚取得全面胜利

国内生产总值突破

100 万亿元

农村贫困人口实现脱贫

5575 万人

- **我国发展环境面临深刻复杂变化**

我国发展仍然处于重要战略机遇期，但机遇和挑战都有新的发展变化

机遇·挑战

在危机中育先机　　于变局中开新局

抓住机遇，应对挑战，趋利避害，奋勇前进

指导方针

指导思想

高举中国特色社会主义伟大旗帜，深入贯彻党的十九大和十九届二中、三中、四中、五中全会精神，坚持以马克思列宁主义、毛泽东思想、邓小平理论、“三个代表”重要思想、科学发展观、习近平新时代中国特色社会主义思想为指导，全面贯彻党的基本理论、基本路线、基本方略，统筹推进经济建设、政治建设、文化建设、社会建设、生态文明建设的总体布局，协调推进全面建设社会主义现代化国家、全面深化改革、全面依法治国、全面从严治党的战略布局，坚定不移贯彻创新、协调、绿色、开放、共享的新发展理念，坚持稳中求进工作总基调，以推动高质量发展为主题，以深化供给侧结构性改革为主线，以改革创新为根本动力，以满足人民日益增长的美好生活需要为根本目的，统筹发展和安全，加快建设现代化经济体系，加快构建以国内大循环为主体、国内国际双循环相互促进的新发展格局，推进国家治理体系和治理能力现代化，实现经济行稳致远、社会安定和谐，为全面建设社会主义现代化国家开好局、起好步。

必须遵循的原则

- 坚持党的全面领导
- 坚持以人民为中心
- 坚持新发展理念
- 坚持深化改革开放
- 坚持系统观念

- 战略导向

新

立足新发展阶段、贯彻新发展理念、构建新发展格局

必须

+ 必须坚持深化供给侧结构性改革
+ 必须建立扩大内需的有效制度
+ 必须坚定不移推动改革
+ 必须坚定不移扩大开放
+ 必须强化国内大循环的主导作用

主要目标

- 2035年远景目标

展望2035年，我国将基本实现社会主义现代化

- “十四五”时期经济社会发展主要目标

经济发展取得新成效

改革开放迈出新步伐

社会文明程度得到新提高

生态文明建设实现新进步

民生福祉达到新水平

国家治理效能得到新提升

“十四五”主要指标

经济发展

· 国内生产总值（GDP）增长
· 全员劳动生产率增长
· 常住人口城镇化率

创新驱动

· 全社会研发经费投入增长
· 每万人口高价值发明专利拥有量
· 数字经济核心产业增加值占 GDP 比重

民生福祉

· 居民人均可支配收入增长
· 城镇调查失业率
· 劳动年龄人口平均受教育年限
· 每千人口拥有执业（助理）医师数
· 基本养老保险参保率
· 每千人口拥有 3 岁以下婴幼儿托位数
· 人均预期寿命

绿色生态

· 单位 GDP 能源消耗降低
· 单位 GDP 二氧化碳排放降低
· 地级及以上城市空气质量优良天数比率
· 地表水达到或好于 III 类水体比例
· 森林覆盖率

安全保障

· 粮食综合生产能力
· 能源综合生产能力

第二篇

坚持创新驱动发展　全面塑造发展新优势

坚持创新在我国现代化建设全局中的核心地位，把科技自立自强作为国家发展的战略支撑，面向世界科技前沿、面向经济主战场、面向国家重大需求、面向人民生命健康，深入实施科教兴国战略、人才强国战略、创新驱动发展战略，完善国家创新体系，加快建设科技强国。

强化国家战略科技力量

健全社会主义市场经济条件下新型举国体制，
打好关键核心技术攻坚战

- **整合优化科技资源配置**

国家实验室为引领的*战略科技力量*

量子信息　光子与微纳电子
网络通信　人工智能
生物医药　现代能源系统

- **加强原创性引领性科技攻关**

科技前沿领域攻关

新一代人工智能　量子信息　集成电路
脑科学与类脑研究　基因与生物技术
临床医学与健康　深空深地深海和极地探测

- **持之以恒加强基础研究**

+ 制定实施基础研究十年行动方案
+ 重点布局一批基础学科研究中心

基础研究经费投入占研发经费投入比重提高到 8% 以上

- **建设重大科技创新平台**

适度超前布局国家重大科技基础设施

提升企业技术创新能力

强化企业创新主体地位
促进各类创新要素向企业集聚

- **激励企业加大研发投入**
- **支持产业共性基础技术研发**
- **完善企业创新服务体系**

激发人才创新活动

- **培养造就高水平人才队伍**
- **激励人才更好发挥作用**

健全以

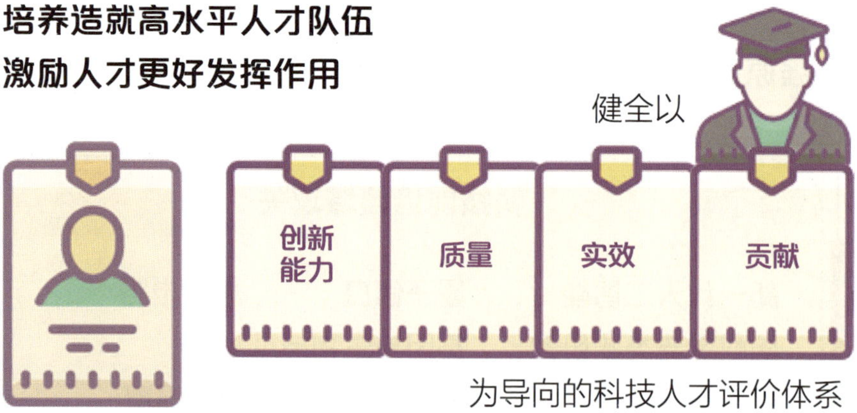

为导向的科技人才评价体系

- **优化创新创业创造生态**

完善科技创新体制机制

- **深化科技管理体制改革**

改革重大科技项目立项和组织管理方式，给予科研单位和科研人员更多自主权，推行技术总师负责制，实行“揭榜挂帅”“赛马”等制度

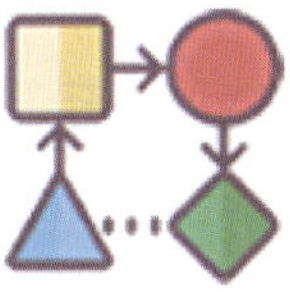

- **健全知识产权保护运用体制**
- **积极促进科技开放合作**

第三篇

加快发展现代产业体系　巩固壮大实体经济根基

坚持把发展经济着力点放在实体经济上，加快推进制造强国、质量强国建设，促进先进制造业和现代服务业深度融合，强化基础设施支撑引领作用，构建实体经济、科技创新、现代金融、人力资源协同发展的现代产业体系。

深入实施制造强国战略

保持制造业比重基本稳定，推动制造业高质量发展

- **加强产业基础能力建设**

+ 实施产业基础再造工程，加快补齐基础零部件及元器件、基础软件、基础材料、基础工艺和产业技术基础等瓶颈短板
+ 实施重大技术装备攻关工程示范应用

推动首台（套）装备　首批次材料　首版次软件

- **提升产业链供应链现代化水平**
- **推动制造业优化升级**
- **实施制造业降本减负行动**

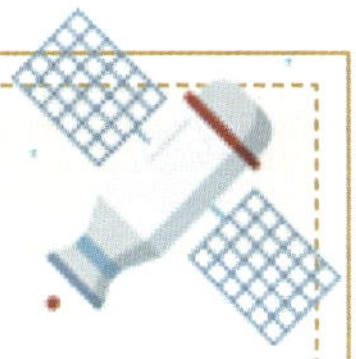

制造业核心竞争力提升领域

高端新材料　重大技术装备

智能制造与机器人技术

航空发动机及燃气轮机

北斗产业化应用

新能源汽车和智能（网联）汽车

高端医疗装备和创新药　农业机械装备

发展壮大战略性新兴产业

- **构筑产业体系新支柱**

聚焦战略性新兴产业

新一代信息技术	生物技术	新能源	新材料
高端装备	新能源汽车	绿色环保	航空航天
海洋装备			

超过 17% 战略性新兴产业增加值占 GDP 比重

- **前瞻谋划未来产业**

组织实施未来产业孵化与加速计划

促进服务业繁荣发展

扩大服务业有效供给，提高服务效率和服务品质

- 推动生产性服务业融合化发展
- 加快生活性服务业品质化发展
- 深化服务领域改革开放

建设现代化基础设施体系

- 加快建设新型基础设施
- 加快建设交通强国

◆ 川藏铁路雅安至林芝段

◆ 基本贯通“八纵八横”高速铁路
沿江高铁、沿海高铁

◆ 基本建成京津冀、长三角、粤港澳大湾区轨道交通网
新增城际铁路和市域（郊）铁路运营里程 3000 公里

◆ 新改建高速公路里程 2.5 万公里

◆ 建设京津冀、长三角、粤港澳大湾区、成渝世界级机场群

……

- 构建现代能源体系

非化石能源占能源消费总量比重提高到 20% 左右
清洁低碳、安全高效的能源体系

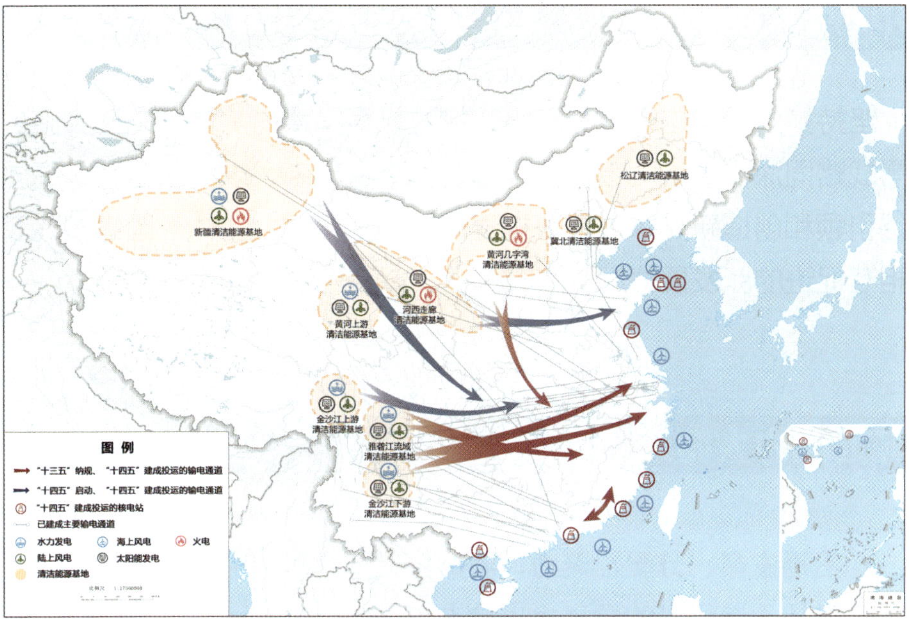

“十四五”大型清洁能源基地布局示意图

加强水利基础设施建设

重大引调水　　**供水灌溉**　　**防洪减灾**

推动南水北调东中线后续工程建设

第四篇

形成强大国内市场　构建新发展格局

坚持扩大内需这个战略基点，加快培育完整内需体系，把实施扩大内需战略同深化供给侧结构性改革有机结合起来，以创新驱动、高质量供给引领和创造新需求，加快构建以国内大循环为主体、国内国际双循环相互促进的新发展格局。

畅通国内大循环

贯通生产、分配、流通、消费各环节，形成需求牵引供给、供给创造需求的更高水平动态平衡

- **提升供给体系适配性**

深化供给侧结构性改革
提高供给适应引领创造新需求能力

- **促进资源要素顺畅流动**
- **强化流通体系支撑作用**
- **完善促进国内大循环的政策体系**

促进国内国际双循环

促进内需和外需、进口和出口、引进外资和对外投资协调发展

- 推动进出口协同发展
- 提高国际双向投资水平

全面优化外商投资服务
加强外商投资促进和保护

加快培育完整内需体系

增强消费对经济发展的基础性作用
和投资对优化供给结构的关键性作用

- 全面促进消费

稳步提高居民消费水平

- 提升传统消费
- 培育新型消费
- 发展服务消费
- 增加公共消费
- 完善节假日消费

- 打造一批区域消费中心
- 完善城乡融合消费网络
- 建设一批中国特色市内免税店
- 强化消费者权益保护

- 拓展投资空间

- 优化投资结构，提高投资效率，保持投资合理增长
- 加快补齐基础设施、市政工程、农业农村、公共安全、生态环保、公共卫生、物资储备、防灾减灾、民生保障等领域短板
- 发挥政府投资撬动作用，激发民间投资活力，形成市场主导的投资内生增长机制

第五篇

加快数字化发展　建设数字中国

迎接数字时代，激活数据要素潜能，推进网络强国建设，加快建设数字经济、数字社会、数字政府，以数字化转型整体驱动生产方式、生活方式和治理方式变革。

打造数字经济新优势

充分发挥海量数据和丰富应用场景优势，
促进数字技术与实体经济深度融合

- **加强关键数字技术创新应用**

聚焦高端芯片、操作系统、人工智能关键算法、传感器等关键领域，加快推进基础理论、基础算法、装备材料等研发突破与迭代应用

- **加快推动数字产业化**
- **推动产业数字化转型**
- **打造数字化产业园区**

推动数据赋能全产业链协同转型

数字经济重点产业

云计算	大数据	物联网	工业互联网
区块链	人工智能	虚拟现实和增强现实	

加快数字社会建设步伐

- 提供智慧便捷的公共服务
- 建设智慧城市和数字乡村
- 构筑美好数字生活新图景

智慧共享 & 和睦共治　新型数字生活

提高数字政府建设水平

将数字技术广泛应用于政府管理服务，推动政府治理流程再造和模式优化

- 加强公共数据开放共享
- 推动政务信息化共建共用
- 提高数字化政务服务效能

营造良好数字生态

- 建立健全数据要素市场规则

加快建立数据资源产权、交易流通、跨境传输和安全保护等基础制度和标准规范

- 营造规范有序的政策环境
- 加强网络安全保护
- 推动构建网络空间命运共同体

智能交通	智慧社区
智慧能源	智慧政务
智能制造	智慧农业及水利
智慧文旅	智慧教育
智慧家居	智慧医疗

十大数字化应用场景

第六篇

全面深化改革　构建高水平社会主义市场经济体制

坚持和完善社会主义基本经济制度，充分发挥市场在资源配置中的决定性作用，更好发挥政府作用，推动有效市场和有为政府更好结合。

激发各类市场主体活力

- 加快国有经济布局优化和结构调整
- 推动国有企业完善中国特色现代企业制度
- 健全管资本为主的国有资产监管体制
- 优化民营企业发展环境
- 促进民营企业高质量发展

建设高标准市场体系

- 全面完善产权制度
- 推进要素市场化配置改革
- 强化竞争政策基础地位

坚持鼓励竞争、反对垄断，构建覆盖事前、事中、事后全环节的竞争政策实施机制

- 健全社会信用体系

建立现代财税金融体制

- 加快建立现代化财政制度
- 完善现代税收制度
- 深化金融供给侧结构性改革

提升政府经济治理能力

- 完善宏观经济治理

增强国家发展规划对公共预算、国土开发、资源配置等政策的宏观引导、统筹协调功能

- 构建一流营商环境
- 推进监管能力现代化

第七篇

坚持农业农村优先发展 全面推进乡村振兴

走中国特色社会主义乡村振兴道路，全面实施乡村振兴战略，强化以工补农、以城带乡，推动形成工农互促、城乡互补、协调发展、共同繁荣的新型工农城乡关系，加快农业农村现代化。

提高农业质量效益和竞争力

- 增强农业综合生产能力

藏粮于地
+ 严守18亿亩耕地红线
+ 建成10.75亿亩集中连片高标准农田
+ 实施黑土地保护工程

藏粮于技
+ 加强种质资源保护利用和种子库建设
+ 加强农业良种技术攻关

- 深化农业结构调整
- 丰富乡村经济业态

实施乡村建设行动

- 强化乡村建设的规划引领
- 提升乡村基础设施和公共服务水平

- 改善农村人居环境

◆ 开展农村人居环境整治提升行动
◆ 稳步解决“垃圾围村”和乡村黑臭水体等突出环境问题

健全城乡融合发展体制机制

- 深化农业农村改革
- 加强农业农村发展要素保障

实现巩固拓展脱贫攻坚成果同乡村振兴有效衔接

保持主要帮扶政策和财政投入力度总体稳定，接续推进脱贫地区发展

- 巩固提升脱贫攻坚成果

摘帽不摘责任、摘帽不摘政策
摘帽不摘帮扶、摘帽不摘监管

- 提升脱贫地区整体发展水平

第八篇

完善新型城镇化战略　提升城镇化发展质量

坚持走中国特色新型城镇化道路，深入推进以人为核心的新型城镇化战略，以城市群、都市圈为依托促进大中小城市和小城镇协调联动、特色化发展，使更多人民群众享有更高品质的城市生活。

加快农业转移人口市民化

- 深化户籍制度改革

放开放宽落户限制

+ 城区常住人口300万以下的城市全面取消落户限制
+ 城区常住人口300万至500万的Ⅰ型大城市全面放宽落户条件
+ 城区常住人口500万以上的超大特大城市完善积分落户政策

健全以居住证为载体、与居住年限等条件相挂钩的基本公共服务提供机制

- 健全农业转移人口市民化机制

完善城镇化空间布局

- 推动城市群一体化发展
- 建设现代化都市圈

- 优化提升超大特大城市中心城区功能
- 完善大中城市宜居宜业功能
- 推进以县城为重要载体的城镇化建设

城镇化空间格局示意图

全面提升城市品质

- 转变城市发展方式
- 推进新型城市建设
- 提高城市治理水平
- 完善住房市场体系和住房保障体系

加快建立多主体供给、多渠道保障、租购并举的住房制度，着力解决困难群体和新市民住房问题

第九篇

优化区域经济布局　促进区域协调发展

深入实施区域重大战略、区域协调发展战略、主体功能区战略，健全区域协调发展体制机制，构建高质量发展的区域经济布局和国土空间支撑体系。

优化国土空间开发保护格局

- 完善和落实主体功能区制度

- 开拓高质量发展的重要动力源
- 提升重要功能性区域的保障能力

深入实施区域重大战略

- 加快推动京津冀协同发展
- 全面推动长江经济带发展
- 积极稳妥推进粤港澳大湾区建设
- 提升长三角一体化发展水平
- 扎实推进黄河流域生态保护和高质量发展

深入实施区域协调发展战略

- 推进西部大开发形成新格局
- 推动东北振兴取得新突破
- 开创中部地区崛起新局面
- 鼓励东部地区加快推进现代化
- 支持特殊类型地区发展
- 健全区域协调发展体制机制

积极拓展海洋经济发展空间

- 建设现代海洋产业体系
- 打造可持续海洋生态环境
- 深度参与全球海洋治理

第十篇

发展社会主义先进文化 提升国家文化软实力

坚持马克思主义在意识形态领域的指导地位，坚定文化自信，坚持以社会主义核心价值观引领文化建设，围绕举旗帜、聚民心、育新人、兴文化、展形象的使命任务，促进满足人民文化需求和增强人民精神力量相统一，推进社会主义文化强国建设。

提高社会文明程度

- 推动理想信念教育常态化制度化
- 发展中国特色哲学社会科学
- 传承弘扬中华优秀传统文化
- 持续提升公民文明素养

提升公共文化服务水平

- 加强优秀文化作品创作生产传播
- 完善公共文化服务体系
- 提升中华文化影响力

健全现代文化产业体系

- 扩大优质文化产品供给
- 推动文化和旅游融合发展
- 深化文化体制改革

社会主义文化繁荣发展工程

- 中国特色社会主义理论出版传播
- 文艺精品创作
- 全媒体传播和数字文化
- 文化遗产保护传承
- 中华典籍整理出版
- 重大文化设施建设
- 旅游目的地质量提升

第十一篇

推动绿色发展　促进人与自然和谐共生

坚持绿水青山就是金山银山理念，坚持尊重自然、顺应自然、保护自然，坚持节约优先、保护优先、自然恢复为主，实施可持续发展战略，完善生态文明领域统筹协调机制，构建生态文明体系，推动经济社会发展全面绿色转型，建设美丽中国。

提升生态系统质量和稳定性

- **完善生态安全屏障体系**

“三区四带”生态屏障建设

- 青藏高原生态屏障区
- 黄河重点生态区
- 长江重点生态区
- 东北森林带
- 北方防沙带
- 南方丘陵山地带
- 海岸带

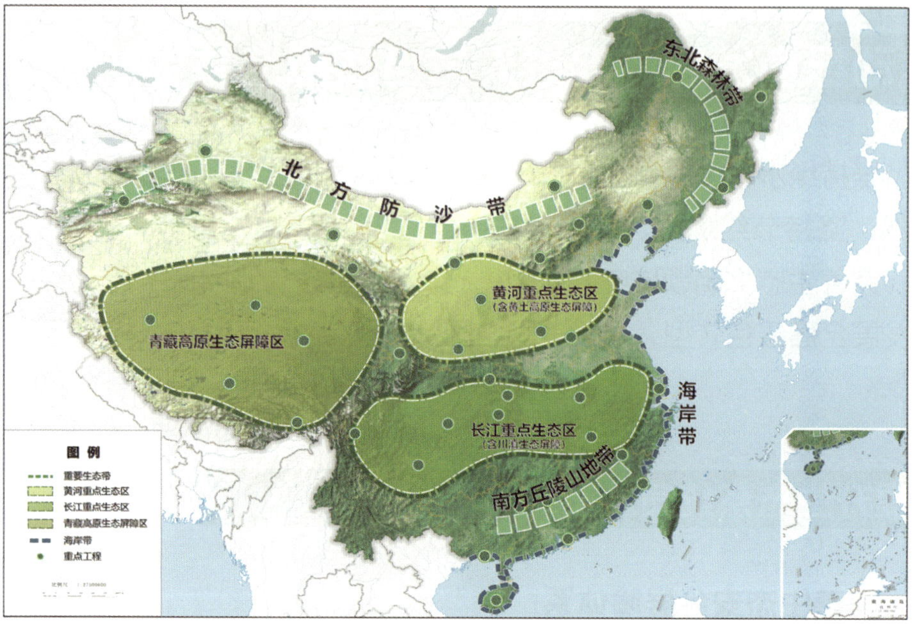

重要生态系统保护和修复重大工程布局示意图

- **构建自然保护地体系**

构建以国家公园为主体、自然保护区为基础、各类自然公园为补充的自然保护地体系

- **健全生态保护补偿机制**

持续改善环境质量

- **深入开展污染防治行动**

+ 推进细颗粒物（$PM_{2.5}$）和臭氧（O_3）协同控制
+ 地级及以上城市 $PM_{2.5}$ 浓度下降 10%
+ 氮氧化物和挥发性有机物排放总量分别下降 10% 以上

+ 有效遏制 O_3 浓度增长趋势
+ 基本消除重污染天气

+ 推进美丽河湖保护与建设
+ 化学需氧量和氨氮排放总量分别下降 8%
+ 基本消除劣 V 类国控断面和城市黑臭水体

- 全面提升环境基础设施水平
- 严密防控环境风险
- 积极应对气候变化

◆ 制定 2030 年前碳排放达峰行动方案
◆ 完善能源消费总量和强度双控制度，重点控制化石能源消费
◆ 实施以碳强度控制为主、碳排放总量控制为辅的制度，支持有条件的地方和重点行业、重点企业率先达到碳排放峰值

- 健全现代环境治理体系

加快发展方式绿色转型

- 全面提高资源利用效率

单位 GDP 用水量下降 16%左右
新增建设用地规模控制在 2950万亩 以内

- 构建资源循环利用体系
- 大力发展绿色经济
- 构建绿色发展政策体系

第十二篇

实行高水平对外开放　开拓合作共赢新局面

坚持实施更大范围、更宽领域、更深层次对外开放，依托我国超大规模市场优势，促进国际合作，实现互利共赢，推动共建“一带一路”行稳致远，推动构建人类命运共同体。

建设更高水平开放型经济新体制

- **加快推进制度型开放**

  构建与国际通行规则相衔接的制度体系和监管模式，进一步缩减外资准入负面清单

- **提升对外开放平台功能**

  ◇ 完善自由贸易试验区布局

  ◇ 稳步推进海南自由贸易港建设

- **优化区域开放布局**
- **健全开放安全保障体系**

推动共建“一带一路”高质量发展

- **加强发展战略和政策对接**
- **推进基础设施互联互通**
- **深化经贸投资务实合作**

  推动与共建“一带一路”国家贸易投资合作优化升级，积极发展丝路电商

- **架设文明互学互鉴桥梁**

积极参与全球治理体系改革和建设

- 维护和完善多边经济治理机制
- 构建高标准自由贸易区网络

推动商签更多高标准自由贸易协定和区域贸易协定

- 积极营造良好外部环境

第十三篇

提升国民素质 促进人的全面发展

把提升国民素质放在突出重要位置，构建高质量的教育体系和全方位全周期的健康体系，优化人口结构，拓展人口质量红利，提升人力资本水平和人的全面发展能力。

建设高质量教育体系

- **推进基本公共教育均等化**

- 新建、改扩建 2 万所幼儿园
  增加普惠学位 400 万个以上
  学前教育毛入园率提高到 90% 以上
- 推动义务教育优质均衡发展和城乡一体化
  保障农业转移人口随迁子女平等享有基本公共教育服务
- 高中阶段教育毛入学率提高到 92% 以上

- **增强职业技术教育适应性**
- **提高高等教育质量**

- 高等教育毛入学率提高到 60%
- 分类建设一流大学和一流学科
- 提升 100 所中西部本科高校办学条件

- **建设高素质专业化教师队伍**
- **深化教育改革**

全面推进健康中国建设

- 构建强大公共卫生体系
- 深化医药卫生体制改革

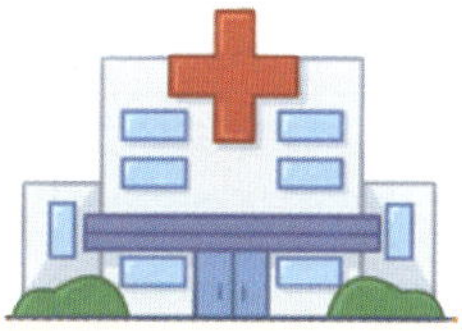

- 以公立医疗机构为主体、非公立医疗机构为补充，扩大医疗服务资源供给
- 建设国家医学中心和区域医疗中心
- 加强基层医疗卫生队伍建设

- 健全全民医保制度
- 推动中医药传承创新
- 建设体育强国
- 深入开展爱国卫生运动

实施积极应对人口老龄化国家战略

- 推动实现适度生育水平
  增强生育政策包容性
- 健全婴幼儿发展政策

- 鼓励有条件的用人单位提供婴幼儿照护服务
- 支持企事业单位和社会组织等社会力量提供普惠托育服务
- 鼓励幼儿园发展托幼一体化服务

- 完善养老服务体系

“一老一小”服务项目

特殊困难家庭适老化改造
社区居家养老服务网络建设
养老机构服务提升
普惠托育服务扩容
儿童友好城市建设

第十四篇

增进民生福祉 提升共建共治共享水平

坚持尽力而为、量力而行，健全基本公共服务体系，加强普惠性、基础性、兜底性民生建设，完善共建共治共享的社会治理制度，制定促进共同富裕行动纲要，自觉主动缩小地区、城乡和收入差距，让发展成果更多更公平惠及全体人民，不断增强人民群众获得感、幸福感、安全感。

健全国家公共服务制度体系

- 提高基本公共服务均等化水平

促进基本公共服务资源向基层延伸、向农村覆盖、向边远地区和生活困难群众倾斜

- 创新公共服务提供方式
- 完善公共服务政策保障体系

实施就业优先战略

- 强化就业优先政策
- 健全就业公共服务体系
- 全面提升劳动者就业创业能力

优化收入分配结构

- 拓展居民收入增长渠道
- 扩大中等收入群体
- 完善再分配机制

健全多层次社会保障体系

- 改革完善社会保险制度
- 优化社会救助和慈善制度
- 健全退役军人工作体系和保障制度

保障妇女未成年人和残疾人基本权益

- 促进男女平等和妇女全面发展
- 提升未成年人关爱服务水平
- 加强家庭建设
- 提升残疾人保障和发展能力

社会关爱服务行动

残疾人服务
困难儿童关爱
流浪乞讨人员救助
精神卫生福利设施
公益性殡葬服务

构建基本社会治理新格局

- 夯实基层社会治理基础
- 健全社区管理和服务机制
- 积极引导社会力量参与基层治理

第十五篇

统筹发展和安全　建设更高水平的平安中国

坚持总体国家安全观，实施国家安全战略，维护和塑造国家安全，统筹传统安全和非传统安全，把安全发展贯穿国家发展各领域和全过程，防范和化解影响我国现代化进程的各种风险，筑牢国家安全屏障。

加强国家安全体系和能力建设

完善集中统一、高效权威的国家安全领导体制。巩固国家安全人民防线，健全国家安全审查和监管制度，加强国家安全执法。切实维护新型领域安全

强化国家经济安全保障

- 实施粮食安全战略
- 实施能源资源安全战略
- 实施金融安全战略

经济安全保障工程

粮食储备设施	油气勘探开发
煤制油气基地	电力安全保障
新一轮找矿突破战略行动	应急处置能力提升

全面提高公共安全保障能力

- 提高安全生产水平
- 严格食品药品安全监管
- 加强生物安全风险防控
- 完善国家应急管理体系

维护社会稳定和安全

- 健全社会矛盾综合治理机制
- 推进社会治安防控体系现代化

第十六篇

加快国防和军队现代化　实现富国和强军相统一

贯彻习近平强军思想，贯彻新时代军事战略方针，坚持党对人民军队的绝对领导，坚持政治建军、改革强军、科技强军、人才强军、依法治军，加快机械化信息化智能化融合发展，全面加强练兵备战，提高捍卫国家主权、安全、发展利益的战略能力，确保2027年实现建军百年奋斗目标。

提高国防和军队现代化质量效益

- 加快军事理论现代化
- 加快军队组织形态现代化
- 加快军事人员现代化
- 加快武器装备现代化

促进国防实力和经济实力同步提升

同国家现代化发展相协调，构建一体化国家战略体系和能力

第十七篇

加强社会主义民主法治建设 健全党和国家监督制度

坚持中国共产党领导、人民当家作主、依法治国有机统一，推进中国特色社会主义政治制度自我完善和发展。

发展社会主义民主

坚持和完善党总揽全局、协调各方的领导制度体系，坚持和完善人民代表大会制度，坚持和完善中国共产党领导的多党合作和政治协商制度，坚持和完善民族区域自治制度，全面贯彻党的宗教工作基本方针，健全基层群众自治制度，发挥工会、共青团、妇联等人民团体作用，完善大统战工作格局，全面贯彻党的侨务政策。

全面推进依法治国

坚定不移走中国特色社会主义法治道路，坚持依法治国、依法执政、依法行政共同推进，一体建设法治国家、法治政府、法治社会

完善党和国家监督体系

健全党统一领导、全面覆盖、权威高效的监督体系，形成决策科学、执行坚决、监督有力的权力运行机制

第十八篇

坚持“一国两制” 推进祖国统一

保持香港、澳门长期繁荣稳定，推进两岸关系和平发展和祖国统一，共创中华民族伟大复兴的美好未来。

保持香港、澳门长期繁荣稳定

全面准确贯彻“一国两制”、“港人治港”、“澳人治澳”、高度自治的方针，坚持依法治港治澳，维护宪法和基本法确定的特别行政区宪制秩序，落实中央对特别行政区全面管治权，落实特别行政区维护国家安全的法律制度和执行机制，维护国家主权、安全、发展利益和特别行政区社会大局稳定。

- 支持港澳巩固提升竞争优势
- 支持港澳更好融入国家发展大局

推进两岸关系和平发展和祖国统一

坚持一个中国原则和“九二共识”，以两岸同胞福祉为依归，推动两岸关系和平发展、融合发展，高度警惕和坚决遏制“台独”分裂活动

- 深化两岸融合发展
- 加强两岸人文交流

第十九篇

加强规划实施保障

坚持党的全面领导，健全规划实施保障机制，更好履行政府职责，最大程度激发各类主体的活力和创造力，形成全面建设社会主义现代化国家的强大合力。

加强党中央集中统一领导

贯彻党把方向、谋大局、定政策、促改革的要求，把党的领导贯穿到规划实施的各领域和全过程，激发全社会参与规划实施的积极性。

健全统一规划体系

- **强化国家发展规划的统领作用**

更好发挥国家发展规划战略导向作用，强化空间规划、专项规划、区域规划对本规划实施的支撑

- **加强规划衔接协调**

完善规划实施机制

- **落实规划实施责任**

- **加强规划实施监测评估**

发挥国家监察机关和审计机关对推进规划实施的监督作用，规划实施情况纳入各有关部门、地方领导班子和干部评价体系

- **强化政策协同保障**

坚持规划定方向、财政作保障、金融为支撑、其他政策相协调，着力构建规划与宏观政策协调联动机制。坚持项目跟着规划走、资金和要素跟着项目走，依据本规划制定重大工程项目清单

- **加快发展规划立法**

《中华人民共和国国民经济和社会发展第十三个五年规划纲要》

实施总结评估报告

目次 Contents

“十三五”时期是全面建成小康社会决胜阶段。面对错综复杂的国际形势、艰巨繁重的国内改革发展稳定任务特别是新冠肺炎疫情严重冲击，以习近平同志为核心的党中央不忘初心、牢记使命，团结带领全党全国各族人民砥砺前行、开拓创新，统筹推进经济建设、政治建设、文化建设、社会建设、生态文明建设，协调推进全面建成小康社会、全面深化改革、全面依法治国、全面从严治党，坚持稳中求进工作总基调，坚定不移贯彻创新、协调、绿色、开放、共享的新发展理念，坚持以供给侧结构性改革为主线，推动高质量发展，“十三五”规划主要目标指标如期实现，重大战略任务和 165 项重大工程项目全面落地见效，我国经济实力、科技实力、综合国力和人民生活水平跃上了新的大台阶。

一、供给侧结构性改革加大力度，经济高质量发展迈出坚实步伐

坚持把发展基点放在创新上，着力优化现代产业体系，巩固壮大实体经济根基，拓展网络经济发展空间，转变发展方式、优化经济结构、转换增长动力持续取得新突破。

（一）经济实力大幅提升

经济运行总体平稳，经济总量持续取得突破，国内生产总值（GDP）从不到70万亿元增加到超过100万亿元，人均GDP突破1万美元，稳步迈向高收入经济体行列。发展质量效益明显提高，全员劳动生产率预计提高到11.8万元/人。社会消费品零售总额稳居世界第二，固定资产投资质量效益不断提升，超大规模市场优势逐步显现。货物进出口总额居世界第一，服务贸易规模稳步增长。实际使用外商直接投资再创历史新高，2020年成为全球最大外资流入国，2019年对外投资存量排名世界第3位。外汇储备规模稳定在3万亿美元以上。

（二）经济结构持续优化

供给侧结构性改革深入推进，供给体系质量不断提高，三次产业增加值比重调整为7.7∶37.8∶54.5。农业现代化稳步推进，藏粮于地、藏粮于技战略深入实施，累计建成高标准农田8亿亩，新增高效节水灌溉面积1

■ 河北省乐亭县盐碱地上建设的高标准农田

亿亩，主要农作物良种实现全覆盖，农作物耕种收综合机械化率超过 70%，粮食年产量连续稳定在 1.3 万亿斤以上，农业适度规模经营和新型经营主体健康发展。制造强国战略深入实施，传统产业加快改造升级，先进制造业加速发展，高技术制造业、装备制造业、战略性新兴产业增加值年均分别增长 10.3%、8.4%、9.5%。产业数字化智能化转型明显加快，两化融合发展走深向实，规模以上工业企业生产设备数字化率、关键工序数控化率、数字化设

■ 山东省枣庄市技术人员在调试机床设备

备联网率分别达到 49.9%、52.1%、43.5%。服务业拉动作用日益凸显，信息传输、软件和信息技术服务业增加值年均增速高达 20.7%。一批交通、能源、水利等重大基础设施建成投运，新型基础设施建设加快推进。

（三）创新型国家建设成果丰硕

创新驱动发展成效明显，每万人口发明专利拥有量预计达到 15.8 件，研发人员总量和专利合作条约（PCT）国际专利申请量均居世界首位，全社会研发经费投入规模稳居世界第二、占 GDP 比重达到 2.40%，科技进步贡献率超过 60%，全球创新指数排名跃升至第 14 位。在载人航天、探月工程、深海工程、量子信息、水稻基因组学研究等领域取得一批重大科技成果。关键核心技术攻关持续推进，首批国家实验室挂牌成立。北京、上海科技创新中心建设取得重要进展，粤港澳大湾区国际科技创新中心建设

■ 北斗三号全球卫星导航系统最后一颗组网卫星点火升空

■ 中国首款国际主流水准的干线客机 C919 首飞

顺利起步，综合性国家科学中心建设全面加速。大众创业万众创新蓬勃发展。规模以上工业企业研发经费支出快速增长，技术合同成交金额达到 2.8 万亿元，企业技术创新主体地位日益凸显。

（四）网络经济蓬勃发展

网络强国战略深入实施，数字化赋能激发新活力。“宽带中国”建设加快推进，建成世界规模最大 4G 网络、用户接近 13 亿，5G 终端连接数超过 2 亿、基站初步覆盖地级以上城市，高速光纤覆盖所有城市、乡镇以及 98% 以上的行政村，固定宽带家庭普及率、移动宽带用户普及率分别达到 96%、108%。网络提速降费持续推进，手机国内长途和漫游费全部取消。数字经济规模大幅提升，电子商务交易额、网上零售额年均增速分别达到 11.3%、21.9%，2020 年跨境电子商务交易额实现 1.69 万亿元。“互联网 +”行动计划成效显著，大数据、云计算、物联网、人工智能等广泛应用于经

■ 物流无人车穿行在长沙科技新城园区内

济社会发展，催生出大量新产业新业态新模式。国家政务信息资源管理体系和数据共享责任清单机制初步建立。网络空间综合治理显著增强，网络安全保障体系进一步完善。

二、高质量打赢脱贫攻坚战，困扰中华民族几千年的绝对贫困问题得到历史性解决

贯彻精准扶贫、精准脱贫基本方略，创新扶贫工作机制和模式，采取许多具有原创性、独特性的重大措施，产业扶贫、就业扶贫、易地搬迁扶贫、生态扶贫、教育扶贫、健康扶贫和社保兜底脱贫全面推进，成功走出了一条中国特色扶贫开发道路，形成了中国特色脱贫攻坚制度体系，为实现全面建成小康社会目标任务作出了关键性贡献。

（一）决战脱贫攻坚取得全面胜利

现行标准下 5575 万农村贫困人口全部脱贫、832 个贫困县全部摘帽、12.8 万个贫困村全部出列，区域性整体贫困得到解决，完成了消除绝对贫困的艰巨任务。2012 年以来，9899 万农村贫困人口实现脱贫，提前 10 年实现《联合国 2030 可持续发展议程》减贫目标，直接推动全球贫困人口总量显著下降，对全球减贫贡献率超过 70%，创造了彪炳史册的人间奇迹

■ 河北省阜平县史家寨易地扶贫搬迁安置区

和减贫治理的中国样本。

（二）贫困群众收入水平和生活质量显著改善

“十三五”时期，贫困县农民人均可支配收入年均增速明显高于全国平均水平，建档立卡贫困人口人均纯收入由 2015 年的 2982 元增加到 10740 元，年均增幅达 29.2%。贫困群众全部实现“两不愁三保障”，贫困人口受教育机会和教育水平大幅提升，义务教育阶段 20 万建档立卡贫困家庭辍学学生实现动态清零，农村贫困人口医疗负担明显减轻，1936 万建档立卡贫困人口纳入社会救助保障范围，建档立卡贫困户存量危房改造任务全部完成，790 万户、2568 万贫困群众的危房得到改造。

（三）脱贫地区整体面貌发生历史性巨变

贫困地区生产生活条件明显改善，基础设施建设突飞猛进，具备条件的乡镇和建制村全部通硬化路、通客车、通邮路，现行标准下贫困人口饮水安全问题得到全面解决，农网供电可靠率达到 99%，大电网覆盖范围内贫困村通动力电比例达到 100%，贫困村通光纤和 4G 比例超过 98%。贫困地区发展步伐显著加快，呈现出新的发展局面，特色产业不断壮大，产业扶贫、消费扶贫、电商扶贫、光伏扶贫、旅游扶贫等较快发展，以工代赈政策作用充分发挥，经济活力和发展后劲明显增强。易地扶贫搬迁建设任务胜利完成，累计建成集中安置区约 3.5 万个、安置住房 266 万套，960 多万人“挪穷窝”，摆脱了闭塞和落后，搬入了新家园。

■ 贵州省毕节市黔西县村民在扶贫车间内加工衣服

三、污染防治攻坚战成效显著，生态环境保护发生历史性转折性全局性变化

牢固树立绿水青山就是金山银山的理念，加快推进生态文明建设，以解决生态环境领域突出问题为重点，深入实施污染防治行动计划，生态环境质量明显改善，资源环境可持续发展能力不断增强，节能减排进展明显，资源能源利用效率显著提升，生态文明建设成效之大前所未有。

（一）污染防治攻坚战阶段性目标胜利完成

大气污染防治成效显著，化学需氧量、氨氮、二氧化硫、氮氧化物等主要污染物排放总量分别累计减少 13.8%、15.0%、25.5%、19.7%，细颗粒物（$PM_{2.5}$）未达标地级及以上城市浓度累计下降 28.8%，地级及以上城市空气质量优良天数比率达到 87%。“大气十条”和蓝天保卫战目标全面实现，燃煤电厂超低排放改造任务超额完成，北方地区清洁取暖积极稳妥推进，京津冀等重点区域空气质量明显好转。碧水保卫战成效显现，地表水达到或好于Ⅲ类水体比例提高到 83.4%，劣Ⅴ类水体比例降至 0.6%。长江、黄河等重点流域区域水污染治理加快推进，大江大河干流水质稳步改善，饮用水水源地保护持续加强，地级及以上城市建成区黑臭水体消除比

■ 北京市最后一座燃煤电厂停机备用，工作人员按下停机键

例超过 96%，河长制湖长制全面推行，近岸海域污染治理力度不断加强，围填海和占用自然岸线的开发建设活动得到严格控制。净土保卫战扎实推进，完成农用地土壤污染状况详查，重点行业企业用地土壤污染状况调查稳步推进，耕地周边涉重金属重点行业企业排查整治工作、城镇人口密集区危险化学品生产企业搬迁改造专项工作取得阶段性成效，基本实现固体废物零进口目标。

（二）生态系统质量和稳定性不断提升

主体功能区布局和生态安全屏障加快形成，生态保护红线、永久基本农田、城镇开发边界三条控制线划定工作逐步落实。耕地资源得到有效保护，耕地保有量和新增建设用地规模控制在规划目标内。以国家公园为主体的自然保护地体系加快构建，三江源等 10 处国家公园体制试点顺利开展。国土绿化行动有序开展，森林蓄积量超过 175 亿立方米，森林覆盖率超过 23%，天然林全部纳入保护范围，新增水土流失综合治理面积 30.6 万平方公里，草原荒漠化、沙化、石漠化趋势得到初步遏制。海洋生态安全屏障进一步巩固，整治修复海岸线 1200 公里左右、滨海湿地 34.5 万亩，营造红树林 5.5 万亩。生态廊道和生物多样性保护网络不断完善。内陆七大重点流域禁渔期制度实现全覆盖。

■ 迁徙产仔季，藏羚羊从三江源等地前往可可西里卓乃湖

■ 塞罕坝国家森林公园晨景

（三）绿色发展方式和生活方式逐步形成

能源生产消费革命取得突破性进展，能源消费总量控制在 50 亿吨标准煤以内，单位 GDP 能源消耗累计下降 13.2%，非化石能源占一次能源消费比重提高到 15.9%，消费增量 60% 以上由清洁能源供应，单位 GDP 二氧化碳排放累计下降 18.8%。最严格水资源管理制度和节水型社会建设全面推进，万元 GDP 用水量累计下降 25%，高耗水行业和园区节水改造持续推进，农田灌溉水有效利用系数达到 0.56。盘活城镇低效用地等存量建设用地成效显著，国有建设用地使用权二级市场不断完善。园区循环化改造、资源循环利用产业基地建设等扎实推进，城市废弃物回收和再生利用体系加快建立，废弃物资源化利用水平大幅提升。环境基础设施不断完善，城市污水处理率达到 96.8%、生

■ 浙江省安吉县五鹤村工作人员运送分类垃圾桶

活垃圾无害化处理率达到99.2%，农村卫生厕所普及率超过68%。绿色生活创建行动全面开展，46个重点城市已基本建成生活垃圾分类处理系统，在全社会推行节约粮食、制止餐饮浪费，简约适度、绿色低碳、文明健康的生活理念深入人心。

（四）生态文明制度体系加快形成

源头严防、过程严管、损害赔偿、后果严惩等生态文明基础制度框架初步建立。“多规合一”的国土空间规划体系初步形成。自然资源资产产权制度改革积极推进，国土空间开发保护日益加强。环境治理体系改革纵深推进，中央生态环境保护督察制度建立实施，省以下环保机构监测监察执法实行垂直管理，实现固定污染源排污许可全覆盖，党委领导、政府主导、企业主体、社会组织和公众共同参与的环境治理体系初步建立。资源有偿使用和生态补偿制度持续推进，环境保护税、绿色金融、碳排放交易等绿色经济政策制定实施。生态文明绩效评价考核和责任追究制度基本建立。

四、区域重大战略深入实施，城乡区域发展协调性明显增强

深入实施区域重大战略和区域协调发展战略，协同推进新型城镇化战略和乡村振兴战略，区域发展空间布局持续优化，城镇化质量明显提高，乡村发展新动能加快培育，新型城乡关系和城乡协调发展新机制加快构建。

（一）区域重大战略扎实推进

京津冀协同发展迈出坚实步伐，目标一致、层次明确、互相衔接的协同发展规划体系基本建立，疏解北京非首都功能有力有序有效推进，河北雄安新区和北京城市副中心加快建设。长江经济带发展坚持共抓大保护、不搞大开发和生态优先、绿色发展，生态环境突出问题整改成效显著，生态环境污染治理“4+1”工程扎实推进，堤岸整治绿化取得重大进展，长江流域首次实现消除劣Ⅴ类水体，长江十年禁渔全面实施，长江干线货物通过量突破30亿吨，稳居世界内河航运第一。粤港澳大湾区建设稳步推进，“1+N”规划政策体系逐步构建，大湾区国际科技创新中心“两廊”、“两点”建设框架初步形成，支持深圳启动建设中国特色社会主义先行示范区，规

■ 河北雄安新区商务服务中心建设现场

则衔接、机制对接工作加快推进，创新要素流动更加便捷。长三角一体化发展新局面正在形成，规划政策体系“四梁八柱”初步构建，多层次工作机制发挥实效，生态绿色一体化发展示范区启动建设，公共服务共享水平不断提升，轨道上的长三角跑出加速度。黄河流域生态保护和高质量发展开局起步，一批流域治理和生态环境保护修复重大工程谋划实施。

（二）区域协调发展新机制加快构建

持续推动西部大开发形成新格局，采取新的战略举措推动东北振兴

■ 湖北省秭归县长江三峡水域

取得新突破，健全政策体系促进中部地区加快崛起，强化创新引领推动东部地区率先发展。对革命老区、民族地区、边疆地区等特殊类型地区的扶持力度加大。国家级新区等重点功能平台引领效应凸显，海洋经济发展成效显著。市场一体化发展机制、区域合作机制、区域互助机制、区际利益补偿机制、基本公共服务均等化机制加快构建。

（三）新型城镇化战略纵深推进

户籍制度改革步伐加快，城区常住人口 300 万以下城市基本取消落户限制，1 亿农业转移人口和其他常住人口在城镇落户目标顺利实现，向未落户常住人口累计发放居住证 1.1 亿张，常住人口城镇化率超过 60%，户籍人口城镇化率预计达到 45.4%。城镇化空间格局持续优化，19 个城市群规划全部

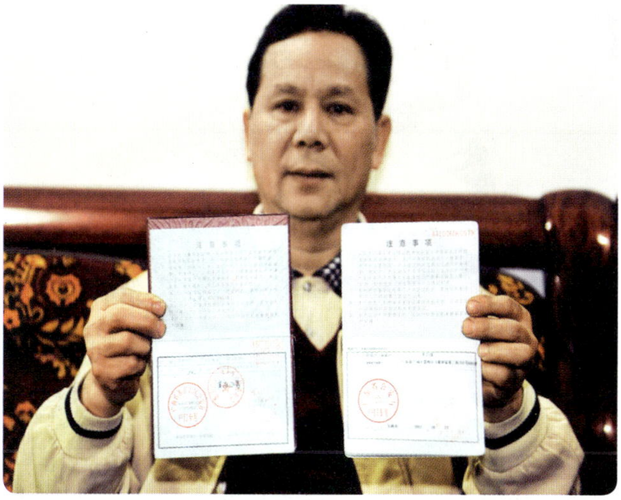

■ 53 岁的李会成通过积分入户成为一名“新广州人”，他的广西户口本（左）换成了广东户口本（右）

出台实施，城市群一体化水平不断提高，现代化都市圈建设步伐加快，成渝地区双城经济圈建设起步实施。城市规划建设管理水平不断提升，城市公共卫生、防洪排涝、风险防控等领域补短板工作扎实推进，智慧、绿色、人文等新型城市建设成效明显。县城补短板强弱项工作稳步推进，特色小镇规范有序发展。新型城镇化综合试点成效显著，特大镇设市取得突破。

（四）乡村振兴实现良好开局

现代农业根基进一步巩固，粮食等重要农产品保障能力持续增强。乡

村产业链条不断延伸，农村一二三产业融合发展成效显现。农业农村绿色发展扎实推进，化肥、农药使用量实现负增长，农作物秸秆、畜禽粪污资源化利用加快推进，农村人居环境整治三年行动目标任务顺利完成。农村基础设施建设提档升级，自来水普及率和集中供水率分别达到 83% 和 88%，新一轮农村电网改造升级提前完成。农村公共服务供给提标扩面，义务教育学校办学条件加快改善，乡村两级医疗机构和人员“空白点”基本消除。农村改革不断深化，农村土地制度改革稳步推进，农村集体产权制度改革全面推开，农业支持保护政策不断完善。城乡融合发展体制机制加快建立，国家城乡融合发展试验区改革扎实推进。

西藏自治区山南市村民在对口帮扶下编织氆氇增收

五、民生福祉不断增进，人民群众的获得感幸福感安全感不断增强

坚持人民至上，围绕人的全面发展和社会全面进步，在就业、教育、健康、社会保障等领域出台一大批惠民举措，基本公共服务均等化程度不

断提高，人民生活水平持续改善，人民群众日益增长的美好生活需要得到更好满足。

（一）城乡居民生活质量显著提升

城乡居民收入增长与经济增长保持基本同步，2020 年全国居民人均可支配收入达到 32189 元，比 2010 年“翻一番”的目标如期实现，中等收入人群超过 4 亿并不断扩大规模。城乡居民收入比由 2015 年的 2.73 持续下降至 2.56，2016 年以来农村居民人均消费支出年均名义增长超过城镇 3.5 个百分点。居民消费层次持续提升，多样化需求充分释放，每百户家用汽车拥有量达 37.1 辆，旅游已成为普通百姓的日常消费，2020 年快递业务量达 833.6 亿件。居住条件日趋改善，城镇棚户区住房改造超过 2300 万套。居民出行更加便利，全国铁路网对 20 万人口以上城市覆盖率和高铁网对 50 万人口以上城市覆盖率分别达到 99.1% 和 91.5%，高速公路网覆盖约 99% 的城镇人口 20 万以上城市及地级行政中心，运输机场直线 100 公里半径覆盖 92% 的地级市，城市公共交通年客运量超过 900 亿人次，取消高速公路省界收费站。

（二）多层次公共服务体系覆盖全民

公共就业服务体系加快构建，城镇新增就业人数累计超过 6500 万，对高校毕业生、农民工、退役军人等重点群体和就业困难人员帮扶力度不断加大，劳动参与率在主要经济体中处于较高水平。覆盖城乡居民的社会保障体系基本建成，全国参加基本养老保险人数达到 9.99 亿人，覆盖 91% 以上的应保人群；参加基本医疗保险人数达到 13.6 亿人，参保覆盖面稳定在 95% 以上；中央层面划转部分国有资本充实社保基金全面完成。教育现代化稳步推进，教育公平和质量较大提升，义务教育有保障的目标基本实现，高中阶段教育毛入学率达到 91.2%，高等教育进入普及化阶段，研究生在校生规模达到 314

■ 吉林省长春市学生与教师在课堂上制作升降台模型

万人，财政性教育经费占 GDP 比例保持在 4% 以上，劳动年龄人口平均受教育年限预计提高到 10.8 年。医药卫生体制改革持续深化，基本医疗和公共卫生服务体系进一步完善，每千人口医疗卫生机构床位数、执业（助理）医师数、注册护士数预计分别增加到 6.5 张、2.9 人、3.4 人，公共卫生防控救治能力进一步提高，人均预期寿命如期实现规划目标。

（三）国民素质和社会文明程度显著提高

文化建设在正本清源、守正创新中取得历史性成就、发生历史性变革，中国梦引领凝聚作用进一步增强，社会主义核心价值观深入人心，国民道德水准、文明素养、法治意识和诚信意识不断增强，公民具备科学素质的比例超过 10%。文化事业和文化产业繁荣发展，公共文化服务体系覆盖城乡、惠及全民，规模以上文化及相关产业企业营业收入达到 9.9 万亿元，文化产业逐渐成为国民经济支柱产业之一。文化体制改革进一步深化。国家文化软实力不断增强，中华文化影响力日益彰显。

■ 昆曲表演亮相法国巴黎

六、全面深化改革取得历史性伟大成就，国家治理体系和治理能力现代化水平显著提高

党的十八届三中全会以来，改革全面发力、多点突破、蹄疾步稳、纵深推进，以经济体制改革为牵引，重点领域和关键环节改革全面推进、持续深化，党和国家机构改革胜利完成，许多领域实现历史性变革、系统性重塑、整体性重构，各方面制度更加成熟更加定型。

（一）社会主义市场经济体制不断完善

立法、执法、司法全方位产权保护法治体系初步形成，甄别纠正涉产权冤错案件取得重要突破，涉政府产权纠纷问题专项治理行动深入推进。要素市场化配置改革持续深化，城乡统一的建设用地市场加快构建，农村集体经营性建设用地入市制度加快确立，利率市场化改革成效显著，汇率形成机制的市场化程度明显增强，设立科创板、改革创业板并试点注册制，科技成果使用权、处置权和收益权改革深入推进，输配电、成品油、天然气等领域价格改革不断深化，主要由市场决定价格的机制基本完善。国资国企改革持续深化，以管资本为主的国有资产监管体制逐步完善，国企党

■ 创业板改革并试点注册制首批企业上市仪式

建工作全面加强，公司制改革基本完成，混合所有制改革试点示范带动作用逐步显现。在市场准入、金融服务、融资纾困等方面出台一系列有利于小微企业和民营经济发展的政策措施，累计新增减税降费超过 7.6 万亿元。“放管服”改革不断深入、成效明显，市场准入负面清单制度全面实施，公平竞争审查制度初步建立，行政审批改革深入推进，事中事后监管制度日益健全，政务服务“一网、一门、一次”改革不断深化，商事制度改革全面推开，营商环境全球排名大幅提升。“十三五”期间，市场主体增长 80.5%、达到 1.4 亿户。中央与地方财政事权和支出责任划分改革稳步推进，预算管理制度改革持续推进，预算绩效管理全面实施，营业税改征增值税全面推开，综合与分类相结合的个人所得税制初步建立。一批重大风险隐患“精准拆弹”，经济发展韧性不断提升。结构性去杠杆有序推进，宏观杠杆率过快上升势头得到遏制。地方政府违法违规举债行为得到初步遏制，地方政府债务风险总体可控。金融宏观审慎管理制度建设深入推进，金融风险处置取得重要阶段性成果，金融系统抵御风险能力进一步增强。房地产调控长效机制不断完善，严防资金违规流入房地产市场。

（二）民主法治改革迈出重大步伐

坚定不移走中国特色社会主义政治发展道路，人民当家作主制度进一步完善，制度化规范化程序化法治化水平不断提高；人民代表大会制度与时俱进，人大监督职能深化拓展，人大代表同人民群众联系更加紧密；多党合作和政治协商制度不断完善，我国新型政党制度优势进一步显现，多

■ 浙江省温州市警务人员在后台实时监控各类动态信息

层次协商民主体系加速构建。全面依法治国取得重大进展，以宪法为核心的中国特色社会主义法律体系日趋完善，民法典、监察法、香港特别行政区维护国家安全法等重点领域法律相继出台，法治政府建设全面推进，司法体制综合配套改革不断深入，公共法律服务体系建设加快推进，每万人拥有律师数等指标稳步提高。社会治理体系更加完善，社会治理方式不断创新，新时代“枫桥经验”、网格化管理和服务等社会治理实践不断深化。平安中国建设成效明显，社会治安防控体系加快完善，扫黑除恶专项斗争取得重大成果，“十三五”期间刑事案件立案数下降 25.6%，治安案件查处数下降 27.5%。安全生产形势持续好转，防灾减灾能力稳步提升。

（三）党的建设制度和纪检监察体制改革取得历史性突破

坚决维护党中央权威，总揽全局、协调各方的党的领导制度体系不断健全，党的组织制度、干部人事制度、基层组织建设制度、人才发展体制机制改革统筹推进。党对反腐败工作的集中统一领导不断强化，纪委监委合署办公的组织架构基本建立，党的纪律检查工作双重领导体制具体化、程序化、制度化，党统一领导、全面覆盖、权威高效的监督体系正在形成。

（四）国防和军队改革开创新局面

坚持以党在新时代的强军目标为引领，全面实施改革强军战略，军委管总、战区主战、军种主建的新格局基本确立，平战一体、常态运行、专司主管、精干高效的战略战役指挥体系构建完善，军队规模结构和力量编成改革有效落实，裁减军队现役员额 30 万目标基本实现，中国特色社会

在南海海域隆重举行海上阅兵

主义军事政策制度体系基本框架初步形成。军队有偿服务全面停止，武警部队指挥管理体制调整理顺，国防动员体制改革稳步推进，退役军人事务管理保障制度体系奠基起新。国防和军队建设水平大幅提升，人民军队基本实现机械化，中国特色现代军事力量体系加快构建，基于网络信息体系的联合作战能力、全域作战能力明显提高，国家安全全面加强。

七、全方位对外开放持续扩大，中国特色开放型经济发展提升到新水平

推动实施一系列对外开放新举措，主动参与和推动经济全球化进程，加快国内规则与国际接轨，不断提高对外开放水平，有利于高质量发展的开放型经济新体制和全方位开放新格局加快构建。

（一）开放型经济新体制加快建立

外商投资法及实施条例出台实施，外商投资准入前国民待遇加负面清单管理制度全面实行，外商投资准入特别管理措施大幅减少，外商投资准入限制措施由 2015 年的 93 条减至 33 条，提前全面放开金融业外资持股比例限制。新设 17 个自由贸易试验区，海南自由贸易港建设蓬勃展开。浦东开发开放再出发。关税总水平降至 7.5%。人民币国际化稳步推进，人民币可兑换、可自由使用程度稳步提升。成功举办中国国际进口博览会和中国国际服务贸易交易会。

■ 远洋集装箱货轮在青岛港自动化无人码头装卸

（二）共建“一带一路”不断走深走实

政策沟通扎实推进，设施联通有序开展，贸易畅通稳步拓展，资金融通逐步加强，民心相通日益深化。成功举办两届“一带一路”国际合作高峰论坛，累计同140个国家和31个国际组织签署205份共建“一带一路”合作文件，国际产能合作深入推进，第三方市场合作不断拓展，雅万高铁、中老铁路、匈塞铁路、瓜达尔港等重大项目取得积极进展，中欧班列累计开行超过3.3万列。

（三）积极参与全球治理体系改革

构建人类命运共同体的理念主张赢得国际社会普遍认同，二十国集团杭州峰会、金砖国家领导人厦门会晤、上海合作组织青岛峰会、中非合作论坛北京峰会等系列主场外交活动成功举办。积极支持和参与世界贸易组织改革，维护世界贸易组织核心价值和基本原则。区域全面经济伙伴关系协定（RCEP）成功签署，中欧投资协定谈判如期完成，中日韩自由贸易协定等谈判积极推进。推动国际货币基金组织和世界银行等主要多边金融机构深化改革，人民币正式纳入国际货币基金组织特别提款权（SDR）货币篮子，亚洲基础设施投资银行、新开发银行等新国际金融机构正式运营。应对气候变化国际合作持续加强，减贫援助持续扩大、减贫经验共同分享。

■ 区域全面经济伙伴关系协定（RCEP）签署仪式

八、新冠肺炎疫情防控取得重大战略成果，统筹推进疫情防控和经济社会发展工作取得显著成效

新冠肺炎大流行是“十三五”规划实施过程中遇到的最大变量。面对突如其来的疫情严重冲击，习近平总书记高瞻远瞩、见微知著，带领全党全国各族人民打响疫情防控的人民战争、总体战、阻击战，及时有效作出统筹疫情防控和经济社会发展重大决策，组织构建起战疫情、稳经济、保民生的工作格局，努力办好自己的事，我国在全球范围内率先控制疫情、率先复工复产、率先实现经济增长由负转正，显示出强大的抗风险能力和顽强韧性。各地区各部门紧盯决胜全面建成小康社会、决战脱贫攻坚目标任务，扎实做好“六稳”工作、全面落实“六保”任务，着力补短板强弱项堵漏洞，有力有序推动了“十三五”规划确定的主要目标任务圆满收官。

■ 湖北省武汉体育中心方舱医院

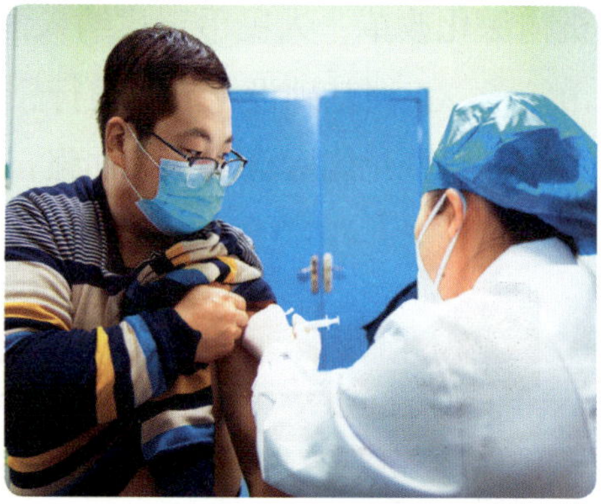

■ 一名机场工作人员在陕西西咸新区空港新城卫生院接受新冠病毒疫苗接种

《纲要》提出的深化和港澳台地区合作发展等其他重大战略任务也顺利推进。此外，《纲要》确定的165项重大工程项目基本完成，770条细化任务全面落地实施。一批世界级标志性重大工程建成投运，北京大兴国际机场、港珠澳大桥建成运营，“八纵八横”高速铁路网加快成型、运营总里程达到3.8万公里，乌东德水电站、“华龙一号”全球首堆等重大能源项目相继投产，水利基础设施短板加快补齐。一批前瞻引领性项目部署实施，

500米口径球面射电望远镜（FAST）等重大科技项目启用，“复兴号”中国标准动车组投入运行，C919大型客机进入审定试飞阶段，北斗三号全球卫星导航系统建成开通。一批关乎群众切身利益的工程项目扎实推进，脱贫攻坚、生态环保、乡村振兴、民生福祉、文化体育等领域重大工程进展顺利。

同时，也要清醒地看到，我国发展外部环境日趋复杂，不稳定性不确定性明显增加。国内发展不平衡不充分问题依然突出，结构性、体制性、周期性矛盾问题相互交织。发展质量和效率不高，创新能力不强，部分关键核心技术受制于人，新旧动能转换不畅，新生产要素贡献还难以弥补增长缺口，庞大国内市场的潜在优势尚未完全释放。农业基础还不稳固，制造业发展面临不少困难，民营企业特别是中小企业发展环境仍有较大改善空间，城乡区域发展和收入分配差距较大。新冠肺炎疫情也暴露出公共卫生、基层社会治理、应急物资保障、城市公共环境治理等方面还存在短板弱项，公共服务供需矛盾突出，就业、教育、医疗、住房、养老、托育等方面难题较多，人口老龄化加剧，公共安全体制机制亟待健全。生态环境治理成效尚不稳固，污染物排放总量依然处于高位，多种污染物复合、新旧环境问题叠加增加了治理难度，保护和修复任重道远。实现碳达峰、碳中和任务艰巨。一些重点领域风险依然较高，加速暴露的可能性较大。全面深化改革和全面依法治国任务依然繁重，国家治理体系和治理能力现代化需要保持定力、持续推进。

总体上看，“十三五”规划实施成效符合预期，解决了许多长期想解决而没有解决的难题，办成了许多过去想办而没有办成的大事，推动经济社会取得全方位、开创性历史成就，发生深层次、根本性历史变革。这些辉煌成就的取得，是以习近平同志为核心的党中央统揽全局、把舵定向的结果，是中国特色社会主义制度优势生生不息、厚积薄发的结果，是全党全国各族人民同心同德、携手奋进的结果。尤为重要的是，“十三五”时期，在推动改革发展的伟大探索和生动实践中，进一步发展和丰富了习近平新时代中国特色社会主义思想，这是推动高质量发展的根本遵循和科学指引；在统筹推进“五位一体”总体布局和协调推进“四个全面”战略布局中，坚持和完善了中国特色社会主义制度和国家治理体系，为实现“两个一百年”奋斗目标、实现中华民族伟大复兴提供了强大制度保障；在应对内外部风险挑战特别是中美经贸摩擦和应对新冠肺炎疫情中，锤炼和增强了敢于斗争的勇气和善于斗争的本领，成为前进道路上战胜一切艰难险阻的精神法宝。事实充分证明，有习近平同志作为党中央的核心、全党的核心领航掌舵，有全党全国各族人民团结一心、顽强奋斗，我们一定能够战胜前进道路上的各种艰难险阻，一定能够在新时代把中国特色社会主义更加有力地推向前进。成绩来之不易，经验弥足珍贵，需要倍加珍惜。“十三五”规划目标任务胜利完成，全面建成小康社会取得伟大历史性成就，中华民族伟大复兴向前迈出了新的一大步，为乘势而上开启全面建设社会主义现代化国家新征程奠定了坚实基础。

我们要更加紧密团结在以习近平同志为核心的党中央周围，高举中国特色社会主义伟大旗帜，深入贯彻落实党的十九大和十九届二中、三中、四中、五中全会精神，增强“四个意识”，坚定“四个自信”，做到“两个维护”，胸怀中华民族伟大复兴的战略全局和世界百年未有之大变局，深刻认识我国社会主要矛盾变化带来的新特征新要求，深刻认识错综复杂国际环境带来的新矛盾新挑战，深刻认识“十四五”时期我国将进入新发展阶段的重大判断，立足新发展阶段、贯彻新发展理念、构建新发展格局，乘势而上、奋力前行，充分用好五年规划这一重要的治国理政方式，把党中央、国务院的决策部署落实到位，推动经济行稳致远、社会安定和谐，实现更高质量、更有效率、更加公平、更可持续、更为安全的发展，为全面建设社会主义现代化国家开好局、起好步。

附件 1

“十三五”规划《纲要》主要指标完成情况

《纲要》提出的经济发展、创新驱动、民生福祉、资源环境四大类 25 项主要指标如期实现，其中，13 项指标提前完成。具体情况如下：

一、国内生产总值（GDP）

“十三五”前四年，经济运行保持在合理区间，国内生产总值（GDP）年均增速达到 6.6%。2020 年受新冠肺炎疫情影响，经济发展遭受严重冲击，经济增速明显下滑，但仍达到 2.3%，成为全球唯一实现正增长的主要经济体。经济总量跨越百万亿元大关，达到 101.6 万亿元，GDP 比 2010 年“翻一番”的目标完成度达到 96.8%，人均 GDP 连续 2 年超过 1

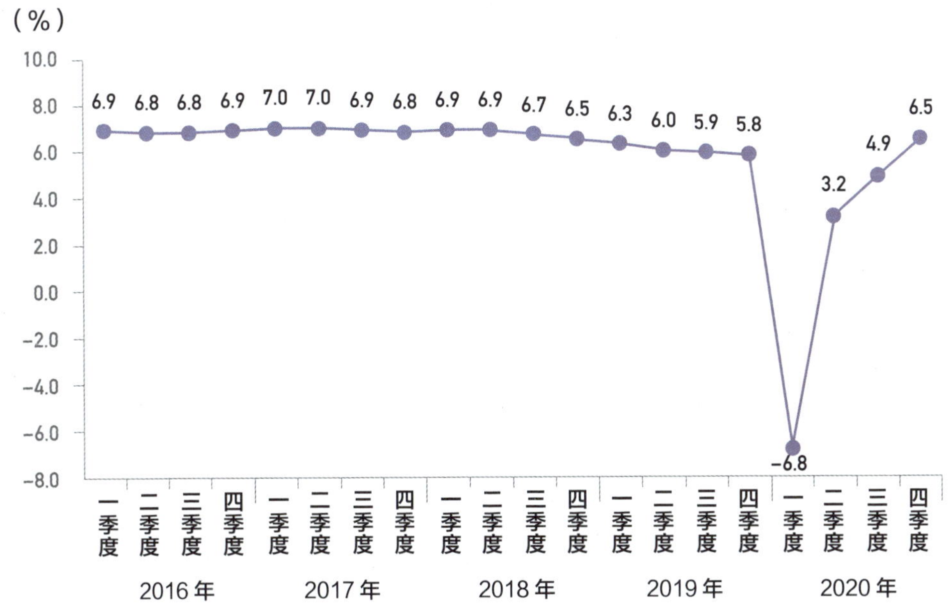

■ GDP 季度同比增长情况

万美元。

二、全员劳动生产率

“十三五”前四年，全员劳动生产率指标进展顺利，年均增速达到 6.6%，从 8.9 万元 / 人增至 11.5 万元 / 人（2015 年不变价）。2020 年受新冠肺炎疫情影响，GDP 增速大幅下降，与之高度相关的全员劳动生产率增速放缓，但仍保持了 2.5% 的实际增长，预计提高至 11.8 万元 / 人。

三、城镇化率

城镇化率保持较快增速。“十三五”前四年，常住人口城镇化率从 56.1% 提高到 60.6%，年均提高 1.13 个百分点。“十三五”时期，户籍人口城镇化率预计从 39.9% 提高到 45.4%，年均提高 1.1 个百分点。

四、服务业增加值比重

“十三五”时期，产业结构调整成效明显，服务业增加值年均增长 6.7%，快于 GDP 年均增速 0.9 个百分点。2020 年受新冠肺炎疫情影响，部分服务业发展遇到较大困难，但服务业增加值占 GDP 比重仍然由 2015 年的 50.8% 稳步提升至 54.5%。

五、研究与试验发展（R&D）经费投入强度

“十三五”时期，我国科技投入大幅增加，连续 5 年实现两位数增长。2020 年受新冠肺炎疫情影响，R&D 经费支出总量增速有所放缓，但仍然达到 24426 亿元，稳居世界第二位，R&D 经费投入强度提高到 2.40%。

六、每万人口发明专利拥有量

“十三五”时期，发明专利数量快速增长，每万人口发明专利拥有量预计由 2015 年的 6.3 件提高至 15.8 件，年均提高 1.9 件，超额完成规划目标。

七、科技进步贡献率

“十三五”时期，科技进步贡献率由2015年的55.3%提高至60%以上，顺利实现预期目标。

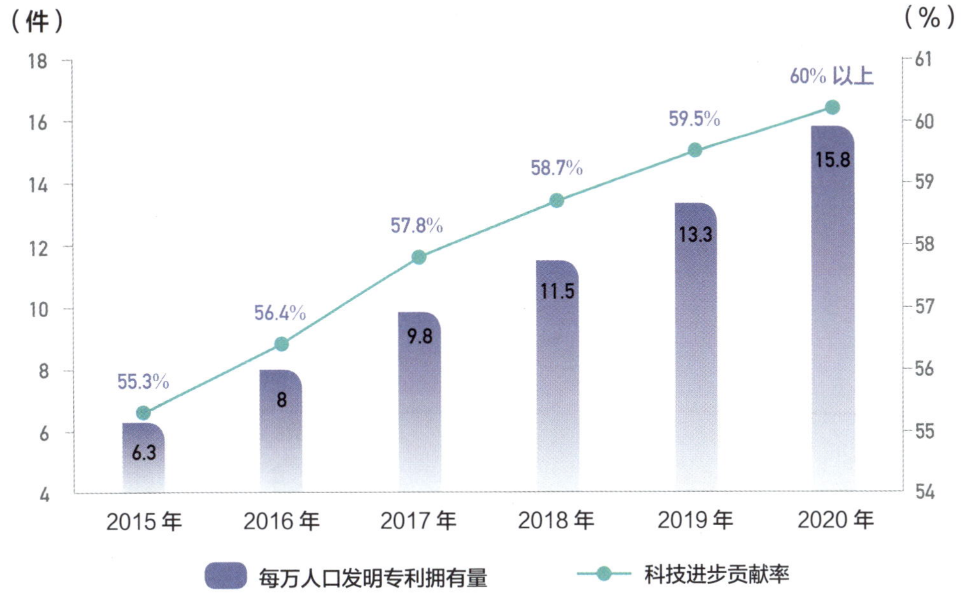

■ 每万人口发明专利拥有量和科技进步贡献率变化趋势

八、互联网普及率

2018年底，固定宽带家庭普及率和移动宽带用户普及率分别达到86.1%和93.6%，提前完成规划目标。截至2020年底，固定宽带家庭普及率和移动宽带用户普及率分别达到96%和108%。

九、居民人均可支配收入增长

“十三五”时期，城乡居民收入保持较快增长，全国居民人均可支配收入年均实际增长5.6%。2020年，全国人均可支配收入达32189元，比2010年“翻一番”的目标如期实现。

十、劳动年龄人口平均受教育年限

“十三五”时期，劳动年龄人口平均受教育年限预计从 10.23 年提高至 10.8 年，顺利实现预期目标。

十一、城镇新增就业人数

“十三五”时期，就业优先战略深入实施，就业形势总体稳定，全国就业人员稳定在 7.7 亿人以上。新增就业岗位快速增长，年度城镇新增就业人数保持在 1100 万人以上，5 年累计新增 6564 万人，超额完成规划目标。

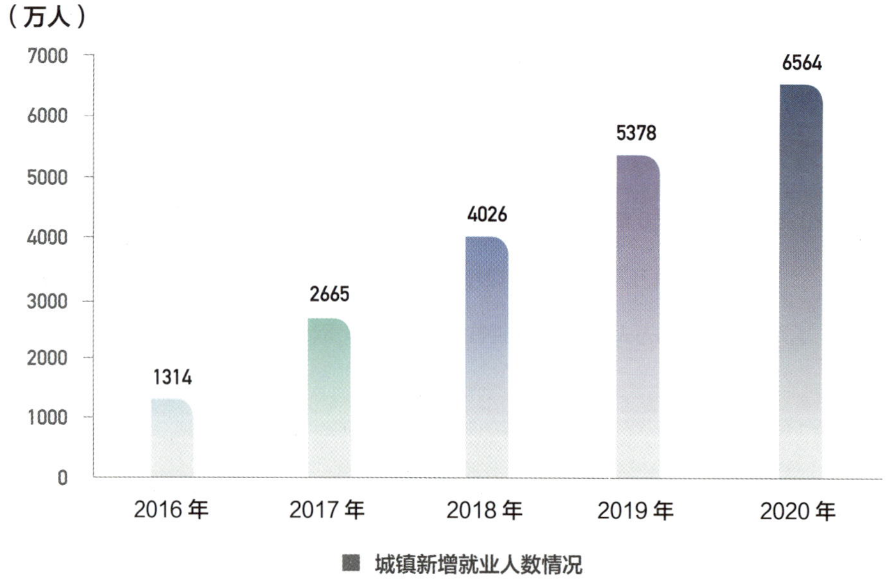

十二、农村贫困人口脱贫

“十三五”时期，现行标准下 5575 万农村贫困人口全部实现脱贫，脱贫攻坚取得了重大历史性成就，困扰中华民族几千年的绝对贫困问题得到历史性解决。

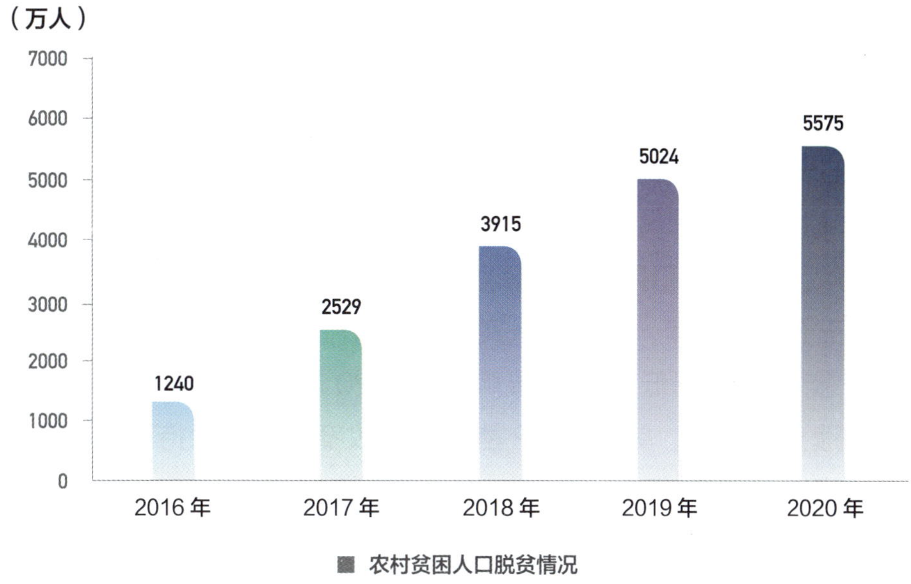

十三、基本养老保险参保率

截至 2020 年底，基本养老保险参保人数达到 9.99 亿人，基本养老保险参保率提高到 91% 以上，提前实现规划目标。

十四、城镇棚户区住房改造

“十三五”时期，城镇棚户区住房改造超过 2300 万套，超额完成 2000 万套的规划目标。

十五、人均预期寿命

“十三五”前四年，人均预期寿命从 76.34 岁增至 77.3 岁，预计可顺利实现规划目标。

十六、耕地保有量

“十三五”时期，我国坚持最严格的耕地保护制度，耕地保有量完成保持在 18.65 亿亩以上的规划目标。

十七、新增建设用地规模

“十三五”时期，新增建设用地规模控制在 3256 万亩的规划目标内。

十八、万元 GDP 用水量下降

“十三五”时期，万元 GDP 用水量累计下降 25%，提前完成规划目标。

十九、单位 GDP 能源消耗降低

“十三五”前四年，我国深入实施能源消耗总量和强度双控行动，单位 GDP 能源消耗降低指标进展顺利。2020 年受新冠肺炎疫情影响，GDP 增速大幅下降，单位 GDP 能耗降幅收窄，但仍保持了下降趋势，比 2015 年累计降低 13.2%。

二十、非化石能源占一次能源消费比重

“十三五”时期，能源消费结构不断优化，非化石能源占一次能源消费比重由 2015 年的 12% 提高到 15.9%，超额完成规划目标。

二十一、单位 GDP 二氧化碳排放降低

“十三五”时期，我国主动控制碳排放，单位 GDP 二氧化碳排放累计降低 18.8%，超额完成规划目标。

二十二、森林发展

“十三五”时期，我国开展大规模国土绿化行动，森林生态系统稳定性和生态服务功能稳步提升。森林覆盖率从 2015 年的 21.7% 提高到 23% 以上，提前完成规划目标。2016—2018 年，森林蓄积量逐年增长至 163.7 亿立方米、170 亿立方米和 175.6 亿立方米，提前完成规划目标。

二十三、空气质量

“十三五”时期，我国全面落实大气污染防治行动计划的各项任务措施，地级及以上城市空气质量优良天数比率提升至 87%、细颗粒物（$PM_{2.5}$）未达标地级及以上城市浓度累计下降 28.8%，均超额完成规划目标。

二十四、地表水质量

“十三五”时期，我国深入实施水污染防治行动计划，达到或好于Ⅲ类水体比例由2015年的66%提升至83.4%、劣Ⅴ类水体比例由9.7%降至0.6%，均超额完成规划目标。

二十五、主要污染物排放总量减少

“十三五”时期，化学需氧量、氨氮、二氧化硫、氮氧化物等主要污染物排放总量分别累计减少13.8%、15.0%、25.5%和19.7%，均提前完成规划目标。

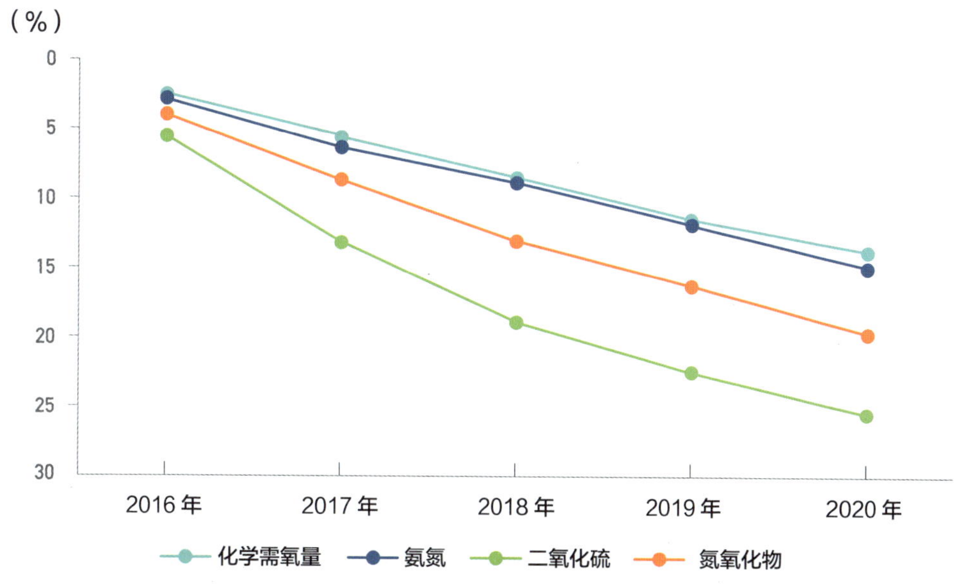

■ 主要污染物排放总量减少情况

附件 2

“十三五”165 项重大工程项目实施情况

习近平总书记主持召开中央财经领导小组第十四次会议，专门听取“十三五”规划《纲要》确定的 165 项重大工程项目进展情况，强调要以重点突破带动《纲要》全面落实。五年来，各方面通力协作、攻坚克难，重大工程项目实施推进和要素保障机制不断健全，充分发挥了对稳增长、补短板、强弱项、惠民生的牵引作用。

一、构建形成了较为健全的实施推进机制

（一）建立清晰有力的实施机制

发展改革委牵头建立“十三五”165 项重大工程项目统筹推进机制，将 165 项重大工程项目拆分细化为 770 条具体任务，细化责任分工、明确时间表路线图，做到件件有人认领、事事可跟踪考核。每年均依据台账组织跟踪调度，纳入国务院大督查和重点审计事项予以督促，不少部门建立定期调度和现场抽查相结合的专项推进机制。

（二）健全点面结合的推进手段

按照精准分类施策要求，在铁路、水利、油气等重点领域建立了部际协调机制和定期会商制度，采取零条件受理、绿色通道审批、平行交叉作业等方式，加快用地预审、环境评价等要件办理，大幅缩短核准批复周期。各地区都将 165 项重大工程项目作为重点项目挂牌推进，成立工作专班、实行精准服务。特别是新冠肺炎疫情发生后，相关部门及时建立项目开复工调度机制，推动人员返岗、打通物资供应瓶颈，迅速克服了疫情影响，实现了建设目标不变、力度不减、质量不降。

（三）全面调动政府、企业和社会各方面力量

有效发挥中央资金牵引撬动作用，引导地方财政加大投入力度，建立专项对接机制，政策性金融资源重点支持 165 项重大工程项目落地。健全政府和社会资本合作机制，建立项目推介长效机制，吸引社会资本投资重大工程项目。

二、165 项重大工程项目实施取得一系列重大成就

（一）一批世界级标志性重大工程建成投运

现代综合交通网络更加健全。川藏铁路成都至雅安段开通运营、雅安至林芝段开工建设，和田至若羌铁路进展顺利，蒙西至华中北煤南运通道建成投运，“八纵八横”高速铁路网加快形成，运营总里程达到 3.8 万公里，超额完成规划目标。国家高速公路网主线基本建成。北京大兴国际机场、港珠澳大桥、洋山港四期建成运营，成为国家区域重大战略标志性工程。

■ 北京大兴国际机场航站楼

■ 港珠澳大桥

重大低碳清洁能源项目加快建设。乌东德水电站首批机组投产发电，世界首台 AP1000 核电机组三门一号、“华龙一号”全球首堆福清五号建成投运。准东—皖南等跨区输电通道、中俄东线天然气管道等能源大通道投运，国家石油储备二期工程全部竣工投产。

■ 金沙江乌东德水电站

水利基础设施短板有效补齐。引江济淮、滇中引水、西江大藤峡水利枢纽等一批标志性项目陆续开工建设，淮河出山店水库等工程建成并发挥效益。大江大河大湖治理和蓄滞洪区建设有序推进。大中型灌区续建配套与节水改造步伐加快，农田灌溉水有效利用系数提高到 0.56。

（二）一批前瞻引领性项目部署实施

重大科技项目有序实施。量子通信卫星“墨子”、X 射线空间卫星“慧眼”、暗物质粒子探测卫星“悟空”、火星探测器“天问一号”成功发射，探月工程“嫦娥四号”在世界首次登陆月球背面、“嫦娥五号”地外天体采样返回。500 米口径球面射电望远镜（FAST）落成启用，成功研制“海翼”、“潜龙”、“探索”、“海斗”、“海星”等谱系化深海科研设备，“奋斗者”号全海深载人潜水器成功完成万米海试。

■ “奋斗者”号完成第二阶段海试胜利返航

■“嫦娥五号”在月球表面展示国旗

关键重大装备实现全方位提升。新一代运载火箭长征五号成功发射，大型客机 C919 进入审定试飞阶段，ARJ21 飞机投入商业运营，世界最大水陆两栖飞机 AG600 首飞。中国标准动车组“复兴号”实现时速 350 公里商业运营。首艘国产航母顺利下水，“雪龙 2 号”极地破冰船交付使用。神华宁煤年产 400 万吨煤炭间接液化示范项目投运。8 万吨模锻压力机、12 米级卧式双五轴镜像铣机床等成功研制。

部分战略性新兴产业率先取得突破。北斗三号全球卫星导航系统建成开通，“通导遥”一体化的国家民用空间基础设施体系加快形成。建成世界规模最大 4G 网络、用户接近 13 亿户，5G 基站初步覆盖地级以上城市，高速光纤覆盖所有城市、乡镇以及 98% 以上的行政村，国内用户量排名前百位的商业网站及应用全部支持 IPv6 访问，关键信息基础设施、重要和涉密信息系统安全保障能力显著提高。14 纳米制程芯片量产。建成深圳国家基因库一期工程。新能源汽车动力电池单体能量密度达 270 瓦时 / 公斤，形成全球最大规模的新能源汽车充电设施网络。

（三）一批关乎群众切身利益的民生项目扎实推进

脱贫攻坚成果举世瞩目。易地扶贫搬迁建设任务提前一年基本完成，960 多万建档立卡贫困人口摆脱了“一方水土养不好一方人”的困境；新改建农村公路超过 140 万公里，贫困地区县城基本实现二级及以上公路覆盖，所有具备条件的行政村实现了通硬化路、通客车、通邮路；巩固提升贫困地区农村饮水安全，解决了 1710 万贫困人口饮水安全问题。

■ 新疆维吾尔自治区喀什地区易地扶贫搬迁后的新貌

生态环保重大工程实施力度空前。北方地区累计治理散煤约 2500 万户，9.5 亿千瓦煤电机组实现超低排放，淘汰黄标车和老旧车 2000 多万辆；地级及以上城市建成区黑臭水体消除比例超过 96%，修复海岸线 1200 公里左右、滨海湿地 34.5 万亩，华北地区地下水超采加快治理，压采地下水年开采量超过 40 亿立方米。完成国土绿化面积 6.89 亿亩，实施草海、黄河三角洲、洞庭湖等湿地保护恢复重大工程。

■ 湖南省岳阳市东洞庭湖国家级自然保护区

现代农业建设取得重大进展。累计建成高标准农田 8 亿亩，新增高效节水灌溉面积 1 亿亩，基本建成海南、甘肃、四川三大国家级育制种基地；完成 15 万个建制村环境整治，生活垃圾收运处置体系覆盖 90% 以上的行政村，农村卫生厕所普及率超过 68%。

■ 河北省张家口市塞北管理区的指针式喷灌设备在田间作业

社会民生领域项目深入实施。城镇棚户区住房改造超过 2300 万套，超额完成规划目标。启动建设一流大学建设高校 42 所、一流学科建设高校 95 所，建成国家高技能人才培训基地 554 个，培养高技能人才过千万人。85% 的县级医院达到二级及以上水平，完成 1000 余个中医院设施提升。养老机构床位数达 823.3 万张，社区养老服务基本覆盖城市社区和半数以上农村社区。二里头遗址博物馆建成，平安故宫、中国工艺美术馆加快建设，广播电视“村村通”加快向“户户通”升级。

■ 新疆维吾尔自治区乌鲁木齐市黑甲山片区棚户区改造安居小区

165 项重大工程项目实施总体进展顺利、取得重大成就，但同时也暴露出一些不足和问题，主要表现在，由于内外部环境变化，个别项目实施重点进行了中期调整；个别点多面广的打捆项目在不同地区存在实施不平衡现象；一些项目实施尚存在要素保障不到位的情况；少数重大工程项目的配套激励机制不健全，社会资本参与门槛过高、动力不足现象依然存在等。这些问题需要高度重视，认真总结经验教训，在“十四五”规划实施过程中予以有效解决。

《中华人民共和国国民经济和社会发展第十四个五年规划和 2035 年远景目标纲要》

指标说明

目次 Contents

“十四五”规划《纲要》在经济发展、创新驱动、民生福祉、绿色生态、安全保障等五方面，设置 20 项主要指标。

一 主要指标设置原则

以习近平新时代中国特色社会主义思想为指导，全面贯彻党的十九大和十九届二中、三中、四中、五中全会精神，立足新发展阶段、贯彻新发展理念、构建新发展格局，坚持以人民为中心的发展思想，坚持目标导向和问题导向相结合，坚持守正和创新相统一，主要把握以下指标设置原则。一是全面对标对表中央《建议》提出的 2035 年远景目标和“十四五”时期经济社会发展主要目标，设置具体量化指标。二是突出“十四五”时期的阶段性任务，设置抓重点、补短板、强弱项的指标。三是突出对高质量发展综合绩效评价指标体系的充分对接，更好体现指标激励约束导向作用。四是突出指标的代表性，在每个重要领域仅设置一个最具代表性的指标。五是突出指标的可测性，确保指标数据可获得、测算科学简洁。

目前“十四五”规划《纲要》设置的 20 项主要指标，与“十三五”规划《纲要》的 25 项主要指标进行了有机衔接。

（一）沿用和改造使用 15 项指标

一是继续使用国内生产总值（GDP）增长、全员劳动生产率增长、居民人均可支配收入增长、劳动年龄人口平均受教育年限、基本养老保险参保率、人均预期寿命、单位 GDP 能源消耗降低、单位 GDP 二氧化碳排放降低等 8 项指标。二是有针对性地改造使用常住人口城镇化率、全社会研发经费投入增长、每万人口高价值发明专利拥有量、城镇调查失业率、地级及以上城市空气质量优良天数比率、地表水达到或好于Ⅲ类水体比例、森林覆盖率等 7 项指标。

（二）顺应形势需要新设置 5 项指标

包括：数字经济核心产业增加值占 GDP 比重、每千人口拥有执业（助理）医师数、每千人口拥有 3 岁以下婴幼儿托位数、粮食综合生产能力、能源综合生产能力。

（三）将 7 项指标作为章节指标

包括：新增建设用地规模、单位 GDP 用水量下降、非化石能源占能源消费总量比重、主要污染物排放总量下降、地级及以上城市细颗粒物（$PM_{2.5}$）浓度下降、5G 网络用户普及率（原互联网普及率）、严守 18 亿亩耕地红线（原耕地保有量）。

（四）不再保留部分指标

一是农村贫困人口脱贫、城镇棚户区住房改造指标的阶段性任务已完成。二是用基本稳定制造业比重替代服务业增加值比重。三是用高价值发明专利、数字经济等指标更直观反映科技创新产出，不再保留科技进步贡献率。

二 主要指标测算

（一）国内生产总值（GDP）增长

GDP 是衡量一国经济发展水平的核心指标，反映综合经济实力和国际竞争力。我国仍处于并将长期处于社会主义初级阶段，仍然是世界上最大的发展中国家，发展仍然是解决一切问题的基础和关键。中央《建议》提出到 2035 年人均 GDP 达到中等发达国家水平，意味着未来 15 年我国 GDP 需要保持一定的增长速度，“十四五”时期要保持经济持续健康发展，努力使经济增速与潜在经济增长率保持一致。

《纲要》提出“十四五”时期 GDP 年均增长“保持在合理区间、各年度视情提出”，充分考虑了“十四五”时期发展环境的复杂性，有利于更加积极、主动、从容地应对各种不稳定性不确定性因素，增强发展的灵活性；也有利于引导各方面集中精力贯彻新发展理念、构建新发展格局、推动高质量发展，不简单地以 GDP 增速论英雄，把工作重点放在提高发展质量和效益上，为全面深化改革、破解发展难题留出空间，为转方式、调结构、强后劲创造宽松环境，增强发展韧性和可持续性。

《纲要》对经济增长目标以定性表述为主，并不意味着经济工作中不设定 GDP 增长的量化指标。相对于五年来说，年度形势较易研判，因此在年度工作中，可根据内外部环境变化和经济运行状况等，更加科学合理地提出年度增长目标，具体是高一点还是低一点，可以依据实际情况有针对性地予以确定。

（二）全员劳动生产率增长

全员劳动生产率 =GDP/ 全部就业人数。设置该指标，有利于引导提高劳动力配置效率和人力资本水平，客观反映全体劳动者的平均生产效率以及技术设备、管理制度的先进性有效性。

“十三五”时期，我国全员劳动生产率年均增长 5.8%，与 GDP 增长大致同步，全员劳动生产率从 8.9 万元 / 人增至 13.1 万元 / 人。但与世界平均水平相比仍有差距，有必要继续推动全员劳动生产率保持中高速增长态势。

《纲要》提出“十四五”时期全员劳动生产率增长“高于 GDP 增长”，在“十三五”基础上对提高全员劳动生产率提出更高要求，充分体现了质量第一、效率优先的导向。“十四五”时期，劳动年龄人口将从 8.95 亿人减至 8.6 亿人左右，全部就业人数也将从 7.74 亿人减至 7.7 亿人左右，经济发展需要更多依靠劳动者素质提高、科技进步和制度创新，将人口数量红利转为人力资本红利。

（三）常住人口城镇化率

常住人口城镇化率 = 在城镇居住半年以上的常住人口 / 总人口 × 100%。该指标是城镇化领域的国际通用指标，有利于客观反映我国城镇化发展进程。

“十三五”前 4 年，我国常住人口城镇化率从 56.1% 提高到 60.6%，年均提高 1.13 个百分点，但仍低于中等偏上收入国家 66%、高收入国家 81% 的平均水平。从世界城镇化普遍规律看，我国仍处于城镇化率 30%~70% 的较快发展区间，常住人口城镇化率仍有较大提升空间。

“十四五”时期，常住人口城镇化率提高幅度将略低于“十三五”时期。预计城镇常住人口增加超过 7000 万人，其中城镇常住人口自然增长 1300 万人左右、农村户籍普通高校新生和入伍人员增加 1700 万人左右、新增农业转移人口超过 4000 万人，预计 2025 年常住人口城镇化率可达 65% 以上，“十四五”时期年均提高 0.8 个百分点左右。

（四）全社会研发经费投入增长

研发经费投入可综合反映科技创新能力，一般用研发经费投入增长或研发经费投入强度（研发经费支出占 GDP 比重）来衡量。其中，研发经费投入增长指标更加简明扼要、清晰明了，易评估、可考核，不受 GDP 波动影响，能够更直观反映各方面增加研发经费投入的工作实绩，也能够直接落实到地方政府和各有关部门及企业的工作目标安排上。

我国研发经费投入持续增长，“十一五”、“十二五”、“十三五”期末投入总量比基期年度分别增加 4613 亿、7107 亿、10256 亿元，2020 年研发经费投入总量达到 24426 亿元。

《纲要》提出“十四五”时期全社会研发经费投入“年均增长 7% 以上、力争投入强度高于‘十三五’时期实际”，并明确了加大财政科技经费投入力度、激励企业增加研发投入等措施，体现了把创新摆在现代化建设全局核心位置的导向。按 7% 的年均实际增速，2025 年研发经费投入总量将达 37582 亿元（按 2025 年价格预测），比 2020 年增加 13156 亿元，研发经费投入强度将高于“十三五”时期实际。

（五）每万人口高价值发明专利拥有量

每万人口高价值发明专利拥有量 = 高价值发明专利数 / 总人口（万人）。高价值发明专利包括：①战略性新兴产业的有效发明专利；②在海外有同族专利权的有效发明专利；③维持年限超过 10 年的有效发明专利；④实现较高质押融资金额的有效发明专利；⑤获得国家科学技术奖或中国专利奖的有效发明专利。设置该指标，有利于真实反映专利资源的技术含量和市场价值，客观测度科技产出绩效，引导发明专利从追求数量向追求质量转变。

“十三五”时期，我国每万人口高价值发明专利拥有量分别为 3.0、3.8、4.5、5.4、6.3 件，但与世界科技强国的每万人口同等价值发明专利拥有量相比，仍存在较大差距。

“十四五”时期，通过深入实施创新驱动发展战略、强化知识产权创造运用保护管理等措施，高价值发明专利有望继续快速增长。经对五大类高价值发明专利分别测算，2025 年每万人口高价值发明专利拥有量可达 12 件。

（六）数字经济核心产业增加值占 GDP 比重

数字经济核心产业增加值占 GDP 比重 = 数字经济核心产业增加值 / GDP × 100%。数字经济核心产业包括：①“计算机、通信和其他电子设备制造业”全部小类；②机电器材制造（含“电气机械和器材制造业”部分小类等）；③电子设备制造（含“仪器仪表制造业”部分小类等）；④“电信、广播电视和卫星传输服务业”全部小类；⑤互联网服务（含“互联网和相关服务业”全部小类等）；⑥“软件和信息技术服务业”全部小类；⑦文化数字内容服务（含“广播、电视、电影和录音制作业”全部小类等）。设置该指标，有利于客观反映数字经济核心竞争力，引导数字经济高质量发展。

2020 年，我国数字经济核心产业增加值占 GDP 比重为 7.8%，已成为国民经济的重要组成部分。有必要加快发展数字经济核心产业，引导通信设备、核心电子元器件、互联网、关键软件等数字产业提质增效，促进人工智能、大数据、云计算、物联网等新兴数字产业发展壮大。

“十四五”时期，数字技术将加快创新应用，数字经济核心产业有望快速发展。经运用趋势外推、向量自回归等预测方法，对七大类核心产业增加值增速分别进行测算，2025 年数字经济核心产业增加值占 GDP 比重可达 10%。

贵州省某大数据中心

在浙江省乌镇举办的 2020 年世界互联网大会

（七）居民人均可支配收入增长

居民人均可支配收入增长指居民可用于最终消费支出和储蓄的收入增长率。设置该指标，有利于引导各方面把居民增收摆在突出位置，不断提高人民收入水平，扎实推动共同富裕。

《纲要》提出“十四五”时期居民人均可支配收入增长“与 GDP 增长基本同步”，这延续了“十二五”以来居民收入增长和经济增长基本同步的政策导向。“十三五”时期，居民人均可支配收入从 2.2 万元增至 3.2 万元、年均实际增长 5.6%，同期 GDP 年均实际增长 5.8%，二者基本保持同步。“十四五”时期，通过提高劳动报酬在初次分配中比重、健全工资合理增长机制、多渠道增加财产性收入，以及通过土地和资本等要素使用权收益权增加中低收入群体要素收入等途径，预计可实现这一目标。

（八）城镇调查失业率

城镇调查失业率 = 城镇调查失业人数 / 城镇调查就业与失业人数之和 × 100%。该指标是反映就业形势的国际通用指标，已逐步运行成熟，可实现与城镇登记失业率指标的平稳过渡。设置该指标，有利于引导各方面继续把扩大就业摆在突出位置，坚持就业优先战略和积极就业政策，推动实现更充分更高质量的就业。

2017—2020 年，我国城镇调查失业率分别为 5.0%、4.9%、5.2%、5.2%，呈小幅上升趋势。“十四五”时期，国内外发展环境错综复杂，世界经济低迷、机器换人、产业外迁等因素对就业构成较大压力，仍需创造一定规模的城镇就业岗位，将城镇调查失业率控制在社会可承受范围内。

“十四五”时期，综合考虑经济增长、就业岗位增加和城镇劳动年龄人口数量、劳动参与率等因素，通过加强职业技能培训、缓解结构性失业矛盾、增加公益性岗位等措施，可将城镇调查失业率控制在 5.5% 以内。

■ 广西壮族自治区柳州市扶贫车间为搬迁群众提供就业岗位

（九）劳动年龄人口平均受教育年限

劳动年龄人口平均受教育年限指 16~59 岁人口平均接受学历教育（含成人学历教育、不含非学历培训）的年数。设置该指标，能够客观反映劳动者素质，有利于引导增加公平而有质量的公共教育服务，持续提高人力资本水平，更好支撑产业转型升级。

“十三五”时期，我国劳动年龄人口平均受教育年限从 10.2 年增至 10.8 年。《中国教育现代化 2035》提出 2035 年达到 12 年的目标，未来 15 年需提高 1.2 年，平均每五年提高 0.4 年。考虑到提高劳动年龄人口平均受教育年限的难度逐年加大，按照先快后慢把握，应将“十四五”时期目标定得高一些。

“十四五”时期，通过推动义务教育优质均衡发展、普及高中阶段教育、增强职业技术教育适应性、提高高等教育入学率等措施，使 2025 年义务教育巩固率保持在 95% 以上、高中阶段教育毛入学率提高到 92% 以上、高等教育毛入学率提高到 60%，劳动年龄人口平均受教育年限可达 11.3 年。

■ 河北省唐山市职业技术教育飞机维修课堂

（十）每千人口拥有执业（助理）医师数

每千人口拥有执业（助理）医师数 = 执业医师数和执业助理医师数之和 / 总人口（千人）。表征医疗卫生水平的指标有：反映医疗卫生人才队伍的每千人口拥有执业（助理）医师数、反映医疗卫生硬件设施的每千人口拥有医疗卫生机构床位数等。与不断健全的医疗卫生硬件设施相比，我国医师队伍建设更为滞后，因此设置每千人口拥有执业（助理）医师数指标。

“十三五”时期，我国执业（助理）医师数从 304 万人增至 408 万人，年均增加 21 万人左右；每千人口拥有执业（助理）医师数从 2.21 人增至 2.90 人。“十四五”时期，在近些年快速增长基础上，综合考虑医学高校招生规模等因素，2025 年执业（助理）医师数可达 450 万人左右，每千人口拥有执业（助理）医师数为 3.2 人。

■ “院士医生”通过长三角“医疗融合”进行跨省救治

（十一）基本养老保险参保率

基本养老保险参保率＝参加基本养老保险（城镇职工基本养老保险＋城乡居民基本养老保险）人口／政策规定应参保人口（16 周岁及以上人口减去其中的全日制在校学生和现役军人）×100%。设置该指标，有利于积极应对人口老龄化，进一步夯实城乡居民养老的最基本保障。

“十三五”时期，随着我国全民参保计划的深入实施，基本养老保险参保人数从 8.58 亿人增至 9.99 亿人，2020 年基本养老保险参保率超过 91%，比 2015 年提高 9 个百分点左右。“十四五”时期，应按照应保尽保、自愿参保原则，基本实现法定参保人员全覆盖。考虑到参保人员基数已较大、少数人口自愿选择不参保等因素，预计 2025 年基本养老保险参保率可达 95%。

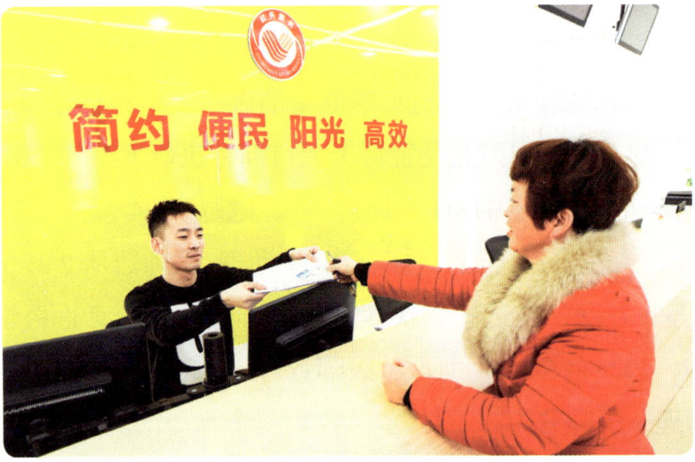

■ 江苏省江阴市社区综合服务中心办理养老保险业务

（十二）每千人口拥有 3 岁以下婴幼儿托位数

每千人口拥有 3 岁以下婴幼儿托位数 =3 岁以下婴幼儿托位数 / 总人口（千人）。表征幼有所育的指标有：反映 3 岁以下婴幼儿照护服务能力的每千人口拥有 3 岁以下婴幼儿托位数、反映 4~6 岁儿童照护服务能力的学前教育毛入园率等。考虑到“十三五”时期，学前教育毛入园率从 75% 提高到 85.2%，供求矛盾得到一定程度缓解，3 岁以下婴幼儿照护服务短缺的问题更为突出，因此设置每千人口拥有 3 岁以下婴幼儿托位数指标。

“十三五”时期，我国 3 岁以下婴幼儿托育服务刚刚起步，2020 年每千人口拥有 3 岁以下婴幼儿托位数约为 1.8 个。“十四五”时期，通过加快托育服务体系建设、推动各地增加托育服务资源配置、鼓励社会力量建设综合性托育服务机构和社区托育服务设施等措施，2025 年每千人口拥有 3 岁以下婴幼儿托位数可达 4.5 个，托位总数可达 640 万个左右。

上海市某企业提供的职工子女托育服务

（十三）人均预期寿命

人均预期寿命指新出生婴儿预期可存活的平均年数。该指标综合体现医疗卫生、人民健康、生活质量和社会发展状况，是联合国人类发展指数（HDI）的 3 个合成指标之一。

“十三五”前 4 年，我国人均预期寿命从 76.34 岁增至 77.3 岁。按照近年来每五年提高 1 岁左右的增长趋势，综合采取完善国民健康政策、加强公共卫生和基本医疗服务、实施全民健身计划等措施，预计“十四五”时期人均预期寿命可提高 1 岁，也能够促进实现《“健康中国 2030”规划纲要》提出的 2030 年达到 79 岁的目标。

■ 海南省万宁市两对百岁老人夫妻与游客合影

（十四）单位 GDP 能源消耗降低

单位 GDP 能源消耗降低指每生产 1 单位 GDP 所消耗能源量与基期相比的降低比例。设置该指标，有利于引导提高能源利用效率，以能耗约束倒逼产业结构转型和发展动能转换。

“十三五”时期，我国单位 GDP 能源消耗降低 13.2%。由于产业结构偏重、投资占比偏高，我国单位 GDP 能耗约为 OECD 国家的 3 倍、世界平均水平的 1.5 倍，下降空间仍然较大。

■ 浙江省安吉县智慧用能平台

“十四五”时期，在非化石能源占能源消费总量比重达到 20% 左右的情况下，为使单位 GDP 二氧化碳排放下降 18%，要求单位 GDP 能源消耗降低 13%~14%。综合考虑经济增长和能源消费弹性变化趋势，预计“十四五”时期单位 GDP 能源消耗可降低 13.4%~14.2%。据此，将单位 GDP 能源消耗降低目标值设定为 13.5%。

（十五）单位 GDP 二氧化碳排放降低

单位 GDP 二氧化碳排放降低指每生产 1 单位 GDP 所产生二氧化碳排放量与基期相比的降低比例。设置该指标，有利于引导能源清洁低碳高效利用和产业绿色转型，确保 2030 年前实现碳排放达峰，展现我国负责任大国担当。

“十三五”时期，我国单位 GDP 二氧化碳排放降低 18.8%，2020 年底比 2005 年降低 48.4%。按照 2030 年单位 GDP 二氧化碳排放比 2005 年下降 65% 以上的新承诺目标倒推，“十四五”和“十五五”时期单位 GDP 二氧化碳排放平均需降低 17.6%。考虑到减排潜力逐渐减小、减排难度逐渐加大，应将“十四五”降低幅度设定得高一些，为“十五五”碳排放尽早达峰留有一定空间裕度。

浙江省长兴县绿色零排放“全电物流”项目

“十四五”时期，通过实施二氧化碳排放达峰行动计划，深入推进能源、工业、建筑、交通等领域的低碳清洁化转型，严格控制化石能源特别是煤炭消费，大力发展非化石能源，可推动“十四五”时期单位 GDP 二氧化碳排放降低 18%。这与单位 GDP 能源消耗降低 13.5%、非化石能源占能源消费总量比重达到 20% 左右的目标，是衔接一致的。

（十六）地级及以上城市空气质量优良天数比率

地级及以上城市空气质量优良天数比率 = 地级及以上城市环境空气质量指数（AQI）达到或优于国家质量二级标准（即 AQI<100）的天数 / 总天数 ×100%。AQI 监测对象包括 $PM_{2.5}$、O_3、PM_{10}、一氧化碳、氮氧化物、硫氧化物等。设置该指标，能够综合反映空气环境质量改善情况。

“十三五”前 4 年，我国地级及以上城市空气质量优良天数比率从 76.7% 提高到 82.0%。2020 年新冠肺炎疫情导致工业发展受到阶段性冲击，地级及以上城市空气质量优良天数比率大幅提高至 87%，一定程度上高于正常年份。

“十四五”时期，通过推动北方地区清洁取暖、工业窑炉治理、非电行业超低排放改造等措施，主要空气污染物排放能够继续得到削减。在 $PM_{2.5}$ 浓度下降 10%、O_3 浓度快速增长趋势得到遏制的情况下，预计 2025 年地级及以上城市空气质量优良天数比率可达 87.5%。

■ 陕西省镇安县空气质量优良天数连续四年超过 335 天

（十七）地表水达到或好于Ⅲ类水体比例

地表水达到或好于Ⅲ类水体比例 = 水质达到或优于Ⅲ类的国控地表水环境质量监测断面数 / 断面总数 ×100%。表征水环境质量的指标主要有：地表水达到或好于Ⅲ类水体比例、地表水中劣Ⅴ类水体比例等。考虑到 2020 年地表水中劣Ⅴ类水体比例已降至 0.6%，因此设置地表水达到或好于Ⅲ类水体比例指标。

“十三五”前 4 年，我国地表水达到或好于Ⅲ类水体比例从 66.0% 提高至 74.9%。2020 年新冠肺炎疫情导致生产生活活动强度降低，地表水达到或好于Ⅲ类水体比例大幅提高至 83.4%，高出正常年份 3~4 个百分点。

“十四五”时期，通过开展河湖水质改善技术指导、实施人工湿地水质净化工程、持续推进黑臭水体治理、加强工业园区综合整治和排污口排查整治、提高污水收集处理能力、治理改造或替换不达标水源、加强环境监督执法等措施，2025 年地表水达到或好于Ⅲ类水体比例可达 85%。

■ 广西壮族自治区重点流域水环境综合治理取得明显成效

（十八）森林覆盖率

森林覆盖率 = 森林面积 / 陆地国土面积 ×100%。设置该指标，有利于综合体现森林资源丰富程度、国土绿化状况和碳汇能力。

“十三五”时期，我国森林覆盖率从 21.7% 提高到 23% 以上。按照《全国重要生态系统保护和修复重大工程总体规划（2021—2035 年）》提出的 2035 年森林覆盖率达到 26% 的目标倒推，平均每五年需提高 1 个百分点左右。“十四五”时期，通过深化开展国土绿化行动、实施一批天然林保护工程和防护林体系建设工程、大力开展全民义务植树等措施，2025 年森林覆盖率可达 24.1%。

■ 贵州省森林覆盖率达 60%

（十九）粮食综合生产能力

粮食综合生产能力指在一定技术条件和生产要素投入下国内可以稳定达到的粮食产出能力，是反映国家粮食安全保障能力的重要指标。新设置该指标，有利于引导各方面把提高粮食供应保障能力摆在突出位置，守住“谷物基本自给、口粮绝对安全”的底线。

2015—2020 年，我国粮食年产量连续 6 年稳定在 6.5 亿吨以上。2020 年粮食消费量为 7.4 亿吨左右，统筹考虑总人口增长、畜牧业发展和工业用粮等因素，预计 2025 年将达到 7.5 亿吨左右，其中谷物消费量超过 6 亿吨。按照“谷物基本自给、口粮绝对安全”的要求，稻谷、小麦、玉米等三种粮食产量需超过 5.9 亿吨，加上大豆及其他粮食作物，“十四五”时期粮食综合生产能力需达到 6.5 亿吨以上。

“十四五”时期，通过稳定粮食播种面积、提升农业科技水平等措施，可保障粮食综合生产能力稳中有升。按照供需大体平衡、适当留有余地的原则，将 2025 年粮食综合生产能力目标值设定为不低于 6.5 亿吨。

（二十）能源综合生产能力

能源综合生产能力指国内煤炭、石油、天然气、非化石能源等一次能源的综合生产能力，是反映国家能源安全保障能力的重要指标。设置该指标，有利于引导提高国内能源供给能力，将能源自给率稳定在合理水平。

“十三五”时期，我国能源产量从 36.2 亿吨标准煤增至 40.2 亿吨标准煤，能源自给率从 83.4% 降至 80.7%，期间曾降至 78.4%。预计 2025 年能源消费总量为 54.5 亿 ~55 亿吨标准煤，按 84% 左右的能源自给率把握，国内能源产量需达 46 亿吨标准煤以上。

“十四五”时期，通过加大国内油气勘探开发力度、发展风光水核等非化石能源、促进煤炭向先进产能集中等措施，预计 2025 年国内原煤产量约为 42 亿吨、石油 2 亿吨、天然气 2300 亿立方米、非化石能源 11 亿吨标准煤，折算后国内能源产量可达 47 亿吨标准煤。按照坚决守住底线并引导节能降耗的原则，将 2025 年能源综合生产能力目标值设定为不低于 46 亿吨标准煤。

三 章节指标设置

此外，“十四五”规划《纲要》还在正文相关章节中提出了20项章节指标。

（一）基础研究经费投入占研发经费投入比重

基础研究指不预设特定应用目的、旨在获得基本原理和基本规律的研究。设置该指标，有利于引导提高基础研究和原始创新能力。“十三五”时期，我国基础研究经费投入占研发经费投入比重从5.05%提高到6.16%，远低于主要发达国家15%~25%的普遍水平。2020年基础研究经费投入为1504亿元，其中政府和企业投入的基础研究经费占比分别约为92%、4%。“十四五”时期，通过调整政府和企业研发经费投入结构、加大基础研究经费投入规模，预计2025年基础研究经费投入可达2800亿元左右（2020年不变价）、占研发经费投入的8.2%。因此，将2025年基础研究经费投入占研发经费投入比重目标值设定为8%以上。

（二）战略性新兴产业增加值占GDP比重

战略性新兴产业指以重大技术突破和重大发展需求为基础、对经济社会全局和长远发展具有重大引领作用的产业，主要包括新一代信息技术、生物技术、新能源、新材料、高端装备、新能源汽车、绿色环保等产业。设置该指标，有利于引导构建一批战略性新兴产业增长引擎，提高产业链供应链现代化水平。“十三五”前4年，我国战略性新兴产业增加值占GDP比重从8%左右提高到11.5%，成为新旧动能转换的重要动力源。“十四五”时期，战略性新兴产业仍有较大增长空间，加之战略性新兴产业类别将不断增加，2025年战略性新兴产业增加值占GDP比重有望超过17%。

北京经济技术开发区集成电路生产线

配送机器人

（三）5G 网络用户普及率

5G 网络用户普及率指在计费系统拥有使用信息的 5G 业务或终端用户数占总人口的比例，能够反映 5G 发展及商用进程。设置该指标，有利于加快推动 5G 网络覆盖更多人群，构筑数字经济时代竞争新优势，为建设网络强国、数字中国提供基础支撑。2020 年，我国移动宽带已基本普及，但 5G 网络用户普及率仅为 15%。“十四五”时期，通过引导通信运营商布局建设 5G 网络设施、优化 5G 应用政策环境等措施，有把握实现《5G 发展总体规划（2020—2025 年）》提出的 5G 移动用户规模超过 8 亿人的目标，2025 年 5G 网络用户普及率将提高到 56%。

■ 重庆高新技术产业开发区 5G 基站建设

■ 2020 年世界 5G 大会展出无人驾驶模型

（四）非化石能源占能源消费总量比重

非化石能源占能源消费总量比重指核电、风能、水能、太阳能、生物质能、地热能等非化石能源消费占能源消费总量的比重，是我国应对气候变化国际承诺的重要指标。“十三五”时期，非化石能源占能源消费总量比重从 12% 提高到 15.9%。我国已宣布新的应对气候变化国家自主贡献目标，2030 年非化石能源占能源消费总量比重提高到 25% 左右，按此目标倒推，2025 年需提高到 20% 左右。“十四五”时期，一方面通过强化能源消费总量和强度双控制度、严控重点行业领域能耗增长、加快压减散煤等举措，推动煤炭消费比重不断下降；另一方面通过大幅增加风电和光伏发电规模、加快建设西南水电基地等举措，2025 年可实现风电装机 4 亿 ~4.5 亿千瓦、光伏发电装机 6 亿 ~6.5 亿千瓦、常规水电装机 3.8 亿千瓦、核电装机 0.7 亿千瓦、生物质发电 0.4 亿千瓦，非化石能源供给量可达 11 亿吨标准煤左右，占能源消费总量的 20% 左右。

■ 甘肃省白银市风电场

（五）集中连片高标准农田规模

集中连片高标准农田指土地平整、土壤肥沃、设施完善、农电配套、生态良好、抗灾能力强、旱涝保收、持续高产稳产的农田。设置该指标，有利于提升粮食综合生产能力。“十三五”时期，我国高标准农田从 4 亿亩增至 8 亿亩。《乡村振兴战略规划（2018—2022 年）》提出 2022 年建成 10 亿亩的目标。“十四五”时期，通过深入实施“藏粮于地、藏粮于技”战略、加大高标准农田建设投入力度等举措，2025 年集中连片高标准农田可达 10.75 亿亩。

■ 重庆市南川区水稻种植基地

（六）农作物耕种收综合机械化率

农作物耕种收综合机械化率指农作物机耕、机播、机收三项作业水平按 4∶3∶3 比例加权的和，是反映农业机械化程度的代表性指标。设置该指标，有利于引导农业机械化全程全面发展，提高农业生产效率。“十三五”时期，我国农作物耕种收综合机械化率从 63% 提高到 70% 以上。《国务院关于加快推进农业机械化和农机装备产业转型升级的指导意见》提出 2025 年达到 75% 的目标。“十四五”时期，通过加强大中型智能化复合型农业机械研发应用、选育推广适用于机械化作业的品种、开展农田宜机化改造等措施，2025 年农作物耕种收综合机械化率可达 75%。

■ 河北省邢台市百万农机作业

（七）自然岸线保有率

自然岸线保有率指大陆自然岸线保有长度占大陆岸线总长度的比例。设置该指标，有利于强化海岸线保护、利用和管理，改善海洋生态。《全国海洋功能区规划（2011—2020 年）》提出 2020 年不低于 35% 的目标，《全国重要生态系统保护和修复重大工程总体规划（2021—2035 年）》提出 2035 年不低于 35% 的目标。“十四五”时期，应坚决守住底线，健全自然岸线保有率控制制度，建立管控目标责任制，确保 2025 年自然岸线保有率不低于 35%。

（八）湿地保护率

湿地保护率指通过国家公园、自然保护区、湿地公园等形式保护的湿地面积占湿地总面积的比例。设置该指标，有利于综合反映湿地保护状况，增强湿地生态功能。“十三五”时期，我国湿地保护率从 46.6% 提高到 52.7%。按照《全国重要生态系统保护和修复重大工程总体规划（2021—2035 年）》提出 2035 年 60% 的目标倒推，每 5 年需提高 2.4 个百分点左右。“十四五”时期，通过推进退耕还湿和退牧还湿、完善湿地生态利益补偿机制、加强小微湿地保护修复、开展红树林保护修复等措施，2025 年湿地保护率可达 55%。

■ 云南省香格里拉纳帕海自然保护区

（九）地级及以上城市细颗粒物（$PM_{2.5}$）浓度

细颗粒物（$PM_{2.5}$）指悬浮于空气中、粒径≤ 2.5 微米的颗粒物，目前是对我国环境空气质量和人体健康影响最大的大气污染物。“十三五”时期，我国地级及以上城市 $PM_{2.5}$ 浓度从 46 微克 / 立方米降至 33 微克 / 立方米，累计下降 28%，但 2020 年 $PM_{2.5}$ 浓度超标城市占比仍高达 40.1%。“十四五”时期，通过因地制宜推动北方地区清洁取暖、工业窑炉治理、非电行业超低排放改造等措施，$PM_{2.5}$ 浓度有望进一步下降。按照 2035 年达到多数发达国家 15~25 微克 / 立方米水平的下限倒推，将“十四五”时期地级及以上城市细颗粒物（$PM_{2.5}$）浓度目标值设定为 10%，约下降 3.3 微克 / 立方米。

■ 北京市 $PM_{2.5}$ 浓度大幅下降

（十）氮氧化物和挥发性有机物排放总量下降

氮氧化物和挥发性有机物是空气中 $PM_{2.5}$、O_3 的主要前体物，在高温高辐射的夏季容易反应生成 O_3，在低温高湿的冬季容易反应生成 $PM_{2.5}$。

设置该指标，有利于推动 $PM_{2.5}$ 和 O_3 实现协同控制。“十三五”时期，我国氮氧化物排放总量累计下降 19.7%。“十四五”时期，加强移动源和工业窑炉治理，推进挥发性有机物源头替代、过程控制、末端治理，两项污染物排放总量将继续削减。参考其与 $PM_{2.5}$ 浓度下降呈基本持平的态势，将“十四五”时期氮氧化物和挥发性有机物排放总量下降目标值均设定为 10% 以上。

（十一）化学需氧量和氨氮排放总量下降

化学需氧量和氨氮分别指水体中的有机物质含量、以游离氨和氨离子形式存在的氮化物，是我国水体中的主要污染物。“十三五”时期，我国化学需氧量和氨氮排放总量分别下降 13.8%、15.0%。“十四五”时期，通过重点加强生活污水治理、实施工业污染防治工程、推进农业污染治理等举措，两项污染物排放总量将继续削减。考虑到重污染水体比例已经很低，减排潜力有所减小，将“十四五”时期化学需氧量和氨氮排放总量下降目标值均设定为 8%。

（十二）城市污泥无害化处置率

污泥无害化处置指通过干化焚烧、固化填埋、建材利用、土地利用等方式，对污水处理中产生的污泥进行无害化稳定化处置。设置该指标，有利于推进污泥二次污染防治和资源化利用。“十三五”时期，我国污泥处置技术迅速发展与推广，2020 年地级及以上城市污泥无害化处置率超过 90%。“十四五”时期，通过建设污泥处理处置设施、提升污泥处置技术装备水平、限制污泥填埋并逐步压减规模、在用地紧张的大中城市推进污泥焚烧处置等措施，2025 年全国城市污泥无害化处置率可达 90%。

（十三）地级及以上缺水城市污水资源化利用率

污水资源化利用指污水经无害化处理达到特定水质标准，作为再生水替代常规水资源，用于工业生产、市政杂用、居民生活、生态补水、农业灌溉、回灌地下水等，以及从污水中提取其他资源和能源。设置该指标，有利于引导水资源节约利用，改善缺水城市水资源短缺问题。我国地级及以上缺水城市污水资源化利用率为 20% 左右。“十四五”时期，通过推进再生水利用设施建设、再生水用户发展、再生水价格改革等措施，2025 年地级及以上缺水城市污水资源化利用率可达 25% 以上。

山西省太原市汾东污水处理厂

重庆市南岸区鸡冠石污水处理厂出水口水质比较

（十四）单位 GDP 用水量下降

单位 GDP 用水量下降指每生产 1 单位 GDP 所消耗水量与基期相比的下降比例。设置该指标，有利于引导提高生产生活生态用水的综合效率。“十三五”时期，我国单位 GDP 用水量下降 25% 左右。“十四五”时期，按潜在经济增长率测算，若用水总量基本稳定，单位 GDP 用水量可下降 22% 左右；若用水总量年均增加 20 亿、50 亿、80 亿立方米，单位 GDP 用水量可分别下降 20%、18%、16% 左右。按照积极稳妥、留有余地原则，将“十四五”时期单位 GDP 用水量下降目标值设定为 16% 左右。

（十五）新增建设用地规模

新增建设用地规模指净增加的城乡建设用地面积。“十三五”前 3 年，我国新增建设用地规模分别为 751 万、694 万、559 万亩。按照《全国国土规划纲要（2016—2035 年）》提出 2020 年国土开发强度为 4.24%、2030 年 4.62% 的目标进行测算，“十四五”、“十五五”时期新增建设用地规模平均不能超过 2736 万亩。按照“十四五”、“十五五”时期经济增速前高后低、建设用地需求梯次递减的发展趋势，并结合从紧控制新增建设用地规模、倒逼盘活存量建设用地的政策导向，将“十四五”时期新增建设用地规模目标值设定为 2950 万亩以内。

（十六）高中阶段教育毛入学率

高中阶段教育毛入学率指普通高中、成人高中、中等职业学校在校学生数占高中阶段教育国家规定年龄组人口总数的比例。设置该指标，有利于更好满足青少年接受良好高中阶段教育的需求，提升国民素质。“十三五”时期，我国高中阶段教育毛入学率从 87.0% 提高到 91.2%，综合考虑各方面因素，将 2025 年高中阶段教育毛入学率目标值设定为 92% 以上。

（十七）学前教育毛入园率

学前教育毛入园率指学前教育在校学生数占学前教育国家规定年龄组人口总数的比例。设置该指标，有利于提高学前教育保障水平，满足人民对“幼有所育”的期盼。“十三五”时期，我国学前教育毛入园率从 75.0% 提高到 85.2%，但“入园难”“入园贵”仍是群众反映强烈的突出问题。《中国教育现代化 2035》提出 2035 年学前教育毛入园率超过 95% 的目标。“十四五”时期，通过推进学前教育资源扩容、新建改扩建 2 万所幼儿园、增加普惠性学位 400 万个以上等措施，2025 年学前教育毛入园率可达 90% 以上。

■ 四川省华蓥市幼儿园小朋友逛“庙会”

（十八）高等教育毛入学率

高等教育毛入学率指高等院校在校学生数占高等教育国家规定年龄组人口总数的比例。设置该指标，有利于扩大我国人才培养规模和人力资源供给规模，支撑产业转型升级和高质量发展。“十三五”前 4 年，我国高等教育毛入学率从 40.0% 提高到 51.6%，2019 年高等院校在校学生为 4002 万人。《中国教育现代化 2035》提出 2035 年高等教育毛入学率达到 65%

的目标。“十四五”时期，通过努力改善办学条件、提升高等教育竞争力、加强理工农医人才培养、稳步发展研究生教育等措施，2025 年高等教育毛入学率可达 60%。

■ 清华大学 2020 年开学典礼

（十九）每千人口拥有注册护士数

每千人口拥有注册护士数指每千名常住人口拥有的注册护士数量。设置该指标，有利于引导提升注册护士规模和质量，促进人民享有公平可及的护理服务。“十三五”时期，我国每千人口拥有注册护士数从 2.4 人提高到 3.4 人，注册护士总数达到 471 万人。“十四五”时期，通过加快推进护理服务业改革发展、加强护士队伍建设、加大护士支持保障力度等措施，2025 年每千人口拥有注册护士数可达 3.8 人。

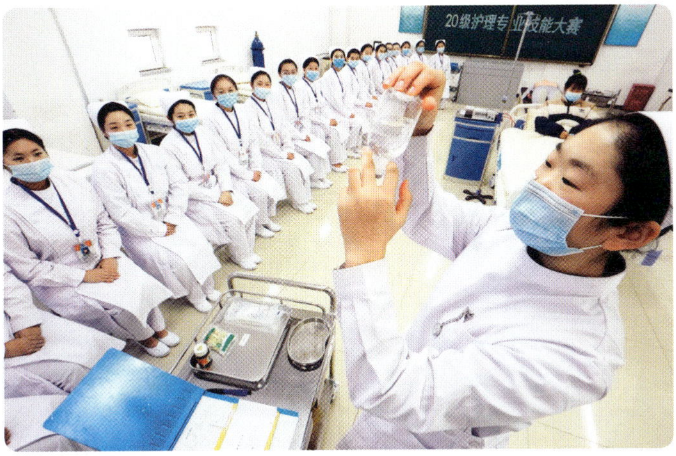

■ 护理专业学生练习输液技能

（二十）养老机构护理型床位占比

养老机构护理型床位占比指养老机构护理型床位占总床位数的比例。设置该指标，有利于引导优化养老机构床位结构，提高养老服务供需匹配度，满足人民对“老有所养”的期盼。2019 年，我国养老机构护理型床位占比仅为 40% 左右，无法匹配 4000 多万失能老年人入住需求。《国家积极应对人口老龄化中长期规划》提出 2022 年养老机构护理型床位占比 50%、2035 年 80% 的目标。“十四五”时期，通过加大养老护理型人才培养力度、扩大养老机构护理型床位供给等措施，2025 年养老机构护理型床位占比可达 55%。

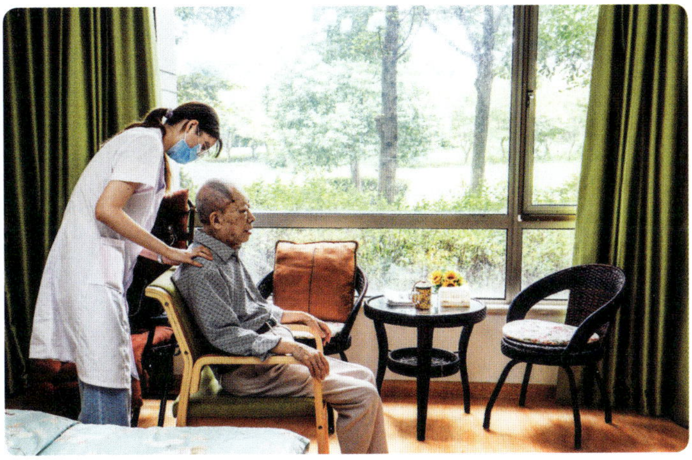

■ 保健医生为老人做护理按摩

《中华人民共和国国民经济和社会发展第十四个五年规划和2035年远景目标纲要》

名词解释

目次 Contents

1. 新发展阶段

党的十八大以来，中国特色社会主义进入新时代。党的十九大对实现第二个百年奋斗目标作出分两个阶段推进的战略安排，提出到2035年基本实现社会主义现代化，到本世纪中叶把我国建成富强民主文明和谐美丽的社会主义现代化强国。全面建成小康社会、实现第一个百年奋斗目标之后，我国进入全面建设社会主义现代化国家的新发展阶段。这在我国发展进程中具有里程碑意义，是中华民族伟大复兴历史进程的大跨越。

2. 人类命运共同体

党的十八大以来，习近平总书记站在人类历史发展进程的高度，深入思考“建设一个什么样的世界，如何建设这个世界”这一重大课题，对构建人类命运共同体的时代背景、重大意义、丰富内涵和实现途径等重大问题进行深刻阐述。习近平总书记指出，人类命运共同体，顾名思义，就是每个民族、每个国家的前途命运都紧紧联系在一起，应该风雨同舟，荣辱与共，努力把我们生于斯、长于斯的这个星球建成一个和睦的大家庭，把世界各国人民对美好生活的向往变成现实。世界各国要顺应时代发展潮流，作出正确选择，齐心协力应对挑战，开展全球性协作，共同构建人类命运共同体。坚持对话协商，建设一个持久和平的世界；坚持共建共享，建设一个普遍安全的世界；坚持合作共赢，建设一个共同繁荣的世界；坚持交流互鉴，建设一个开放包容的世界；坚持绿色低碳，建设一个清洁美丽的世界。坚守和平、发展、公平、正义、民主、自由的全人类共同价值，推动构建新型国际关系，推动构建人类命运共同体，共同创造世界更加美好的未来。2017年2月，“构建人类命运共同体”首次写入联合国决议，为人类社会破解世界难题、携手共创美好未来提供了中国方案，增添了中国智慧，贡献了中国力量。

中国医疗专家在伊拉克巴格达展示科学的洗手方法

3. 高质量发展

高质量发展是能够满足人民日益增长的美好生活需要的发展，是体现新发展理念的发展，是创新成为第一动力、协调成为内生特点、绿色成为普遍形态、开放成为必由之路、共享成为根本目的的发展。更明确地说，高质量发展,就是经济发展从“有没有”转向“好不好”。推动高质量发展，是当前和今后一个时期确定发展思路、制定经济政策、实施宏观调控的根本要求，要加快形成并不断完善推动高质量发展的指标体系、政策体系、标准体系、统计体系、绩效评价、政绩考核。

对“十四五”时期坚持以高质量发展为主题的必要性、紧迫性，可从三个方面认识：一是实现经济持续健康发展要求推动高质量发展。我国正处于转变发展方式关键阶段，劳动力成本上升，资源环境约束增大，粗放型发展方式难以为继，经济循环不畅问题突出。我们要完整、准确、全面地贯彻落实新发展理念，坚持质量第一、效益优先，切实转变发展方式，推动质量变革、效率变革、动力变革。二是解决我国社会主要矛盾要求推动高质量发展。我国社会主要矛盾已转化为人民日益增长的美好生活需要和不平衡不充分的发展之间的矛盾，又集中体现在发展质量上。坚持以推动高质量发展为主题，就是要在质的提升中实现量的有效增长，进入新发展阶段，高质量发展不仅仅局限于经济领域，社会主义现代化建设各方面各领域都要体现高质量发展要求，不断实现人民对美好生活的向往，增强人民群众的获得感、幸福感、安全感。三是遵循经济规律要求推动高质量发展。20世纪60年代以来，全球100多个中等收入经济体中只有十几个成为高收入经济体，这些取得成功的国家和地区，都经历了高速增长后从量的扩张转向质的提高；而那些徘徊不前甚至倒退的国家和地区，都没有自觉推动和实现这种根本性转变。经济发展中量的积累到了一定阶段必须及时转向质的提升，我国经济发展也需要顺应并遵循这一规律。

■ 上海洋山港集装箱码头

4. 新发展理念

党的十八届五中全会提出了创新、协调、绿色、开放、共享的新发展理念。创新是引领发展的第一动力，协调是持续健康发展的内在要求，绿色是永续发展的必要条件和人民对美好生活追求的重要体现，开放是国家繁荣发展的必由之路，共享是中国特色社会主义的本质要求。

新发展理念是一个系统的理论体系，回答了关于发展的目的、动力、方式、路径等一系列理论和实践问题，阐明了关于发展的政治立场、价值导向、发展模式、发展道路等重大政治问题，这是关系我国发展全局的一场深刻变革。“十四五”时期经济社会发展必须遵循坚持新发展理念的原则，把新发展理念完整、准确、全面贯彻到经济社会发展全过程和各领域，构建新发展格局，切实转变发展方式，推动质量变革、效率变革、动力变革，实现更高质量、更有效率、更加公平、更可持续、更为安全的发展。

5. 新发展格局

构建以国内大循环为主体、国内国际双循环相互促进的新发展格局，是积极应对国内外形势变化的主动选择，是充分发挥我国超大规模市场优势的内在要求，是坚持深化改革开放的国内国际双循环相互促进的统一体。构建新发展格局明确了我国经济现代化的路径选择，是应对新发展阶段机遇和挑战、贯彻新发展理念的战略选择。构建新发展格局的关键在于经济循环的畅通无阻，最本质的特征是实现高水平的自立自强。必须坚持深化供给侧结构性改革，以创新驱动、高质量供给引领和创造新需求，提升供给体系的韧性和对国内需求的适配性。必须建立扩大内需的有效制度，加快培育完整内需体系，加强需求侧管理，建设强大国内市场。必须坚定不移推进改革，破除制约经济循环的制度障碍，推动生产要素循环流转和生产、分配、流通、消费各环节有机衔接。必须坚定不移扩大开放，持续深化要素流动型开放，稳步拓展制度型开放，依托国内经济循环体系形成对全球要素资源的强大引力场。必须强化国内大循环的主导作用，以国际循环提升国内大循环效率和水平，实现国内国际双循环互促共进。

6. 深化供给侧结构性改革

以深化供给侧结构性改革为主线，是实现高质量发展的必然要求。当前和今后一个时期，我国经济发展面临的问题，在供给和需求这两侧都有，但矛盾的主要方面在供给侧。我国一些行业和产业，一方面产能严重过剩，另一方面又有大量关键装备、核心技术、高端产品还依赖进口。解决这些结构性问题，需要从供给侧发力，把改善供给侧结构作为主攻方向。供给侧结构性改革说到底，就是要使我国供给能力更好满足人民日益增长的美好生活需要。供给侧结构性改革的重点，就是进一步解放和发展社会生产力，用改革的办法推进结构调整，减少无效和低端供给，扩大有效和中高端供给，增强供给结构对需求变化的适应性和灵活性，着力提高全要素生产率。通过深化供给侧结构性改革，优化存量资源配置，扩大优质增量供给，不断让新的需求催生新的供给，让新的供给创造新的需求，从而实现更高水平和更高质量的供需动态平衡。

7. 完整内需体系

完整内需体系涉及国内各类需求构成的全领域、多层次的综合体系，既包括需求也包括供给，既包括消费需求也包括投资需求，还包括优化各类资源配置和促进要素流动的一系列改革举措，主要包括四个方面：一是充分发挥我国经济体量大、产业门类齐全、消费市场潜力足等优势，把满足国内需求作为发展的出发点和落脚点，优化供给结构，改善供给质量，提升供给体系对国内需求的适配性。二是畅通国内大循环，着力打通生产、分配、流通、消费各个环节，加快构建以内需为主的国民经济循环，完善内需主导、内生增长发展模式。三是注重需求侧管理，形成需求牵引供给、供给创造需求的更高水平动态平衡，全面促进消费和拓展投资空间。四是牢固树立安全发展理念，加快完善安全发展体制机制，维护产业链、供应链、价值链安全可控，增强应对外部风险的抗冲击能力。

8. 科技强国行动纲要

制定科技强国行动纲要是加快建设世界科技强国的重要部署。制定科技强国战略纲要，要紧紧围绕科技强国建设“三步走”总体战略目标，系统谋划到 2035 年和 2050 年的发展思路和重点任务，明确科技创新的主攻方向，健全社会主义市场经济条件下新型举国体制，打好关键核心技术攻坚战，提高创新链整体效能，形成科技强国建设的时间表和路线图，为加快推进科技强国建设提供有力指导。

9. 社会主义市场经济条件下新型举国体制

社会主义市场经济条件下新型举国体制是指面向国家重大需求，瞄准关键核心技术和“卡脖子”领域，发挥市场在资源配置中的决定性作用，更好发挥政府作用，强化责任落实机制，用好庞大的国内市场需求，凝聚和集成国家战略科技力量、社会资源共同攻克重大科技难题的组织模式和运行机制。该机制充分发挥我国社会主义制度能够集中力量办大事的优势，以体制创新为科技创新提供动力，形成新发展阶段、新发展理念、新发展格局下集中力量办大事的协同机制。

10. 国家实验室

国家实验室是体现国家意志、实现国家使命、代表国家水平的新型科研机构，是高层次、少而精、突破型、引领型、平台型一体化的大型综合性研究基地，是国家核心战略科技力量。国家实验室以国家目标和战略需求为导向，瞄准国际科技前沿，在具有较强综合应用和基础研究属性、需要长时间投入和大规模协作攻关的领域，优化配置资源，创新体制机制，开展战略性、前瞻性、基础性科技创新，实现原创成果重大突破和产学研用融通发展。“十四五”时期，我国将聚焦量子信息、光子与微纳电子、网络通信、人工智能、生物医药、现代能源系统等重大创新领域组建一批国家实验室。

11. 量子信息

量子信息主要包括量子通信、量子计算、量子精密测量等。

量子通信是利用量子叠加态和纠缠效应进行信息传递的新型通信方式，基于量子力学中的不确定性、测量坍缩和不可克隆三大原理提供了无法被窃听和计算破解的绝对安全性保证，可应用于保密通信领域。

量子计算是遵循量子力学规律进行高速数学和逻辑运算、存储及处理信息的新型计算模式，具有远超经典计算机的计算能力，可应用于天气预报、药物研制、交通调度、保密等场景。

量子精密测量旨在利用量子资源和效应，实现超越经典方法的测量精度，是原子物理、物理光学、电子技术、控制技术等多学科交叉融合的综合技术。

"十三五"时期，我国发射了"墨子号"量子科学实验卫星，成功研制出量子计算机原型机"九章"，并在量子精密测量领域取得重要进展。"十四五"时期，我国将继续大力发展量子信息科技，加强原始创新和技术应用，为产业转型和经济发展提供支撑。

■ "墨子号"量子科学实验卫星建立天地链路

12. 实验室体系

实验室体系是以国家实验室为龙头，国家重点实验室等各类科技创新基地协同合作、良性互动的平台体系。建设结构合理、运行高效的实验室体系，一要高质量起步建设国家实验室，建立灵活高效的管理机制，探索重大科技任务定向委托机制，发挥好引领作用；二要通过调整、充实、整合、撤销等方式，完成现有国家重点实验室、国家工程研究中心等国家科技创新基地的优化整合和重新登记；三要围绕重大原始创新和关键核心技术突破，产学研联合共建一批国家重点实验室。

■ 中南大学粉末冶金国家重点实验室研究人员准备进行表面涂层实验

13. 新型研发机构

新型研发机构是聚焦科技创新需求，主要从事科学研究、技术创新和研发服务，投资主体多元化、管理制度现代化、运行机制市场化、用人机制灵活的独立法人机构，可依法注册为科技类民办非企业单位、事业单位和企业。通过发展新型研发机构能够进一步优化科研力量布局，强化产业技术供给，促进科技成果转移转化，推动科技创新和经济社会发展深度融合。

14. 战略性科学计划和科学工程

战略性科学计划和科学工程是突破科学前沿、探索未知世界、促进经济社会可持续发展、保障国家安全、破解重大全球性问题的重要手段。“十四五”时期，实施战略性科学计划和科学工程，要服务国家整体战略需求，充分利用国家实验室、科研院所、综合性国家科学中心、国家重大科技基础设施等基础条件，吸引部门和地方共同参加，加强科技界与产业界合作，实现资源开放共享，集聚优秀科技力量协同攻关，形成一批具有国际影响力的标志性科研成果。

15. 深度学习

深度学习旨在建立模拟人脑进行分析学习的神经网络，模仿人脑机制来解释图像、声音、文本等数据。深度学习广泛应用于搜索技术、数据挖掘、机器翻译、多媒体学习、自然语言处理、图像处理、语音识别等领域。

16. 脑科学与类脑研究

脑科学研究大脑的结构与功能，从分子、细胞、神经环路、神经网络层面，阐明感知觉、学习记忆、抉择、语言、意识等认知功能的基本原理，解析脑功能异常的神经机制，提升对脑重大疾病的诊治水平。类脑研究借鉴脑科学所阐释的生物大脑的神经工作原理，通过对发育、演化、学习、认知等的建模，研发类脑算法、脑机接口、类脑智能器件和系统，模拟、延伸和扩展人类智能，实现强人工智能。脑科学和类脑研究互为支撑、互相促进、融合发展，对于促进产业升级、社会发展和人民健康等具有重大战略意义。

17. 透视地球

透视地球通过观测地球的电、磁和重力等多种物理信息，实现对地下目标的探测识别，是集仪器、电子、计算机、光学、机械、地球物理等多学科于一体的综合技术方法。透视地球广泛应用于矿产资源探查、地下水资源探测、重大工程勘察、地质灾害监测预警等方面，如利用地震层析成像技术扫描地下断层、利用核磁共振技术探测地下水等。

18. 基础研究十年行动方案

基础研究十年行动方案是未来 10 年国家层面推动基础研究发展的政策指导性和任务部署性文件，将明确我国基础研究发展的总体思路、发展目标和重点任务，提出具体的行动措施。基础研究十年行动方案将以科技体制改革为引领，以服务国家战略和支撑高质量发展为主线，遵循科学规律，突出需求导向，统筹推进目标导向和自由探索的基础研究，围绕重大原始创新和关键核心技术突破，着力打造基础研究体系化力量、建设高水平人才队伍、夯实科研基础能力、营造良好创新生态，增强基础研究对创新发展的源头供给和支撑引领作用。

19. 基础学科研究中心

基础学科研究中心是开展数学、物理、化学等基础学科前瞻性、引领性和独创性基础理论研究和前沿方向探索的重要基地，旨在弘扬甘坐“冷板凳”、勇闯“无人区”的科学家精神，培养一批潜心致研的基础学科人才，推动涌现更多“从 0 到 1”的重大原始创新成果。

20. 重大科技创新平台

重大科技创新平台是提高科技创新能力和国家综合竞争力的重要抓手。建设重大科技创新平台，要高质量起步建设国家实验室，做强做优国家重点实验室、国家工程研究中心等国家科技创新基地，布局建设一批具有前瞻性、战略性的国家重大科技基础设施，建成若干国家临床研究中心和覆盖全国的网络化、集群化协同研究网络，推动各类科研平台建设与开放共享。

21. 国际科技创新中心

国际科技创新中心是创新资源密集，科研实力雄厚，成果辐射范围广泛，科技创新文化先进，科技基础设施健全，支柱产业具有国际化、高端化、多元化特征且在全球价值链中处于主导地位，以科技创新作为核心发展动力的城市或地区。国际科技创新中心是全球创新网络中的重要枢纽和节点，对全球科技发展具有较强影响力。从我国实践来看，国际科技创新中心建设以综合性国家科学中心建设为重要载体，肩负着推动重要区域率先实现创新驱动转型、引领带动我国高质量发展的重任，是重要的原始创新高地和新兴产业策源地。

■ 上海国际科技创新中心的大科学装置

22. 综合性国家科学中心

综合性国家科学中心以高水平大学、科研院所和高新技术企业等深度融合为依托，布局建设一批重大科技基础设施、科教基础设施和前沿交叉研究平台，组织开展高水平交叉前沿性研究，产出重大原创科学成果和颠覆性产业技术。综合性国家科学中心汇聚和配置全球创新资源，打造自由开放的制度环境，有利于塑造国际科技竞争优势。

23. 区域科技创新中心

区域科技创新中心是在一定区域范围内，科技创新资源和创新活动相对集中，科技创新实力较强，在产业、人才、资金、技术和信息等方面对区域创新发展具有引领与辐射带动作用，以科技创新作为主要发展动力的城市或地区。区域科技创新中心是国家创新网络中的重要节点，在特定科技创新与产业创新领域起引领作用。

24. 重大科技基础设施

重大科技基础设施是为探索未知世界、发现自然规律、引领技术变革提供极限研究手段的大型复杂科学技术研究装置或系统。作为国家创新体系的重要组成部分，重大科技基础设施是解决重点产业“卡脖子”问题、支撑关键核心技术攻关、保障经济社会发展和国家安全的物质技术基础，

“中国天眼”全景

是抢占全球科技制高点、构筑竞争新优势的战略必争之地。

25. 自然科技资源库

自然科技资源库是对植物种质、动物种质、微生物菌种、人类遗传资源、生物标本、岩矿化石标本、实验材料、标准物质等基础性、战略性科技资源进行收集保存、评价鉴定、整理加工的国家科技资源共享服务平台。

26. 科学大数据中心

科学数据主要包括在自然科学、工程技术科学等领域，通过基础研究、应用研究、试验开发等产生的数据，以及通过观测监测、考察调查、检验检测等方式取得并用于科学研究活动的原始数据和衍生数据。科学大数据中心是对重点领域科学数据进行收集整合、存储管理、分析挖掘和开放共享的国家科技资源共享服务平台。

27. 科技信息高端交流平台

科技信息高端交流平台包括科研论文原创发布（发表）平台、科技文献战略保障平台、科技信息深度整合平台、科技情报分析与技术监测平台，不同类型的平台之间相互衔接、相互关联、相互支撑，构成系列完整的科技信息交流平台体系。

28. 研发费用加计扣除政策

研发费用加计扣除政策是指按照税法规定，在企业实际研发支出数额的基础上，再加成一定比例，在计算应纳税所得额时予以扣除。“十三五”以来，研发费用加计扣除比例从 50% 提高到 75%，2016—2019 年共计减免企业所得税 8730 亿元，有效引导了企业加大研发投入，激发了创新活力。

福建省福州市税务局工作人员介绍如何申请研发费用加计扣除等税收优惠

29. 鼓励国有企业研发的考核制度

“十三五”以来，国有企业研发投入大幅增加，取得了一批重大科技创新成果，但对标国际一流企业，研发投入强度仍有待提高、关键核心技术“卡脖子”问题仍较为突出。为推动国有企业特别是中央企业深入实施创新驱动发展战略，“十四五”时期，将进一步突出创新驱动考核导向。一是强化企业创新主体责任，对工业和科研等科技进步要求高的企业，加强研发投入、关键核心技术攻关等指标的考核。二是鼓励企业加大创新投入，在核算企业经济效益指标时，将研发投入视同利润加回；对于关键核心技术攻关的研发投入，进一步提高加回的比例。三是加强科技创新正向激励，对科技创新取得重大成果、关键核心技术攻关取得突出成绩的企业，给予考核加分奖励。四是建立健全考核容错机制，对企业实施重大科技创新和创新风险投资等，对经营业绩产生重大影响的，按照“三个区分开来”原则，在考核上不做负向评价，激发保护企业家和科学家精神。

30. 研发准备金制度

研发准备金是企业为保障研发项目的资金需要，在开展研发活动前或研发过程中提前储备的专门用于研发项目、单独核算的资金。研发准备金制度是指规范研发准备金的形成、使用、核算、信息披露等相关事项的管理措施。

31. 产业共性基础技术

产业共性基础技术是指具有较强通用性和外部性、支撑多个产业或领域发展的技术，对整个产业的技术水平、发展质量和生产效率具有带动作用，能够产生较大的经济和社会效益。产业共性基础技术包括工业母机、高端芯片、基础软硬件、基础元器件、基础材料等以及服务标准、检测、计量、测量等技术。

32. 国家产业创新中心

国家产业创新中心是整合行业内创新资源、构建高效协作创新体系的重要载体，目前主要面向集成电路、生物育种等战略性新兴产业布局建设，旨在强化技术系统集成、中试验证和推广应用能力，服务和支撑关键核心技术攻关。国家产业创新中心可以盘活行业上下游、产学

■ 沈阳机床（集团）有限责任公司机床生产车间

研创新资源，形成大平台、大团队、大网络，促进颠覆性技术创新、先进技术推广应用、系统性技术解决方案研发、高成长型科技企业投资孵化，推动新兴产业集聚发展。

33. 技术经理人

技术经理人一般是指在高校、科研院所等机构从事技术转移的专业人士。技术经理人需具备良好的技术背景，能够辨识科技项目的技术水平和应用场景，能帮助科学家寻找合适的合伙人、组建创业团队，熟悉科技成果转化的法律法规和操作程序。

34. 知识产权质押融资

知识产权质押融资是指企业以专利权、商标权、著作权中的财产权经评估作为质押物从银行获得贷款的一种融资方式，旨在帮助科技型中小企业解决因缺少不动产担保而带来的融资难问题。我国在实践中逐步形成了“银行 + 企业专利权、商标权质押”、“银行 + 政府基金担保 + 专利权反担保”、“银行 + 科技担保公司 + 专利权反担保”等多种模式。

35. 科技保险

科技保险是指以与科技企业技术创新和生产经营活动相关的有形或无形财产、科技企业从业人员的身体或生命、科技企业对第三方应承担的经济赔偿责任，以及创新活动的预期成果为保险标的的保险。

36. 硬科技

硬科技是指基于科学发现和技术发明之上，需要长期研发投入、持续积累形成的，具有较高技术门槛和明确应用场景，难以被复制和模仿，对经济社会发展具有重大支撑作用的关键核心技术。硬科技处于全球价值链的高端环节，具有高知识产权壁垒、高资本投入、高信息密集度、高产品附加值、高产业控制力等特点，是衡量一个国家核心竞争力的重要标志，是核心技术和高技术的典型代表。目前硬科技的代表性领域包括光电芯片、人工智能、航空航天、生物技术、信息技术、新材料、新能源、智能制造等。

■ 深海“可燃冰”试采平台“蓝鲸 2 号”

37. 赋予科研人员职务科技成果所有权或长期使用权

赋予科研人员职务科技成果所有权或长期使用权是指职务科技成果完成单位按照约定将成果所有权或长期使用权赋予成果完成人（团队），通过划分各自所有的权利份额，使成果完成单位和成果完成人（团队）根据划定的份额行使权利、获得收益并承担责任。探索赋予科技人员职务科技成果所有权或长期使用权，有利于调动科技人员积极性，提高科技成果转化率。

38. 科技伦理体系

科技伦理体系是由科技伦理基本原则、制度规范、治理机制等构建的相互联系、相互促进的有机整体，是科技活动必须遵守的价值准则。当前，以人工智能、大数据、基因编辑、合成生命、再生医学等为代表的前沿科学技术加速发展，在给人类社会带来巨大福祉的同时，也对人类的自我尊严、生命健康安全、隐私保护、人伦关系、生态安全、资源分配等方面带来了诸多伦理挑战。为促进现代科技健康发展，维护社会公众利益和公序良俗，科技活动应当遵循一定的伦理要求和原则。

39. 国家科技计划体系

国家科技计划是根据国家科技发展规划和战略安排的，以中央财政支持或以宏观政策调控、引导，由政府部门组织和实施的科学研究或试验发展活动及相关的其他科学技术活动。根据《国务院印发关于深化中央财政科技计划（专项、基金等）管理改革方案的通知》，国家科技计划体系包括五类科技计划（专项、基金等），分别是国家自然科学基金、国家科技重大专项（科技创新 2030－重大项目）、国家重点研发计划、技术创新引导专项（基金）以及基地和人才专项。

40. 技术总师负责制

技术总师负责制是指在重大攻关项目中，技术总师作为技术第一责任人，在攻关项目的顶层设计、立项论证、技术方案和路线等方面承担主要责任，并在经费预算、考核激励、团队组建等方面享有更大自主权。技术总师负责制让技术总师有职、有责、有权，有利于形成责权对等的科学管理方式，保障总师及研发人员将主要精力用于技术攻关上，激发技术创新活力。

41.“揭榜挂帅”和“赛马”制度

“揭榜挂帅”是指建立以需求为牵引、以能够解决问题为评价标准的新机制，让有能力、有担当的团队承担关键核心技术攻关等重点任务。该方式在“悬榜”、“评榜”、“揭榜”过程中，打破繁文缛节、条条框框，破除科研“小圈子”和论资排辈，在给予揭榜者充分信任和授权的同时，明确目标责任，强化问责考核，体现“奖优罚劣”、“问责问效”。

“赛马”是在探索“揭榜挂帅”机制、优化核心技术攻关体制中的新型项目组织方式。该方式在项目立项时，择优选择多家主体并行攻关，过程中进行阶段性考核、竞争性淘汰，让真正有能力、干得好的主体脱颖而出，提高攻关的质量和效率。

42. 科技项目分类评价制度

科技项目分类评价制度是指对自由探索型和任务导向型科技项目进行分类评价。其中，自由探索型科技项目主要指针对基础、前沿、颠覆性科学技术进行研究的项目，任务导向型科技项目主要指按照“四个面向”需求开展的具有明确任务目标的项目。对自由探索型项目，主要评价其新发现、新原理、新方法、新规律等代表性成果的原创性、科学价值和学术影响，建立容错机制，鼓励科研人员大胆探索。对任务导向型项目，注重给予承担人充分信任和授权，明确目标、简化过程，建立激励机制和问责考核机制，以解决问题为最终评价标准。

43. 科研机构现代院所制度

科研机构现代院所制度是指职责明确、评价科学、开放有序、管理规范的科研机构管理制度。建立健全科研机构现代院所制度，重点是厘清政府与科研机构的关系，解决科研机构作为事业单位的政事分开和管办分离问题。建立健全科研机构现代院所制度，要支持科研机构按照章程规定的职能定位和业务范围开展科研活动，推动不同类型的科研机构建立多种形式的法人治理结构，坚持党管干部原则，完善院（所）长任用制度和院（所）长负责制。

44. 知识产权侵权惩罚性赔偿制度

知识产权侵权惩罚性赔偿制度规定，“对故意侵犯专利权，情节严重的，人民法院可以在按照权利人受到的损失、侵权人获得的利益或者专利许可使用费倍数计算的数额一到五倍内确定赔偿数额”，旨在解决“侵权易、维权难”、恶意侵权等突出问题。实践中，知识产权侵权惩罚性赔偿制度还需要不断探索完善，细化“故意”和“情节严重”的具体情形、惩罚性赔偿基数的计算方法及考量因素、惩罚性赔偿倍数的确立原则和具体依据、惩罚性赔偿与行政罚款及刑事罚金的关系等。

45. 国际大科学计划和大科学工程

国际大科学计划和大科学工程是聚焦全球共同面临的复杂科学技术问题、由多个国家联合开展的科学研究活动，是人类开拓知识前沿、探索未知世界和解决重大全球性问题的重要手段。国际大科学计划和大科学工程的特点主要表现为投资强度高、多学科交叉、配置昂贵且复杂的实验设施、研究目标宏大等，其复杂程度、经济成本、实施难度、协同创新的多元性往往超出一国之力，需要通过国际合作来实施。

■ 大洋钻探船在南海北部钻探站位执行国际大洋发现计划 367 航次任务

46. 重大技术装备攻关工程

重大技术装备攻关工程是指围绕工作母机、新能源汽车、海工装备、能源装备、农机装备、轨道交通装备、工程机械等重点领域，支持有条件的领军企业联合行业上下游、产学研力量，分领域组建创新联合体，采取“揭榜挂帅”、“选马赛马”、“立军令状”等机制，加快攻克关键核心技术。

47. 首台（套）装备、首批次材料、首版次软件

■ 我国发电领域首台套全国产化分散控制系统成功投用

首台（套）装备、首批次材料、首版次软件（以下简称首台套）是指国内实现重大技术突破、拥有知识产权、但尚未取得市场业绩的产品，包括前三台套（批次、版次）的整机装备

及核心部件、基础材料、软件系统等。

48. 应急产品生产能力储备工程

应急产品生产能力储备工程是指在系统梳理公共卫生应急物资产能及分布情况的基础上，组织有意愿且符合条件的生产企业实施产能储备。储备方式上，采取日常备份产能和平急转换产能相结合的方式实施。储备品种上，按照急用先行、动态调整、成熟一批、储备一批的工作思路，先选择一批市场急需、条件具备的品种开展产能储备，待取得成功经验后再逐步扩大。

49. 产业竞争力调查和评价工程

产业竞争力调查和评价工程是指对关系国家安全的重点产业、重要战略资源、重大科技领域，开展产业竞争力调查和评价。

50. 企业家参与涉企政策制定制度

企业家参与涉企政策制定制度是指政府研究制定和实施涉企政策过程中，从文件制定前、制定中、实施、评估、调整等各环节，主动向企业家问计求策的规范性、程序性工作制度。建立该制度有利于增强涉企政策科学性、规范性、协同性和针对性，营造稳定透明可预期政策环境，推动政策落地落细落实，构建亲清新型政商关系、增强微观主体活力。

51. 战略性新兴产业

战略性新兴产业包括新一代信息技术、生物技术、新能源、新材料、高端装备、新能源汽车、绿色环保及航空航天、海洋装备等产业，囊括了先进制造业和现代服务业的绝大部分行业。“十三五”时期，战略性新兴产业增加值增速明显高于规模以上工业增加值增速，成为培育壮大新增长点、加快新旧动能转换、构建新发展格局的重要动力源。“十四五”时期，随着我国科技创新水平持续提高，战略性新兴产业将保持良好发展势头，推动产业转型升级和经济高质量发展。

■ 红旗新能源汽车

52. 北斗产业

北斗产业是指基于北斗全球卫星导航系统的产业。“十四五”时期，我国将推动北斗与 5G 通信、大数据、物联网等新兴技术领域深度融合，全面推动北斗系统规模应用示范，在重点行业、区域创新应用上进行示范引导，发展形成更多“北斗 +”和“+ 北斗”的新产业新业态新模式，建设更加泛在、更加融合、更加智能的综合时空信息服务体系。

■ 装有北斗导航系统的拖拉机在宁夏回族自治区吴忠市自动驾驶作业

53. 未来产业孵化与加速计划

未来产业孵化与加速计划是指围绕若干前沿和颠覆性技术，组织实施产业孵化，推动相关产业加速发展，抢占未来科技革命和产业发展制高点。未来产业孵化与加速计划包括：建设一批专业水平高、服务能力强、体制机制活的未来产业孵化器和加速器，形成“基础研究 + 技术攻关 + 成果产业化 + 科技金融”的产业培育链；促进产业跨界融合，打造未来技术应用场景，培育产业新需求；研究面向未来产业的天使投资基金、创业投资基金，加强资金支持。

54. 互联网协议第六版（IPv6）

互联网协议第六版（Internet Protocol Version 6，简称 IPv6）由国际标准组织互联网工程任务组（IETF）于 1992 年提出，是新一代的互联网协议。互联网协议第六版（IPv6）的地址资源丰富，约为互联网协议第四版（IPv4）的 296 倍，能够解决 IPv4 地址资源严重不足的问题。同时，基于 IPv6 的下一代互联网更加安全、可信、可控，具有广阔的创新空间。

55. 中西部地区中小城市基础网络完善工程

中西部地区中小城市基础网络完善工程主要包括支持中西部地区县城至乡镇、地市至县城之间光缆、通信杆路（管道）、光传输设备等建设，以及城域传输网、IP 城域网优化扩容等配套工程。中西部部分中小城市和偏远农村自然条件恶劣，网络建设成本居高不下，网络覆盖深度较东部地区存在一定差距。实施中西部地区中小城市基础网络完善工程，有利于提升乡镇和县级城市信息基础设施水平，为提高农村地区宽带用户接入速率和普及率提供支撑。

新疆维吾尔自治区塔什库尔干塔吉克自治县的通信基站

56. 全国一体化大数据中心体系

全国一体化大数据中心体系是指统筹数据中心基础设施、云服务、数据流通、数据应用、网络和数据安全等方面的问题，进行系统科学设计的大数据中心体系。在数据中心层面，要优化数据中心的布局，更加集约、绿色、有序地建设数据中心；在云服务层面，要丰富云的功能，发展低成本、广覆盖、可靠安全的公共云服务；在数据流通层面，要推动数据资源高效流动；在数据应用层面，要深化大数据在工业制造、金融、能源、交通、社会治理等领域的应用；在安全层面，要强化对算力和数据的安全防护。

内蒙古自治区乌兰察布市云数据中心

57.E 级和 10E 级超级计算中心

超级计算中心是以超级计算机为基础的数据中心，重点面向科研、高技术产业等领域的突出问题和核心技术，解决普通计算机不能完成的大型复杂课题。E 级超级计算中心主要由每秒可进行百亿亿次数学运算的超级计算机组成，10E 级超级计算中心由每秒可进行千亿亿次数学运算的超级计算机组成。

58. 工业互联网

工业互联网面向制造业数字化、网络化、智能化需求，通过人、机、物的全面互联，支撑制造资源泛在连接、弹性供给、高效配置，通过构建海量数据采集、汇聚、分析体系，建立面向工业大数据存储、集成、访问、分析、管理的开发环境，实现工业技术、经验、知识的模型化、标准化、软件化、复用化，不断提高研发设计、生产制造、运营管理效率，实现全要素、全产业链、全价值链的连接。

■ 工业互联网平台制作个性化定制产品

59. 车联网

车联网是指以车内、车与车、车与路、车与人、车与服务平台的全方位网络连接为基础，按照约定的通信协议和数据交互标准进行无线通信和信息交换的信息物理系统。车联网技术的广泛应用，能够实现智能化交通管理、智能动态信息服务、车辆智能化控制，有效提升交通效率和安全水平。

■ 无人驾驶街道清扫汽车

60. “八纵八横”高速铁路

我国高速铁路网“八纵”通道包括：沿海通道、京沪通道、京港台通道、京哈—京港澳通道、呼南通道、京昆通道、包（银）海通道、兰（西）广通道；“八横”通道包括：绥满通道、京兰通道、青银通道、陆桥通道、沿江通道、沪昆通道、厦渝通道、广昆通道。2016 年《中长期铁路网规划》提出“八

■ “八纵八横”最北“一横”枢纽高铁站——牡丹江新站竣工

纵八横”高速铁路主通道总里程约 4.5 万公里，目前已建成约 3.3 万公里。

61. 快递“进村进厂出海”工程

快递“进村进厂出海”工程包括快递进村、快递进厂、快递出海等 3 项具体工程。快递进村指推动快递服务下沉农村，建设集邮政、快递、电商、仓储等功能于一体的村级综合服务站。快递进厂是指搭建快递平台，积极推进快递业深度融入制造业生产流程。快递出海是指鼓励快递物流企业和先进制造企业协同出海，建立自主可控、安全可靠的国际寄递物流供应链，支持快递企业积极发展海外业务。

■ 苗山里的快递小哥

62. 全程“一单制”服务

全程“一单制”服务是指围绕降本增效，采用“一站托运、一次收费、相互认证、一单到底”服务方式，由一个承运主体通过两种和两种以上运输方式的联运组织，实现货物“门到门”一体化运输。

63. 非常规油气

非常规油气是指用传统技术无法获得自然工业产量，需用新技术改善储层渗透率或流体黏度等，才能经济开采的、连续或准连续型聚集的油气资源。非常规油气主要包括页岩油（气）、煤层气以及天然气水合物等。我国非常规油气资源主要分布在山西沁水盆地、鄂尔多斯东缘、云贵地区、川渝地区以及东北地区，具有比较可观的储量和开发潜力。

64. 智能微电网

智能微电网指由分布式电源、储能装置、能量转换装置、负荷、监控和保护装置等组成的小型发配电系统，通过采用先进的互联网及信息技术，实现分布式电源的灵活、高效应用，同时具备一定的能量管理功能。一般来说，智能微电网是规模较小的分散的独立系统，是能够实现自我控制、保护和管理的自治系统，既可以与外部电网并网运行，也可以孤岛运行。

智能微电网正式建成投运，开山岛告别缺水缺电历史

65. 蓄滞洪区

蓄滞洪区指包括分洪口在内的河堤背水面以外临时贮存洪水的低洼地区及湖泊等。蓄滞洪区是江河防洪体系的重要组成部分，通过适时分蓄超额洪水、削减洪峰，最大程度减轻洪水灾害总体损失。

安徽省滁河蓄洪区

66. 市场化法治化化解过剩产能长效机制

市场化法治化化解过剩产能长效机制是指按照市场化法治化原则，持续退出落后和不达标产能，优化存量资源配置，实现供需动态平衡的机制。“十四五”时期，将继续完善化解过剩产能政策措施，严格执行环保、能耗、质量、安全、用地等法律法规及强制性标准，倒逼不符合相关要求的企业关停、退出，退出煤炭落后产能，推动钢铁企业兼并重组。

67. 质量分级制度

质量分级制度是指坚持需求导向、公开公平、企业主体和政府规范引导的原则，依托相关协会、学会、产业技术联盟等，依据先进技术标准，在确保产品质量合格的基础上，进一步区分优质产品和一般产品，引导企业培育优质产品和品牌，引导社会形成良好的消费理念，营造优质优价的消费环境。

68. 国家物流枢纽和骨干冷链物流基地

国家物流枢纽是辐射区域更广、集聚效应更强、服务功能更优、运行效率更高的综合性物流枢纽。国家骨干冷链物流基地是面向高附加值生鲜农产品优势产区和集散地，依托存量冷链物流基础设施群建设的重大冷链物流基础设施，是国家骨干冷链物流设施网上的重要节点。2019 年以来，国家布局建设 45 个国家物流枢纽，覆盖 27 个省（区、市），有力推动物流降本增效，促进物流与相关产业集聚融合、创新发展。2020 年，国家布局建设首批 17 个国家骨干冷链物流基地，在整合集聚冷链物流市场供需、存量设施等资源，促进农产品上下游产业集聚发展等方面发挥积极作用。"十四五"时期，将继续补齐国家物流枢纽、国家骨干冷链物流基地设施短板，提高综合服务能力，提升物流活动规模化组织能力和效率，完善"通道 + 枢纽 + 网络"的物流运作体系。

69. 无接触交易服务

2020 年新冠肺炎疫情对消费领域造成很大冲击，居民流动性、接触式消费受到严重抑制，但也催生了大量"无接触配送"、"无人配送"等无接触交易服务。无接触配送指的是商家、用户与配送员事前约定送货、取货地点，完成零接触线下交易闭环，也包括由无人车提供配送服务的“无人配送”模式。无接触交易服务既提高了配送交易效率，又极大地减少了人与人接触所引发的感染风险，有效保障了居民日常生活需要。

■ 智慧菜篮子超市

70. 应急物流体系

应急物流体系是指突发事件条件下保障应急物资供应、生产生活运转的物流体系。“十四五”时期，将加快建立储备充足、反应迅速、抗冲击能力强的应急物流体系，充分利用现有各类物流资源，以健全机制为主、硬件建设为辅，坚持政府统筹、企业运营、平战一体、全社会共同参与，建立以企业为主体的应急物流队伍，增强物流设施应急保障能力，提高应急物流技术装备水平，健全应急物流运转保障机制，强化应急物流政策保障措施。

■ 工作人员在上海市救灾物资储备库搬运物资

71. 货币供应量和社会融资规模

货币供应量是全社会的货币存量，是某一时点承担流通和支付手段的金融工具总和。现阶段我国货币供应量分为以下三个层次：M0 为流通中的现金；M1=M0+ 单位活期存款，即狭义货币；M2=M1+ 单位定期存款 + 个人存款 + 其他存款，即广义货币。

社会融资规模存量是指一定时期末（月末、季末或年末）实体经济从金融体系获得的资金余额，社会融资规模增量是指一定时期内实体经济从金融体系获得的资金额。主要包括人民币贷款、外币贷款、委托贷款、信托贷款、未贴现的银行承兑汇票、企业债券、政府债券、非金融企业境内股票融资等。

72. 竞争政策

竞争政策是促进和保障公平竞争的政策措施和制度体系的总和，是实现市场在资源配置中起决定性作用，更好发挥政府作用的基础性政策。竞争政策的主要目标是着力消除市场壁垒，建设统一开放、竞争有序的现代市场体系，使市场在资源配置中发挥决定性作用。现阶段，完善我国竞争政策重点聚焦于企业参与市场竞争面临的公平问题，从规范政府行为、打破行政垄断和地方保护、降低市场准入门槛、完善产权制度和市场退出制度、创造公平竞争的环境等方面，进一步强化竞争政策的基础性地位。

73. 跨境电商、市场采购贸易等新模式

为适应国际贸易新形势新要求，近年来我国探索发展了一系列贸易新模式，已成为外贸增长的新亮点，跨境电商、市场采购贸易是其中的两种主要模式。跨境电商是指分属不同关境的交易主体，通过电子商务平台达

成交易、进行支付结算，并通过跨境物流送达商品、完成交易的一种国际商业活动。市场采购贸易方式是境内外企业、个人在经国家相关部门认定的市场集聚区采购商品后报关出口的贸易方式。截至目前，我国已分五批设立杭州、上海、北京、石家庄、雄安新区等 105 个跨境电商综试区，设立 31 个市场采购贸易方式试点。“十四五”时期，我国将进一步完善政策体系，推动监管创新，营造更加有利的环境，促进跨境电商和市场采购等贸易新业态新模式快速发展。

74. 电信、互联网、教育、文化、医疗等领域相关业务开放

“十三五”时期，我国积极推动新一轮高水平对外开放，2017—2020 年，连续四年修订缩减全国和自贸试验区外资准入负面清单。其中，全国清单限制措施由 93 条减至 33 条，在一二三产业全面扩大开放；自贸试验区清单限制措施由 122 条减至 30 条，更好发挥自贸试验区扩大开放先行先试作用。“十四五”时期，我国将实施更大范围、更宽领域、更深层次全面开放，在深化国内相关领域体制机制改革基础上，有序推进电信、互联网、教育、文化、医疗等领域相关业务开放，进一步缩减外商投资准入负面清单。同时，要更好地统筹开放和安全，完善外商投资安全审查机制，大力提升监管能力和水平。

75. 国际消费中心城市

国际消费中心是现代国际化大都市的核心功能之一，是全球消费资源的集聚地，是一国乃至全球消费市场的制高点，是国际消费发展的风向标，普遍呈现国际知名、城市繁荣、商业活跃、到达便利、消费舒适、区位优越等特征，具备丰富多元的消费供给、宜人便捷的消费环境、完善有序的消费制度、领先的经济文化地位等关键要素。

■ 上海市南京路步行街

76. 市内免税店

市内免税店是设立在市区内，在政府监管下销售免税（免征关税和进口环节税）商品的商店。其实质是设立在市区的出境免税店，通过市内提前购买、机场离境提货的模式，方便即将出境的旅客挑选、购买商品以携带出境。

按照现行政策规定，我国市内免税店的销售对象为即将出境的外国旅客和港澳台同胞，经营品类以首饰、香水、皮包和高档名牌手表等商品为主。

77. 星际探测

星际探测是指对天体和星际空间的探测和科学研究。探测目标包括恒星、行星、卫星、小天体、黑洞等天体，以及暗物质、暗能量等非具象的物质和物理现象。“十三五”时期，我国“嫦娥四号”探测器和“玉兔二号”月球车着陆月球背面，“嫦娥五号”返回器携带月球样品返回地球，成功发射“天问一号”火星探测器。“十四五”时期，我国将积极推进火星环绕、小行星巡视，深入实施探月工程四期任务，发展新一代重型运载火箭和重复使用航天运输系统。

我国首次执行火星探测任务“天问一号”探测器在海南省文昌航天发射场发射升空

78. 政府和社会资本合作（PPP）

政府和社会资本合作（PPP）是指政府为增强公共产品和服务供给能力、提高供给效率，通过特许经营、股权合作等方式，与社会资本建立的利益共享、风险分担及长期合作模式。这是基础设施领域国际通用的投融资方式之一。

我国首条民营控股高铁杭绍台铁路铺轨施工现场

79. 基础设施领域不动产投资信托基金（REITs）

不动产投资信托基金（REITs）是指在证券交易所公开发行交易，通过证券化方式将具有持续、稳定收益的基础设施资产或权益，转化为流动性较强的、可上市交易的标准化、权益型金融产品，其实质是成熟基础设施项目的上市。目前，我国已在基础设施领域开展 REITs 试点工作。

80. 通用处理器、云计算系统和软件核心技术一体化研发

通用处理器、云计算系统和软件核心技术一体化研发是指针对通用处理器、云计算系统和软件核心技术等项目，从系统角度出发，注重各类软硬件产品之间的衔接与协同，一体化开展关键核心技术攻关。一体化研发旨在避免软硬件产品衔接不足，提高攻关产品之间的适配性、兼容性和互用性。

81. 神经芯片

神经芯片指可模拟人类大脑信息处理方式的芯片，能够以极低功耗对信息进行异步、并行、低速和分布式处理，具备感知、识别和学习等多种能力，可提供远超传统计算机的数据处理和图像识别能力。神经芯片的典型应用包括机器识别、聆听、仿效其他感知器官、自治机器人和无人机智能控制等。

82.DNA 存储

DNA 存储通过建立 DNA 碱基与二进制信息的编码规则，将二进制文件转换为 DNA 序列，以高通量合成技术合成 DNA 序列储存信息，利用高通量测序技术读取存储数据，在编码规则指导下还原二进制文件的信息。DNA 存储利用 DNA 分子的信息密度高、稳定性好、生物兼容等特性，有望实现海量数据长期稳定高密度存储。

83. 数字技术开源社区

数字技术开源社区是指支持开源数字技术交流、开源产品发布推广的开放共享平台。数字技术开源社区通过一定的风险分担和利益分配机制促进联合创新，有利于充分整合全社会创新要素，降低技术开发成本和风险，建立良好的创新生态，推进数字技术迭代更新。

84. 第三方大数据服务

第三方大数据服务是指第三方主体提供的对大数据进行加工分析、创新应用的服务。发展第三方大数据服务产业，有利于充分挖掘数据要素价值，推动数据资源开发利用，拓展大数据应用场景和方案，促进大数据服务与各行业深度融合，完善大数据产业链，激发商业模式创新。

2020 年线上智博会展厅内的工业应用大数据服务方案模型

85. 共享经济

共享经济是利用互联网平台将分散资源进行优化配置，通过推动资产权属、组织形态、就业模式和消费方式的创新，提高资源利用效率、便利群众生活的新业态新模式。共享经济强调所有权与使用权的相对分离，倡导共享利用、集约发展、灵活创新的先进理念；强调供给侧与需求侧的弹性匹配，促进消费使用与生产服务的深度融合，实现动态及时、精准高效的供需对接。

工作人员指导市民使用充电桩为“共享汽车”充电

86. 平台经济

平台经济是由互联网平台协调组织资源配置的一种经济形态。平台经济使多个主体通过互联网平台实现资源优化配置，促进跨界融通发展，共同创造价值，是数字经济时代新的生产力组织方式。“十四五”时期，要健全平台经济管理规范，清理不合理的行政许可、资质资格事项，支持平台企业创新发展、增强国际竞争力；依法依规加强互联网平台经济监管，明确平台企业定位和监管规则、完善垄断认定法律规范，打击垄断和不正当竞争行为。

87.“上云用数赋智”行动

“上云用数赋智”行动是指通过构建“政府引导—平台赋能—龙头引领—协会服务—机构支撑”的联合推进机制，带动中小微企业数字化转型，“上云”重点是推行普惠性云服务支持政策，“用数”重点是更深层次推进大数据融合应用，“赋智”重点是支持企业智能化改造。“上云用数赋智”行动为企业数字化转型提供能力扶持、普惠服务、生态构建，有助于解决企业数字化转型中“不会转”、“没钱转”、“不敢转”等问题，降低转型门槛。

88. 数字化转型促进中心

数字化转型促进中心是推进产业数字化转型的公共服务体系，通过提供基础技术、试验设备、转型路径、典型场景等公共服务，降低产业数字化转型成本。数字化转型促进中心既包括依托产业集群、园区等建立的公共型数字化转型促进中心，提供平台、服务商、专家、金融等公共服务；也包括依托企业建立的开放型数字化转型促进中心，面向产业链上下游企业和行业内中小微企业提供需求撮合、转型咨询、解决方案等服务。

89. 个性定制

个性定制是指由生产企业或服务提供商根据用户的个人喜好等特定要求，有针对性地组织生产、服务活动，最终向用户提供具有强烈个人属性的商品或与其个人需求相匹配的产品或服务。个性定制使用户能够拥有“专属”的产品或服务，可以充分彰显用户的个性。

福建省莆田市一家电子商务有限公司的工人检查外销个性化定制雨伞质量

90. 柔性制造

柔性制造是指一种应对大规模定制需求而产生的新型生产模式。具体包括：一是生产能力的柔性反应能力，即机器设备的小批量生产能力；二是供应链的敏捷和精准的反应能力，从传统“以产定销”的“产供销人财物”转变成“以销定产”的“人财产物销”。

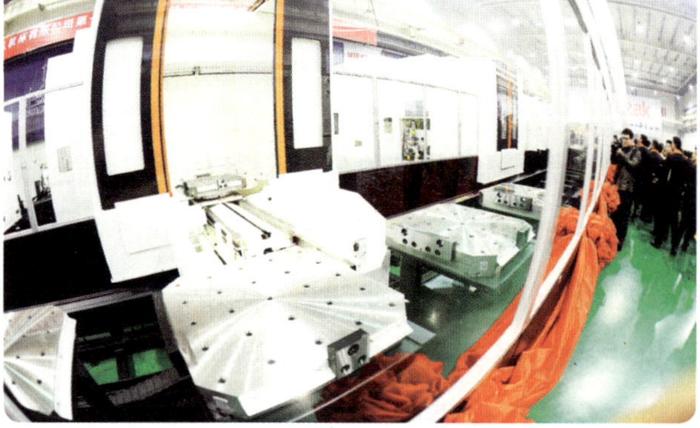

柔性制造系统（FMS）在进行无人化加工生产演示

91. 区块链

区块链是指一种按照时间顺序将数据区块以顺序相连的方式组合成的链式数据结构，以及以密码学方式保证的不可篡改、不可伪造的分布式账本。区块链技术是分布式网络、共识机制、密码学、大数据、物联网、人工智能等多种技术的集成，具有去中心化、可追溯、可还原、规则透明、安全性高等特点。

92. 虚拟现实和增强现实

虚拟现实是指通过传感器和计算机平台，利用眼镜、头盔、耳机、手套等设备，提供交互性、沉浸式的虚拟三维动态视景空间，典型应用场景包括景观动画、三维漫游、三维游戏、全景视频等。增强现实是指将计算机生成的虚拟物体或信息叠加到真实场景中，从而提供一种虚实交互的新体验，为用户展示更丰富有效的信息。两者的区别在于，虚拟现实强调虚拟世界的沉浸感，而增强现实强调在真实场景中融入计算机生成的虚拟信息，不隔断观察者与真实世界之间的联系。

与会者在天津举行的第十二届夏季达沃斯论坛上体验虚拟现实技术

93. 互联网医院

互联网医院是指通过互联网技术提供医疗服务的一类医疗机构，按照《医疗机构管理条例》和《互联网医院管理办法（试行）》等法律法规进行管理。具体包括两种类型，一是实体医疗机构建设的互联网医院，二是第三方依托实体医疗机构设置的互联网医院。主要运行方式包括：患者在实体医疗机构就诊，由接诊医师通过互联网医院邀请其他医师进行会诊时，会诊医师可以出具诊断意见并开具处方；患者未在实体医疗机构就诊，医师可通过互联网医院为部分常见病、慢性病患者提供复诊服务。互联网医院可以提供家庭医生签约服务。当患者病情出现变化或存在其他不适宜在线诊疗服务的，医师引导患者到实体医疗机构就诊。

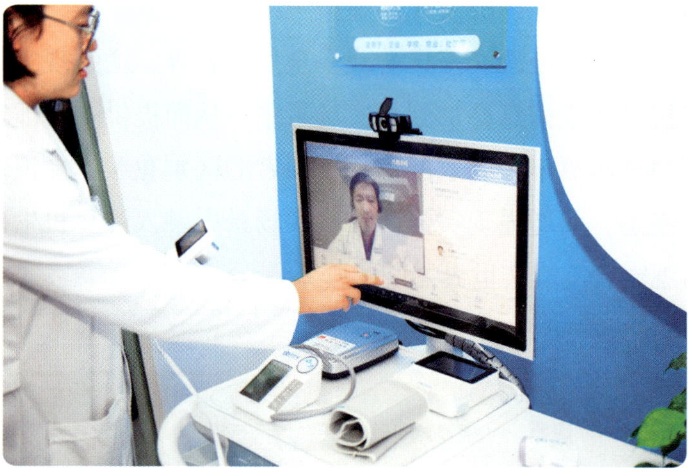

■ 浙江省乌镇互联网医院“智能医务室”

94. 新型智慧城市

新型智慧城市是指利用新一代信息技术创新城市管理和公共服务方式，向居民提供便捷丰富的信息服务、透明高效的在线政府、精细精准的城市治理、融合创新的信息经济和自主可控的安全体系，有利于提升城市治理体系和治理能力现代化水平。

■ 浙江省杭州市城市大脑显示疫情防控实时数据

95. 数字孪生城市

数字孪生城市是指通过构建城市物理世界与网络空间一一对应、相互映射、协同交互的复杂系统，在网络空间再造一个与物理世界中的城市匹配、对应的孪生城市。数字孪生城市有利于实现城市全要素数字化、城市状态可视化、城市管理智能化，支撑城市规划建设，保障城市安全有序运行。

96. 数字乡村建设

数字乡村建设是指加快农村地区信息基础设施建设，推动信息技术与农村生产生活全面深度融合，推动远程教育、远程医疗等应用普及，构建乡村数字治理体系。

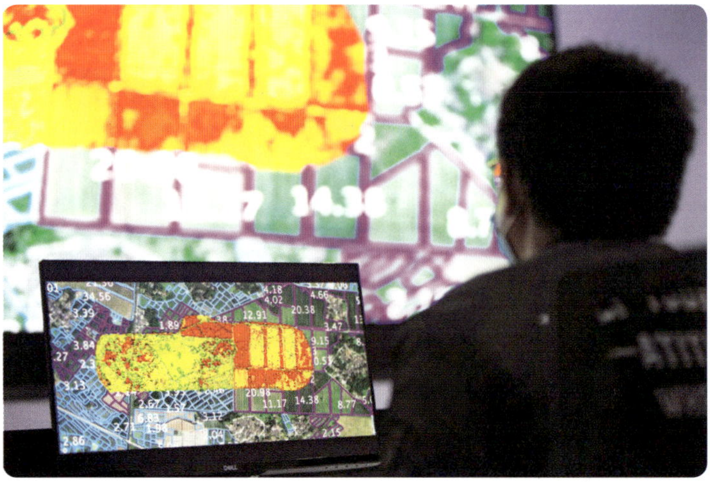

四川省大邑县数字农业中心工作人员查看农田多光谱图像

97. 国家公共数据资源体系

国家公共数据资源体系是指在坚持统筹规划、需求导向、分类分级、统一标准、规范应用、安全有序的原则基础上，对公共数据资源进行采集汇聚、加工处理、共享开放、创新应用的体系，对于促进公共数据资源开发利用、加快数据要素有效流动具有重要意义。建立健全国家公共数据资源体系，要完善数据开放平台、明确开放范围、提高数据质量、完善制度规范、加强安全保障。

98. 数据资源目录和责任清单制度

数据资源目录是指政府按照一定的分类方法，对政务信息资源进行排序、编码、描述，便于检索、定位与获取政务信息资源。数据责任清单制度是指通过编制包含政务数据资源的名称、提供方、数据项、共享服务方式、提供方式、更新周期等内容的清单，明确各级政务部门数据共享责任，旨在推动建立政府数据共享机制。

99. 政府数据授权运营试点

政府数据授权运营试点是指试点授权特定的市场主体，在保障国家秘密、国家安全、社会公共利益、商业秘密、个人隐私和数据安全的前提下，开发利用政府部门掌握的与民生紧密相关、社会需求迫切、商业增值潜力显著的数据。开展政府数据授权运营试点有利于释放数据红利，培育大数据产业，探索形成促进政府数据开发利用的法规政策。

100. 数据资源全生命周期安全保护

数据资源全生命周期安全保护是指根据数据在采集、存储、访问、使用、销毁等全生命周期内各环节的不同特点，采取有针对性的安全可信防护措施，保障数据安全。数据资源全生命周期安全保护有利于解决违规收集个人信息、信息泄露、数据滥用等问题，维护社会稳定和群众合法权益。

101. 数据分类分级保护制度

数据分类分级保护制度是指根据数据属性、特点、数量、质量、格式、重要性、敏感程度等因素，科学划分数据资源，配套相应的安全风险控制措施，在释放数据资源价值的同时，保护数据安全和个人隐私。数据分类保护将具有共同性质、属性或特征的数据归并在一起，再根据类别纳入不同的保护体系；数据分级保护主要从数据安全、隐私保护和合规要求的角度对数据进行划分，构建相应的技术保护体系。

102. 互联网平台经济监管

互联网平台经济监管是指政府部门对互联网平台企业经济活动的监督管理。国家支持平台企业创新发展、增强国际竞争力，支持公有制经济和非公有制经济共同发展，同时要依法规范发展，健全数字规则，完善平台企业垄断认定、数据收集使用管理、消费者权益保护等方面的法律规范，坚决反对垄断和不正当竞争行为，维护市场公平竞争。强化互联网平台经济监管，有利于防范平台企业滥用市场支配地位、挑战传统分业监管方式、泄露个人隐私信息、出售敏感数据获取非法利益、传播虚假信息等问题，推动线上经济保持创新活力、实现健康发展。

103. 数字货币

数字货币分为央行发行的法定数字货币和各类市场主体发行的民间数字货币。《纲要》中的“数字货币”主要指由人民银行发行的数字形式的法定货币，由指定运营机构参与运营并向公众兑换，以广义账户体系为基础，与纸币和硬币等价，具有价值特征和法偿性，支持可控匿名。目前，研发工作已取得阶段性进展并先行在国内部分地区开展试点测试。

■ 数字货币

104. 政务服务“好差评”评价体系

政务服务“好差评”评价体系是指由企业和群众评判政务服务绩效的评价体系，旨在推动政府增强服务意识，转变工作作风，夯实服务责任，为企业和群众提供全面规范、公开公正、便捷高效的政务服务。2019 年，国务院办公厅印发《关于建立政务服务“好差评”制度提高政务服务水平的意见》，要求建成全国一体化政务服务平台“好差评”管理体系，各级政务服务机构、各类政务服务平台全部开展“好差评”，实现政务服务事项、评价对象、服务渠道全覆盖。

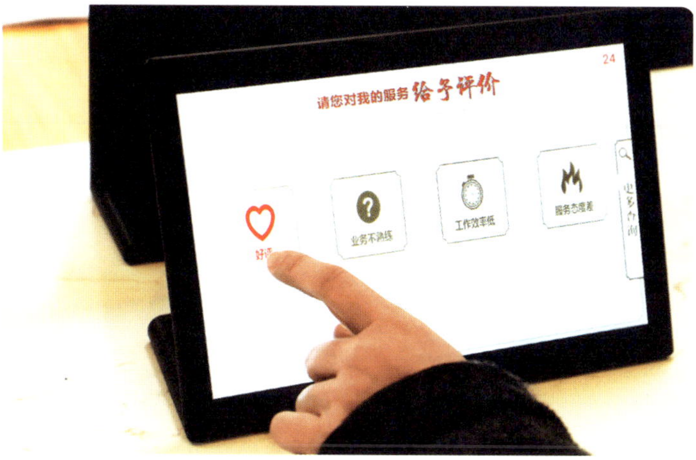

■ 办事人对辽宁省沈抚新区政务服务中心的服务进行评价

105. 国有资本投资、运营公司

国有资本投资、运营公司均为在国家授权范围内履行国有资本出资人职责的国有独资公司，是国有资本市场化运作的专业平台。

国有资本投资公司主要以服务国家战略、优化国有资本布局、提升产业竞争力为目标，在关系国家安全、国民经济命脉的重要行业和关键领域，按照政府确定的国有资本布局和结构优化要求，以对战略性核心业务控股为主，通过开展投资融资、产业培育和资本运作等，发挥投资引导和结构调整作用，推动产业集聚、化解过剩产能和促进转型升级，培育核心竞争力和创新能力，积极参与国际竞争，着力提高国有资本控制力、影响力。

国有资本运营公司主要以提升国有资本运营效率、提高国有资本回报为目标，以财务性持股为主，通过股权运作、基金投资、培育孵化、价值管理、有序进退等方式，盘活国有资产存量，引导和带动社会资本共同发展，实现国有资本合理流动和保值增值。

106. 公共信用信息目录

公共信用信息目录是指严格按照法律法规和党中央、国务院政策文件编制的用于明确公共信用信息范围的目录。公共信用信息是指国家机关以及法律、法规授权的具有管理公共事务职能的组织在履行法定职责、提供公共服务过程中产生和获取的，可用于识别、分析、判断信用主体社会信用水平的客观数据和资料。

107. 失信惩戒措施清单

失信惩戒措施是指国家机关以及法律、法规授权的具有管理公共事务职能的组织依法依规对失信行为主体采取的信用惩戒措施。

失信惩戒措施清单是指按照法律法规和党中央、国务院政策文件要求编制的用于明确失信惩戒措施的清单。

■ 失信惩戒措施清单

108. 失信主体信用修复机制

失信主体信用修复机制是指失信主体按要求纠正失信行为、消除不良影响的，根据其申请按规定移出严重失信主体名单、终止共享公开相关失信信息或者对相关失信信息进行标注屏蔽删除等，是社会信用体系建设的重要环节、守信激励和失信惩戒机制的必要补充、增强信用主体责任意识和诚信意识的重要途径，有利于保障失信主体权益，提高全社会信用水平，营造优良信用环境。

福建省福州市税务工作人员为企业解答纳税信用修复的相关问题

109. 直接税

直接税是税收立法预期由纳税人最终承担的税收，经济合作与发展组织（OECD）将对所得、资本利得和净财富征收的税收归为直接税，我国一般将所得税和财产税归为直接税，具体包括企业所得税、个人所得税、房产税、城镇土地使用税、车船税等。

110. 现代中央银行制度

现代中央银行制度是现代货币政策框架、金融基础设施服务体系、系统性金融风险防控体系和国际金融协调合作治理机制的总和。建设现代中央银行制度的目标是建立有助于实现币值稳定、充分就业、金融稳定、国际收支平衡的中央银行体制机制，管好货币总闸门，提供高质量金融基础设施服务，防控系统性金融风险，管控外部溢出效应，促进形成公平合理的国际金融治理格局。

111. 贷款市场报价利率

贷款市场报价利率（LPR）是指商业银行对其最优质客户执行的贷款利率，其他贷款利率可在此基础上加减生成。贷款市场报价利率的集中报价和发布机制是在报价行自主报出本行贷款市场报价利率的基础上，由全国银行间同业拆借中心对报价进行计算，形成报价行的贷款市场报价平均利率，于每月 20 日（遇节假日顺延）对外予以公布。目前社会公布 1 年期和 5 年期以上贷款市场报价利率，报价行包括 18 家银行。

LPR 改革

112. 政府权责清单制度

政府权责清单制度是指以党内法规、法律和行政法规、国务院规定等为依据，以清单形式明确政府部门权责事项、履责方式、追责情形等内容，以公开、动态调整、考核评估等机制相配套，推动政府部门依法全面正确有效履职的制度安排。全面实行政府权责清单制度，有利于厘清政府和市场、政府和社会关系，推动建设职责明确、依法行政的政府治理体系。

浙江政务服务网上公布的省级行政权力清单

113. 市场准入负面清单制度

市场准入负面清单制度是指对国务院以清单方式明确列出在中华人民共和国境内禁止和限制投资经营的行业、领域、业务等，各级政府依法采取相应管理措施的制度安排。市场准入负面清单以外的行业、领域、业务等，各类市场主体皆可依法平等进入。

114. 涉企经营许可事项清单

涉企经营许可是指企业进入特定行业或领域开展经营活动必须具备的资质资格类行政许可。对涉企经营许可事项实施统一清单管理，将法律、行政法规、国务院决定和地方性法规、省级政府规章设定的涉企经营许可事项全部纳入清单，实现清单范围内依法实施许可管理、清单之外严格落实“非禁即入”要求，对优化营商环境、激发市场主体发展活力和创造力具有重要意义。

“十四五”时期，将全面实施涉企经营许可事项清单管理，深化“证照分离”改革，包括五方面内容。一是对涉企经营许可事项按照直接取消审批、审批改为备案、实行告知承诺、优化审批服务 4 种方式分类推进改革，尽量减少审批事项。二是对清单实行动态调整，根据形势发展变化及时更新完善。三是对清单一律实行公开公示，接受社会监督，倒逼行政审批制度改革。四是对审批事项优化服务，提高服务质量和效率，推进审批标准化规范化，加强事中事后监管。五是对清单实行分级分层管理，把中央和地方层面设定的涉企经营许可事项全部纳入清单管理，逐步实现全覆盖。

115. 耕地红线

耕地红线是指经常进行耕种的土地面积的最低值，守住耕地红线旨在确保国家粮食安全。国务院印发《全国土地利用总体规划纲要（2006—2020 年）》提出，确保 18 亿亩的耕地红线。2020 年中央经济工作会议进一步明确“牢牢守住 18 亿亩耕地红线，坚决遏制耕地‘非农化’、防止‘非粮化’，规范耕地占补平衡”的要求。

116. 粮食生产功能区

粮食生产功能区是指以永久基本农田为基础，水土资源条件较好、基础设施较为完善、相对集中连片的地块，包括稻谷、小麦、玉米生产功能区，是确保粮食产能的核心区域。

河北省泊头市麦田

117. 重要农产品生产保护区

重要农产品生产保护区是指以永久基本农田为基础，水土资源条件较好、基础设施较为完善、相对集中连片的地块，包括大豆、棉花、油菜籽、糖料蔗、天然橡胶生产保护区，是稳定棉油糖胶自给水平的重要基础。

新疆棉花采摘忙

118. 国家粮食安全产业带

建设国家粮食安全产业带是指以东北、黄淮海、长江中下游等产粮大县集中且农业生产基础条件良好的主产区域为重点，立足水稻、小麦、玉米、大豆等生产供给，建设高标准农田等农田水利基础设施，完善仓储流通设施，布局粮食生产加工产能，提升粮食产业链供应链现代化水平，建设国家粮食安全保障战略基地。

北大荒七星农场

119. 黑土地保护工程

黑土地保护工程是指针对黑土区耕地长期透支的问题，综合运用工程、农艺、农机、生物等措施，以高标准农田建设为核心，在典型黑土区开展以土壤侵蚀治理、农田基础设施建设、肥沃耕层构建、盐碱渍涝治理为重点的综合治理，实施保护性耕作，遏制黑土地退化趋势，持续保护和提升东北地区黑土地质量的系统工作。

吉林省“黄金水稻”丰收在即

120. 特色农产品优势区

特色农产品优势区是指具有资源禀赋和比较优势，产出的园艺产品、畜产品、水产品、林特产品品质优良且特色鲜明，产业基础较好、产业链条完善、带动农民增收能力较强的特色农产品产业聚集区。

■ 云南省昆明市斗南国际花卉拍卖交易中心

121. 农药化肥减量行动

农药化肥减量行动是指以提高农药化肥利用率为目的，集成推广农药化肥减量增效新技术新产品新机具，宣传引导科学认识农药化肥作用。我国每亩农药化肥使用量较高，实施农药化肥减量行动，旨在实现农药化肥减量控害和节本增效，保障农业生产安全和农产品质量安全，推动农业生产方式全面绿色转型。

■ 农机喷洒农药

122. 城乡融合发展

城乡融合发展是指以城乡生产要素双向自由流动和公共资源合理配置为重点，以工补农、以城带乡，统筹推进城乡基本公共服务普惠共享、城乡基础设施一体发展、城乡产业协同发展、农民收入持续增长，形成工农互促、城乡互补、协调发展、共同繁荣的新型工农城乡关系，加快农业农村现代化和乡村振兴。

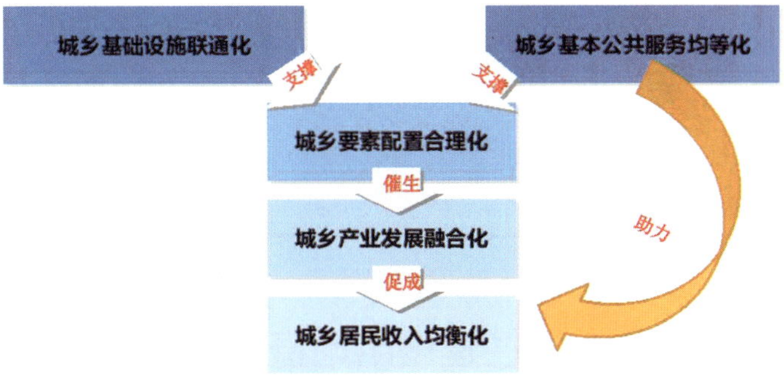

■ 城乡融合发展五大重点任务

123. 城乡基本公共服务标准统一、制度并轨

城乡基本公共服务标准统一、制度并轨是完善基本公共服务体系的重要内容，是促进城乡融合发展、推进基本公共服务的重大举措，其范围是基本公共服务，关键是城乡间服务标准的统一，重点是加强农村地区的基本公共服务供给。“十四五”时期，要适应农村人口结构和经济社会形态的变化，推动基本公共服务向农村延伸、社会事业向农村覆盖，强化农村基本公共服务供给县乡村统筹；加快推动形成县域内统筹规划布局、县乡村功能衔接互补的基本公共服务体系，提升城乡基本公共服务均等化水平；强化县城综合服务功能，加强乡镇公共服务功能，推动公共服务资源在县域内实现优化配置。

124. 宅基地所有权、资格权、使用权分置实现形式

宅基地“三权分置”改革是实现城乡资源合理配置、落实乡村振兴战略的重要保障，有助于实现好、维护好、发展好农民权益。2018—2020 年中央一号文件均作出专门部署。2020 年，中央全面深化改革委员会第十四次会议审议通过了《深化农村宅基地制度改革试点方案》，在 2015 年原有 33 个试点县（市、区）的基础上，又选择了一批重点地区开展新一轮农村宅基地制度改革试点。“十四五”时期，将在试点地区落实宅基地集体所有权和保障宅基地农户资格权的基础上，探索宅基地使用权流转的制度安排和具体路径；探索农村集体经济组织及其成员通过自营、出租、入股、合作等多种方式，盘活利用农村闲置宅基地和闲置住宅发展乡村产业的有效途径。

125. 农村集体经营性建设用地直接入市

根据党的十八届三中全会提出的“在符合规划和用途管制前提下，允许农村集体经营性建设用地出让、租赁、入股，实行与国有土地同等入市、同权同价”的要求，2015 年起，国家在 33 个试点县（市、区）首先开展了为期四年多的农村集体经营性建设用地入市制度改革试点。相关制度性成果通过 2020 年新施行的《土地管理法》（第三次修正）予以体现，在法律层面确立了农村集体经营性建设用地入市的基本制度。该项举措是我国土地制度的重大变革，事关农民切身利益，涉及各方面利益的重大调整，始终坚持积极稳妥推进。目前，相关部门正在起草农村集体经营性建设用地入市的指导意见，以进一步明确入市主体、范围、监管方式等，意见发布后将按照法律法规及政策要求，有序推进入市工作开展。

126. 土地征收公共利益认定机制

2020 年新施行的《土地管理法》(第三次修正)，首次对土地征收的公共利益进行界定，明确因军事和外交、政府组织实施的基础设施、公共事业、扶贫搬迁和保障性安居工程建设需要以及成片开发建设等六种情形，确需征收的，可以依法实施征收。2020 年 3 月，《中共中央 国务院关于构建更加完善的要素市场化配置体制机制的意见》明确提出建立公共利益征地的相关制度规定。“十四五”时期，将进一步完善土地征收制度，进一步落实被征地的农村集体经济组织和农民在整个征地过程中的知情权、参与权和监督权。建立土地征收公共利益认定机制将有利于缩小征地范围，对于保障农民利益、防止耕地非农化、促进城乡协调发展具有重要意义。

127. 乡村振兴重点帮扶县

乡村振兴重点帮扶县是指为巩固拓展脱贫攻坚成果，在西部地区边远或高海拔、自然环境相对恶劣、经济发展基础薄弱、社会事业发展相对滞后的脱贫县中，确定一批重点帮扶县，从财政、金融、土地、人才、基础设施、公共服务等方面集中支持，增强其内生发展能力。

脱贫摘帽后的江西革命老区兴国县

128. 以经常居住地登记户口制度

以经常居住地登记户口制度，是指公民离开常住户口所在地到其他城镇（除极少数超大城市外）连续居住半年以上，满足合法稳定就业或合法稳定住所（含租赁）条件的，可以到经常居住地公安机关申请为本人及其共同居住生活的配偶、未成年子女、父母办理户口迁移登记。试行以经常居住地登记户口制度是深化户籍制度改革的内在要求，对于打破阻碍劳动力流动壁垒、引导劳动力要素畅通流动具有重要推动作用。近年来，户籍制度改革取得重要进展，基本公共服务均等化稳步推进，户口迁移政策全面放开放宽，试行以经常居住地登记户口制度的时机和条件已基本成熟。2020 年 3 月，《中共中央 国务院关于构建更加完善的要素市场化配置体制机制的意见》首次提出“放开放宽除个别超大城市外的落户限制，试行以经常居住地登记户口制度”。“十四五”时期，将坚持分步实施、有序推进的原则，在积极推动实现省级行政区域内城镇户口通迁的基础上，逐步推动实现跨省户口通迁，力争到 2025 年底，除极少数超大、特大城市外，在全国范围内建立以经常居住地登记户口制度，推动实现人口居住在哪里、户口登记就在哪里。

重庆市两江新区市民在派出所自助申领身份证

129. 中央财政市民化奖励资金

为提高农业转移人口基本公共服务保障水平，推进以人为核心的新型城镇化，2016年中央财政设立农业转移人口市民化奖励资金。奖励资金根据农业转移人口实际进城落户数，适当考虑不同地区基本公共服务成本和财政困难程度测算分配，并对吸纳跨省（区、市）农业转移人口较多的地区倾斜支持。2016—2020年，中央财政累计下达农业转移人口市民化奖励资金1250亿元，其中2020年下达350亿元，各地省以下农业转移人口市民化财政政策体系逐步健全，为提高地方政府吸纳农业转移人口落户积极性、提升农业转移人口公共服务保障水平发挥了积极作用。

■ 推动农业转移人口落户

130.“两横三纵”城镇化战略格局

“两横三纵”城镇化战略格局是指以陆桥通道、沿长江通道为两条横轴，以沿海、京哈京广、包昆和西部陆海新通道为三条纵轴，以轴线上城市群和节点城市为依托、其他城镇化地区为重要组成部分的城镇化战略格局。

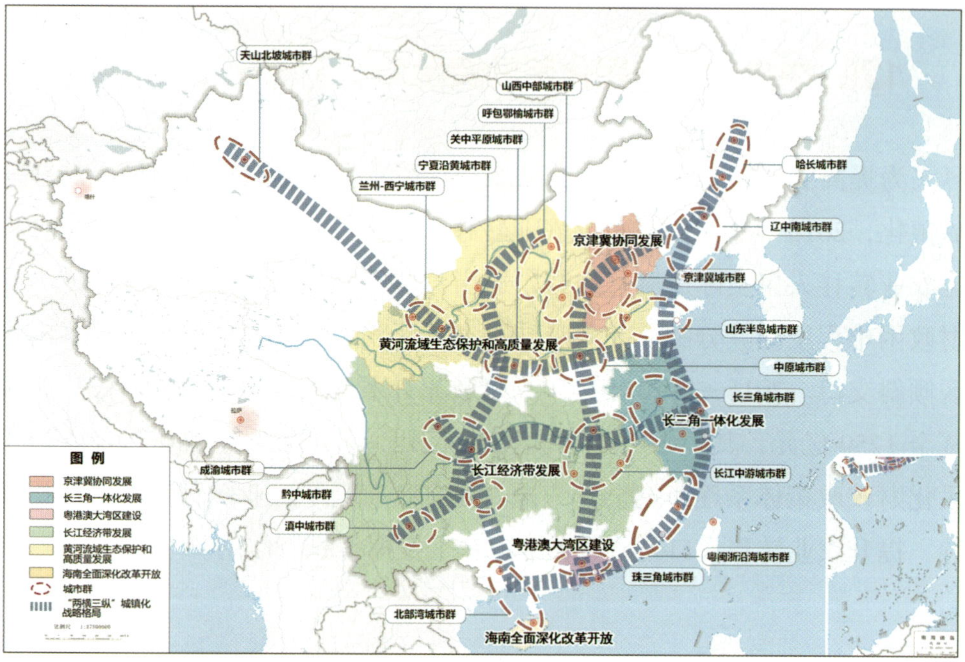

■ 城镇化空间格局示意图

131. 城市群一体化协调发展机制和成本共担、利益共享机制

城市群是新型城镇化的主体形态，发展较为成熟城市群的重要特征是城市间形成较为健全的一体化发展体制机制。“十四五”时期，将着力推动各城市群特别是跨省区城市群有关地方政府建立健全多层次常态化的协调管理机制，引导城市群结合实际完善成本共担和利益共享机制，促进基础设施互联互通、公共服务共建共享、生态环境共保共治、产业与科技创新协作，提高一体化发展水平。

132. 现代化都市圈

现代化都市圈是指城市群内部以超大、特大城市或辐射带动功能强的大城市为中心、以 1 小时通勤圈为基本范围的城镇化空间形态。“十四五”

时期，将推动中心城市与周边城市（镇）以同城化发展为方向，以轨道交通建设为先导，以创新体制机制为抓手，稳妥有序发展市域（郊）铁路和城际铁路，构建高效通勤的多层次轨道交通网络；促进产业从中心到外围梯次分布和链式配套的产业格局，形成各具特色的产业圈；统筹优化公共服务、休闲游憩等功能布局，打造高品质生活圈。

133.“断头路”和“瓶颈路”

“断头路”是指跨区域间和不同层级、不同运输方式交通线路之间，由于规划、建设时序、标准、工期不协同不衔接，交通线路上存在的待贯通路段。有些无法直接与其他道路连接，但可以通过迂回、转由其他路连接的路段有时也称为“断头路”。

“瓶颈路”是指既有交通线路中经常出现交通拥堵的“卡脖子”路段。“瓶颈路”有两种较为常见的原因：一是路段与其他路段在技术等级上出现“跳崖式”下降，路段连接部分的建设标准无法匹配，或是因建设条件、道路设计等原因，车道突然变窄。二是路段因出入口设置、多道并流等原因，经常发生局部交通运输量较大，造成局部拥堵。

134. 轨道交通“四网融合”

轨道交通“四网融合”是指通过推动干线铁路网、城际铁路网、市域（郊）铁路网、城市轨道交通网“四网融合”，打造轨道上的城市群都市圈。“十四五”时期，我国将新增城际铁路和市域（郊）铁路运营里程 3000 公里，基本建成京津冀、长三角、粤港澳大湾区轨道交通网，新增城市轨道交通运营里程 3000 公里，提高轨道交通的连接性贯通性。

135. 科技创新券

科技创新券是政府设计发行的一种创新有价凭证。政府向企业免费发放创新券，企业可以使用创新券向高校、科研机构等购买科技资源与服务，收取创新券的单位可向指定部门兑换资金。科技创新券有利于促进产学研用合作，解决科技型中小微企业和创新创业团队经济实力不足、创新资源缺乏问题。

136. 县城补短板强弱项

县城补短板强弱项是指在县城、县级市城区以及镇区常住人口 10 万人以上的非县级政府驻地特大镇，大力提升公共设施和综合服务能力，促进公共服务设施提标扩面、环境卫生设施提级扩能、市政公用设施提档升级、产业培育设施提质增效，适应农民日益增加的到县城就业安家需求，扩大有效投资、释放消费潜力、拓展市场纵深，为实施扩大内需战略和新型城镇化战略提供有力支撑。

福建省长汀县航拍图

137. 特色小镇

特色小镇是浙江等经济发达地区先行探索形成的现代经济布局形态，规划用地面积一般为几平方公里的微型产业集聚区，既非行政建制镇、也非传统产业园区。特色小镇依托不同地区区位条件、资源禀赋、产业基础和比较优势，重在培育发展主导产业，具有细分高端的鲜明产业特色、产城人文融合的多元功能特征、集约高效的空间利用特点，是产业特而强、功能聚而合、形态小而美、机制新而活的新型发展空间。

浙江省德清县地理信息小镇

138. 城市更新行动

城市更新行动是指对旧城区内功能偏离需求、利用效率低下、环境品质不高的存量片区进行功能性改造，打造成为新型生产生活空间，以推进老旧小区、老旧厂区、老旧街区、城中村等“三老一村”改造为主要内容。老旧小区改造重在改善小区居住条件，完善配套公用设施和公共服务设施。老旧厂区改造重在通过转换建设用地用途、转变空间功能等方式，将“工业锈带”改造为“生活秀带”、双创空间、新型产业空间或文化旅游场地。老旧街区改造重在推动地方特色街区品质高端化、业态多元化，着力打造街区经济，发展成为新型文旅商业消费集聚区。城中村改造重在按照城市标准进行整体重建或修复修缮，成为城市社区或其他空间。

上海市杨浦区老旧小区更新项目

139.“街乡吹哨、部门报到、接诉即办”基层管理机制

“街乡吹哨、部门报到、接诉即办”是指在全面开展问题摸排、明确执法责任的基础上，使街道乡镇成为基层行政执法的调动者和协调者，一旦发现违法问题立即“吹哨”，各部门需在规定时限内“报到”，对违法行为进行全链条查处。这是在北京市强化党建引领基层治理、促进城市精细化管理的探索实践基础上形成的。通过“街乡吹哨、部门报到、接诉即办”推动治理重心下移，尽可能把资源、管理、服务放到基层，保证基层事情基层办、基层权力给基层、基层事情有人办，有利于增强街乡在城市治理中的主体作用，理顺“条”、“块”矛盾，破解城市基层治理“最后一公里”难题。

140. 新市民

新市民是指在城市稳定就业的农民工及其他外来务工人员、新就业大专院校学生等常住人口。新市民为所在城市发展作出了重要贡献，但总体收入偏低，住房问题比较突出，是扩大保障性租赁住房供给的重要对象。

141. 城市社区综合服务设施

城市社区综合服务设施是指在社区（村）层面建立的，面向社区居民提供服务的综合性、多功能服务设施。根据《中共中央 国务院关于加强和完善城乡社区治理的意见》，除国家另有规定外，所有以社区居民为对象的公共服务、志愿服务、专业社会工作服务，原则上在社区综合服务设施中提供。社区综合服务设施一般包括：社区服务中心（站）、党群服务中心（站）、为民（农）服务中心（站）、便（利）民服务中心（站）、睦邻（邻里）中心等。

■ 湖北省武汉市社区服务中心工作人员服务居民

142. 功能疏解政策体系

习近平总书记多次强调指出，北京非首都功能疏解是京津冀协同发展的“牛鼻子”。北京非首都功能疏解政策体系包括激励和约束两方面内容，以形成引导和倒逼效应，激发相关各方疏解的内在动力。其中，激励政策主要是为北京非首都功能相关单位和人员向京外疏解提供政策支持，引导其疏解转移。约束政策主要是通过市场化手段适当提高北京非首都功能相关单位和人员留京成本，倒逼其向外疏解。

■ 北京市动物园批发市场疏解前后外景对比

143. 雄安新区

雄安新区位于河北省中部，地处北京、天津、保定腹地，包括雄县、容城县、安新县三县及周边部分区域。设立雄安新区，是以习近平同志为核心的党中央深入推进京津冀协同发展作出的一项重大决策部署，是千年大计、国家大事，对于集中疏解北京非首都功能，探索人口经济密集地区优化开发新模式，调整优化京津冀城市布局和空间结构，培育创新驱动发展新引擎，具有重大现实意义和深远历史意义。建设雄安新区，要坚持“世界眼光、国际标准、中国特色、高点定位”，牢牢把握打造北京非首都功能疏解集中承载地这个初心，紧紧围绕创造“雄安质量”、建设“廉洁雄安”和打造推动高质量发展的全国样板，推动雄安新区实现更高质量、更有效率、更加公平、更可持续的发展。

河北省雄安新区容东片区建设现场

144. 轨道上的京津冀

《京津冀地区城际铁路网规划》《京津冀协同发展交通一体化规划（2019—2035 年）》提出，到 2025 年，京津冀地区城际铁路达 1900 公里，基本实现北京、天津、石家庄中心城区与周边城镇 0.5 ~ 1 小时通勤圈。目前，京津冀地区已建成京广、京沪、京沈、京张等高铁干线和京津、京雄等城际铁路，正在加快建设北京至唐山、北京至天津滨海新区等城际铁路项目。“十四五”时期还将新开工一批规划内项目，基本建成京津冀地区城际铁路骨干网络，形成“轨道上的京津冀”。

■ 京雄城际铁路全线开通运营

145. 长江十年禁渔

长江十年禁渔是指在长江上游珍稀特有鱼类国家级自然保护区等 332 个以水生生物为保护对象的自然保护区和水产种质资源保护区，2020 年 1 月 1 日起全面禁止生产性捕捞；在长江干流和鄱阳湖、洞庭湖 2 个大型通江湖泊，岷江、沱江、赤水河、嘉陵江、乌江、汉江、大渡河 7 条重要通江支流等长江流域“一江两湖七河”，以及长江口禁捕管理区等重点水域，2021 年 1 月 1 日起实行暂定为期 10 年的常年禁捕，其间禁止天然渔业资源的生产性捕捞。

■ 长江武汉段江面渔政执法船队

146. 上海自贸试验区临港新片区

上海自贸试验区临港新片区位于上海大治河以南、金汇港以东以及小洋山岛、浦东国际机场南侧区域。设立上海自贸试验区临港新片区是以习近平同志为核心的党中央总揽全局、科学决策作出的进一步扩大开放重大战略部署，是新时代彰显我国坚持全方位开放鲜明态度、主动引领经济全球化健康发展的重要举措。临港新片区重点任务是发展跨国公司地区运营管理、订单中心、结算中心等总部经济，积极发展生物医药、集成电路、工业互联网、高端装备制造业等前沿产业，大力发展大宗商品、金融服务、数字贸易等新型国际贸易，推动统筹国际业务、跨境金融服务、前沿科技研发、跨境服务贸易等功能集聚。

2019 年 10 月第二届世界顶尖科学家论坛在上海临港开幕

147. 长三角生态绿色一体化发展示范区

长三角生态绿色一体化发展示范区包括上海市青浦区、江苏省苏州市吴江区、浙江省嘉兴市嘉善县的部分地区，战略定位是打造生态优势转化新标杆、绿色创新发展新高地、一体化创新试验田、人与自然和谐宜居新典范，最终目标是成为示范引领长三角更高质量一体化发展的标杆。建设长三角生态绿色一体化发展示范区，有利于率先探索形成新发展格局的路径，有利于率先探索将生态优势转化为经济社会发展优势，有利于率先探索从区域项目协同走向区域一体化制度创新。

■ 江苏省苏州市吴江区政务服务中心长三角“一网通办”服务窗口

148. 中华水塔

“中华水塔”是指位于青藏高原腹地的三江源地区（即长江、黄河、澜沧江三大河流的发源区域），包括青海省玉树藏族自治州、果洛藏族自治州、海南藏族自治州、黄南藏族自治州全部行政区域的21个县以及格尔木市唐古拉山镇，面积为39.5万平方公里。“中华水塔”是青藏高原生态安全屏障的重要组成部分，具有世界高海拔地区独一无二的大面积湿地生态系统，是我国淡水资源的重要补给地、高原生物多样性的最集中地区。

青海省玛多县三江源地貌

149. 小流域综合治理

小流域综合治理是指以小流域为单元，综合采取工程、植物、耕作等措施，从坡面到沟道、上游到下游进行全面防治，形成水土流失综合防护体系。

山西省忻州市汾河川国家湿地公园

150. 淤地坝

淤地坝是黄土高原地区长期生产实践中创造的水土保持工程措施，通过在沟道内筑坝拦沙、淤地造田，既能防止水土流失，又能增加耕地面积、提高农业生产能力。

黄土高原无定河畔淤地坝

151. 二级悬河

二级悬河是指河道主槽高于大堤间河滩、河滩高于大堤外两岸地面的河道形态。黄河下游二级悬河成因于黄河水少沙多、水沙关系不协调，下游河道泥沙在主河槽淤积，导致主河槽不断抬高，一旦遇到较大洪水，在洪水漫滩后容易发生河流直冲大堤，增加了堤防冲决和溃堤可能性，威胁防洪安全。

152. 新疆建设“三基地一通道”

国家支持新疆建设国家大型油气生产加工和储备基地、大型煤炭煤电煤化工基地、大型风电基地、国家能源资源陆上大通道。

153. 400 毫米降水线西侧区域

400 毫米降水线是年降水量大于和小于 400 毫米的分界线，也是气候上半湿润与半干旱地区的分界线，大致走向为：大兴安岭—张家口—兰州—拉萨—喜马拉雅山脉东端。400 毫米降水线西侧区域主要涉及内蒙古、西藏、甘肃、青海、宁夏、新疆 6 省区，是我国主要的民族边疆地区，区域内生态多样性明显，能源资源丰富，经济发展相对滞后。促进西侧区域保护发展，不仅有利于解决区域发展不平衡不充分问题，还对维护国家国防安全、生态安全、能源安全、民族团结、社会稳定也有重要意义。

154. 飞地经济

飞地经济是指在行政上互不隶属的两个及以上地区，打破行政区划界限，以各类开发区为主要载体，在平等协商、自愿合作的基础上，以生产要素的互补和高效利用为直接目的，在特定区域合作建设开发各种产业园区，通过规划、建设、管理和利益分配等合作和协调机制，实现互利共赢的区域经济发展模式。

155. 三大海洋经济圈

三大海洋经济圈是指北部、东部和南部海洋经济圈。北部海洋经济圈是由辽东半岛、渤海湾和山东半岛沿岸地区所组成的经济区域，主要包括辽宁省、河北省、天津市和山东省的海域与陆域。东部海洋经济圈是由长江三角洲沿岸地区所组成的经济区域，主要包括江苏省、上海市和浙江省的海域与陆域。南部海洋经济圈是由福建、珠江口及其两翼、北部湾、海南岛沿岸地区所组成的经济区域，主要包括福建省、广东省、广西壮族自治区和海南省的海域与陆域。

■ 山东省长岛南隍城国家级海洋牧场示范区

156. 中华优秀传统文化传承发展工程

2017 年中共中央办公厅、国务院办公厅印发《关于实施中华优秀传统文化传承发展工程的意见》，提出开展中华文化资源普查、系列文化经典编纂出版、国家古籍保护及数字化、非物质文化遗产传承发展、革命文物保护利用、中国传统节日振兴等。实施中华优秀传统文化传承发展工程，对传承中华文脉、全面提升人民群众文化素养、维护国家文化安全、增强国家文化软实力具有重要意义。

157. 非物质文化遗产保护传承体系

非物质文化遗产保护传承体系包括加强非遗调查、记录和研究，加强非遗代表性项目保护，加强非遗代表性传承人认定和管理，加强非遗区域性整体保护，加大非遗传播普及，完善非遗传承体验设施建设，推动非遗保护与旅游发展相融合。健全非物质文化遗产保护传承体系有利于切实发挥非物质文化遗产在传承中华文化基因、铸牢中华民族共同体意识中的作用。

河南省朱仙镇木版年画作坊制作年画

158. 文明创建工程

文明创建工程是指统筹文明培育、文明实践、文明创建，以文明城市、文明村镇、文明单位、文明家庭、文明校园五大创建活动为基本载体和重要抓手，按照重在建设、贵在坚持、利民惠民的要求，不断推动精神文明创建向纵深发展。

159. 文艺作品质量提升工程

“十三五”以来，我国文艺创作生产能力明显提升、优秀文艺作品持续涌现，文艺事业呈现出积极向上、欣欣向荣的生动局面。“十四五”时期，文艺作品质量提升工程重点是以创作生产优秀作品为中心环节，以提升组织化能力和水平为切入点，以中长期重点选题规范化为重要抓手，以建立健全引导激励机制为保障，大力推进文艺创新，营造良好文艺生态，切实加强现实题材创作生产，引导广大文艺工作者更加主动的深入生活、扎根人民，着力打造反映时代新气象、讴歌人民新创造，思想精深、艺术精湛、制作精良的文艺精品，不断铸就新的文艺高峰。

160. 沉浸式视频

沉浸式视频作为高新视频业态的重要组成部分，是指一种采用裸眼观看方式获得身临其境感受，呈现画面覆盖人眼至少 120（水平）×70（垂直）视场角的视频系统及具备三维声的音频系统。沉浸式视频通过播放器、投影幕或 LED 自显屏、多声道扬声器、播控系统等构建出超大视角、超高沉浸感的视听呈现系统，使观众能够同时获得周围多方位的视听信息，带来单一平面视频无法展示出的强大沉浸感，让观众真正有身临其境的感觉，应用场景丰富且形式多样。

161. 云转播

云转播是将传统广播电视制播能力以动态可伸缩的按需服务模式提供给用户。现场采集的实况视频信号经过实时编码压缩后，通过多种网络传输上云，在云上完成导播切换、剪辑、字幕等制作工作，再通过各类云服务分发播出，实现转播能力云端化和远程化，以达到轻量化、低成本转播目标。相较于传统转播方式，云转播能够为各级广播电视机构、社会化制作机构乃至个人提供按需获取的制播能力，在扩展整体制播能力的同时，极大丰富节目内容，是传统广播电视转播方式的有效补充。

162. 国家文化出口基地建设

国家文化出口基地旨在发挥基地的集聚、引领和辐射作用，培育具有较强国际竞争力的文化企业，形成具有较强辐射力的国家文化交易平台，摸索适应文化贸易创新发展的模式和经验，促进“一带一路”国际合作，为推动中华文化走出去、提升国家软实力提供有力支撑。2018 年我国认定了首批 13 家国家文化出口基地，2019 年发布了《国家文化出口基地管理办法》《国家文化出口基地考核评价制度》，2020 年开展了首批基地综合评价工作。“十四五”时期，将总结和推广首批国家文化出口基地建设经验，适时启动第二批基地申报和评选，并出台支持基地发展的相关政策措施。

163. 国有文艺院团改革

国有文艺院团是发展社会主义文艺的中坚力量，是培育和践行社会主义核心价值观的主阵地。2020 年中共中央办公厅、国务院办公厅印发《关于深化国有文艺院团改革的实施意见》，强调围绕举旗帜、聚民心、育新人、兴文化、展形象的使命任务，以演出为中心环节，建立和完善剧本质高量多、剧目纷呈多彩、剧场布局合理、院团人才辈出的体制机制和政策体系。

164. 国家文化大数据体系

建设国家文化大数据体系是推动文化数字化成果走向网络化、智能化的有效途径，包括分类采集梳理文化遗产数据，对各类藏品数据标注中华民族文化基因，提炼非物质文化遗产记录成果中蕴含的优秀传统文化精神标识，建设物理分散、逻辑集中、政企互通、事企互联、数据共享、安全可信的文化大数据服务及应用体系，建设数字化文化生产线，将中华文化元素和标识融入内容创作生产、创意设计等，着力打造线上线下一体化文化消费新场景。

165. 山水林田湖草系统治理

山水林田湖草系统治理是指按照山水林田湖草是生命共同体的理念，从系统工程和全局角度出发，围绕各重点生态区域的生态功能定位、生态本底状况、主要生态问题，遵循自然生态系统演替内在机理，统筹推进山水林田湖草整体保护、系统修复、综合治理，有利于解决自然生态系统间的割裂保护、单向修复等问题，有利于促进自然生态系统质量整体改善、生态产品供给能力全面增强。

湖北省武汉市东湖绿道

166. 生态保护红线

生态保护红线是指在生态空间范围内具有特殊重要生态功能，必须强制性严格保护的区域，是保障和维护国家生态安全的底线和生命线，通常包括具有重要水源涵养、生物多样性维护、水土保持、防风固沙、海洋生态稳定等功能的生态功能重要区域，以及水土流失、土地沙化、石漠化、盐渍化等生态环境敏感脆弱区域。

严守生态保护红线

167. 永久基本农田

永久基本农田是指按照一定时期人口和经济社会发展对农产品需求确定的不得擅自占用或改变用途的耕地。根据 2020 年 1 月起实施的《土地管理法》(第三次修正)规定，下列耕地应当根据土地利用总体规划划为永久基本农田，实行严格保护：经国务院农业农村主管部门或者县级以上地方人民政府批准确定的粮、棉、油、糖等重要农产品生产基地内的耕地；有良好的水利与水土保持设施的耕地，正在实施改造计划以及可以改造的中、低产田和已建成的高标准农田；蔬菜生产基地；农业科研、教学试验田；国务院规定应当划为永久基本农田的其他耕地。

168. 城镇开发边界

城镇开发边界是指可以集中进行城镇开发建设、完善城市功能、提升空间品质的区域边界，是允许城市建设用地拓展的最大边界，是国土空间规划中应当明确的控制线。划定城镇开发边界是加强空间开发管制、控制城市和小城镇无序蔓延的重要措施。

169. 大规模国土绿化行动

大规模国土绿化行动是指全面加强森林、草原、荒漠、湿地等自然生态系统保护，加强以林草植被为主体的陆地生态系统修复，提高自然生态系统服务功能和林地草地生产力，提供更多优质生态产品。

■ 宁夏回族自治区隆德县六盘山绿化建设

170. 林长制

林长制是指由省级及以下各级党委或政府主要负责同志担任林长、其他负责同志担任副林长、实行分片负责、落实保护发展林草资源属地责任的制度。2021年1月，中共中央办公厅、国务院办公厅印发《关于全面推行林长制的意见》，要求在全国全面推行林长制。

■ 贵州省赤水市竹海国家森林公园

171. 耕地休耕轮作制度

休耕是对土壤和生态环境遭到严重破坏、亟须修复治理、恢复生产能力的补救性措施，重点在地下水漏斗区、重金属污染区、生态严重退化地区推进，通过农艺措施和其他手段开展修复治理，待符合种植要求后复耕。轮作是在同一田块上、在季节间和年度间轮换种植不同作物或复种组合的农业种植方式。

■ 湖南省永州市三季轮作基地

172. 自然保护地体系

自然保护地体系是指将自然保护地按生态价值和保护强度高低，依次分为国家公园、自然保护区、自然公园三类，形成以国家公园为主体、自然保护区为基础、各类自然公园为补充的体系。

新疆维吾尔自治区阿勒泰科克苏湿地国家级自然保护区

173. 全流域生态补偿机制

全流域生态补偿机制是指为推动全流域共同开展生态环境保护活动，加快改善流域水环境质量，提升水资源利用效率，通过支持和引导流域内不同省份间建立生态保护补偿机制，以签订合作协议等方式明确流域上游、中游、下游等不同主体的权利义务关系，推动上中下游、干支流、左右岸紧密协同配合，提升流域生态环境治理体系和治理能力的重要举措。

浙江省淳安县千岛湖

174. 生态产品价值实现机制

生态产品是指由自然生态系统提供的产品和服务，可分为物质供给类、调节服务类和文化服务类。生态产品价值实现机制是指将生态产品所具有的生态价值、经济价值和社会价值，通过生态保护补偿、市场经营开发等手段体现出来，建立生态环境保护者受益、使用者付费、破坏者赔偿的利益导向机制。

175. 城市大气质量达标

城市大气质量达标是指直辖市或设区市的细颗粒物（$PM_{2.5}$）、可吸入颗粒物（PM_{10}）、二氧化硫（SO_2）、二氧化氮（NO_2）、臭氧（O_3）、一氧化碳（CO）等六项主要大气污染物年均浓度均达到《环境空气质量标准》（GB 2095-2012）二级标准要求。2015—2020 年，全国 337 个地级及以上城市达标率分别为 21.6%、24.9%、29.3%、35.8%、46.6%、59.9%。

176. 清洁取暖

长期以来，我国北方冬季取暖基本以煤为主，农村地区大量使用散煤，对空气质量影响较大。清洁取暖就是要利用天然气、电、地热、生物质、太阳能、工业余热、核能等清洁能源，对供暖方式进行改造。

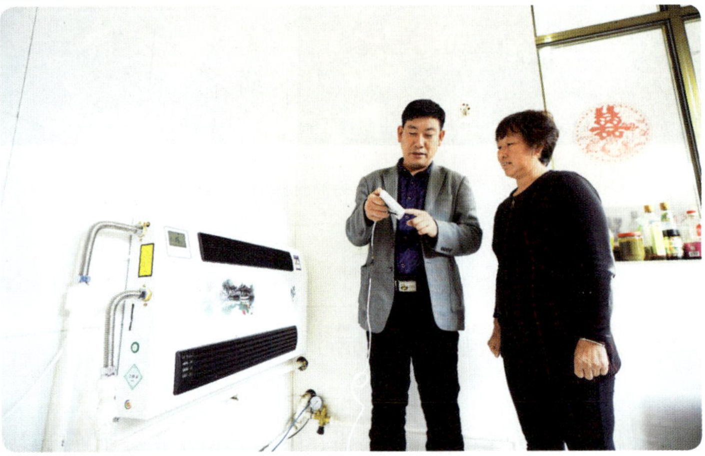

■ 河北省隆尧县杨河村推广电采暖

177. 工业窑炉治理

工业窑炉是指在工业生产过程中利用燃料燃烧或电能等转换产生的热量，将物料或工件进行熔炼、熔化等的热工设备，包括熔化炉、焙烧炉、干燥炉、煤气发生炉等，广泛应用于钢铁、建材、石化、化工等行业。目前，利用工业窑炉装备水平、污染治理水平参差不齐，煤炭消耗量大，是工业领域大气污染的主要排放源之一。实施工业窑炉升级改造和深度治理是改善空气质量、推动制造业高质量发展的重要措施。

178. 超低排放改造

超低排放改造是指按照国际、国内最先进水平，对企业所有生产环节实施大气污染排放治理升级改造。我国率先在煤电行业推广超低排放改造并取得积极成效，全国具备条件的燃煤电厂已基本完成改造，规模超过 9 亿千瓦，建成世界上最大的清洁高效煤电体系。“十四五”时期，将借鉴煤电行业超低排放改造经验，在全国大力推进钢铁行业超低排放改造，目前共 229 家企业 6.2 亿吨左右粗钢产能已完成或正在实施超低排放改造。

大同煤矿集团塔山循环经济园区

179. 塑料污染全链条防治

塑料污染全链条防治是指从管控生产源头、规范流通环节、引导消费使用、谋划产品替代、组织回收处置、实施专项清理等方面提出的一系列政策措施，通过构建塑料制品生产、流通、使用、回收处置等环节的管理制度，有力有序有效治理塑料污染。

■ 安徽省合肥市社区环保宣传员在为孩子们讲解减少塑料污染和垃圾分类等环保知识

180. 城市污泥无害化处置

城市污泥无害化处置是指通过干化焚烧、固化填埋、建材利用、土地利用等方式，对污水处理中产生的污泥进行无害化稳定化处置，达到相关国家标准后用于土地利用、园林绿化、焚烧、建材、卫生填埋等。“十四五”末，我国城市污泥无害化处理处置率将达到 90% 以上。

■ 用污泥处理产物制成的建筑材料

181. 污水资源化利用

污水资源化利用是指将经过处理的污水达到相应再生利用水质标准后用于工业生产、城市绿化、道路清扫、车辆冲洗、建筑施工以及生态景观等。

182. 分类投放、分类收集、分类运输、分类处理的生活垃圾处理系统

2016 年 12 月，习近平总书记在中央财经领导小组第十四次会议上指出，要加快建立分类投放、分类收集、分类运输、分类处理的垃圾处理系统。主要内涵是生活垃圾分类投放、分类收集基本实现全覆盖，分类运输体系基本建成，分类处理能力明显增强，建立推进工作机制和配套法规制度体系，居民普遍形成生活垃圾分类习惯。

垃圾分类可回收物智能投放

183. 环境污染强制责任保险

环境污染强制责任保险是指以企业事业单位和其他生产经营者污染环境导致损害应当承担的赔偿责任为保险标的的强制性保险。投保范围分一般投保范围和可选投保范围。从事危险废物相关业务等五种法律规定情形的，必须纳入一般投保范围。生态环境主管部门可以根据防范环境风险、保护公众利益的需要，将从事法律规定三种情形行为的企业事业单位和其他生产经营者纳入投保企业范围，即可选投保范围。

184. 国家自主贡献目标

国家自主贡献目标是《联合国气候变化框架公约》各缔约方根据自身情况确定的应对气候变化行动目标。我国于 2015 年 6 月向联合国提交了应对气候变化国家自主贡献文件，确定了到 2030 年的目标。2020 年 9 月 22 日、12 月 12 日，习近平主席对外宣示了新的国家自主贡献目标，即：二氧化碳排放力争于 2030 年前达到峰值；到 2030 年，单位国内生产总值二氧化碳排放将比 2005 年下降 65% 以上，非化石能源占一次能源消费比重将达到 25% 左右，森林蓄积量将比 2005 年增加 60 亿立方米，风电、太阳能发电总装机容量将达到 12 亿千瓦以上。

185. 生态系统碳汇

生态系统碳汇是指生态系统从大气中清除二氧化碳的过程、活动或机制。通过植树造林、森林管理、植被恢复等措施，利用植物光合作用吸收大气中的二氧化碳，并将其固定在植被和土壤中，从而减少温室气体在大气中浓度。“十四五”时期，我国将以国家重点生态功能区、生态保护红线、国家级自然保护地等为重点，实施重要生态系统保护和修复重大工程。全面加强天然林和湿地保护，森林覆盖率提高到 24.1%，湿地保护率提高到 55%。科学推进水土流失和荒漠化、石漠化综合治理，开展大规模国土绿化行动。推行草原森林河流湖泊休养生息，健全耕地休耕轮作制度，巩固退耕还林还草、退田还湖还湿、退围还滩还海成果。

186. 排污许可制

排污许可制是指排污单位需依照《排污许可管理条例》申请取得排污许可证后进行排污，是依法规范企业排放污染物行为的一项基础性环境管理制度。排污许可证作为企业生产运营期间排放污染物行为的唯一行政许可，同时也是企业接受环境监管的主要法律文书。

187. 河长制和湖长制

河长制是指省、市、县、乡四级河长体系，即省级党委或政府主要负责同志担任总河长，省级负责同志担任行政区域内主要河湖河长，各河湖所在市县乡分级分段设立河长、由同级负责同志担任，分别负责组织领导相应河流的管理保护工作。

湖长制是指省、市、县、乡四级湖长体系，即省级负责同志担任行政区域内主要湖泊、跨省级行政区域且在本辖区地位重要湖泊的湖长，跨地市级行政区域的湖泊原则上由省级负责同志担任湖长，跨县级行政区域的湖泊原则上由地市级负责同志担任湖长，湖泊所在市县乡分级分区设立湖长，分别负责组织领导相应湖泊的管理保护工作。

■ 广西壮族自治区南宁市南湖边的湖长公示牌

188. 企业环境治理责任制度

企业环境治理责任制度是指规范企业在从事生产经营活动中依法承担污染防治、生态保护以及信息公开等环境责任和环境行为的制度体系，具体包括排污许可、达标排放、清洁生产、深度减排、绿色发展、排放标准、企业自律、执法监管、损害赔偿、信息公开、信用评价、社会监督等一系列具体管理制度、法规政策、技术标准等。

189. 水资源刚性约束制度

水资源刚性约束制度是指在“以水定需”理念指导下，在科学测算水资源承载能力基础上，水资源刚性约束指标体系、水资源论证、用水许可以及监督管理等一系列政策措施总称。

190. 再制造

再制造是指将损坏或将报废的汽车零部件、工程机械、机床等进行专业化修复的批量化生产过程。再制造产品可达到与原有新品相同的质量和性能。据有关研究机构测算，再制造与制造新品相比，可节约生产成本 50%，节能 60%，节材 70%，减排 80%，具有较好的经济和资源环境效益。

■ 河北省河间市一家汽车配件再制造企业的员工在生产车间工作

191. 生产者责任延伸制度

生产者责任延伸制度是指将生产者对其产品承担的资源环境责任从生产环节延伸到产品设计、流通消费、回收利用、废物处置等全生命周期的制度，要求生产者通过开展产品生态设计、使用再生原料、保障废弃产品规范回收利用和安全处置、加强信息公开等，落实其全生命周期资源环境责任。

192. 合同能源管理和合同节水管理

合同能源管理是指节能服务公司与用能单位约定节能项目的节能目标，节能服务公司为实现节能目标向用能单位提供必要的服务，用能单位以节能效益、节能服务费或能源托管费支付节能服务公司的投入及合理利润的节能服务机制。

合同节水管理是指节水服务企业与用水户以合同形式，为用水户募集资本、集成先进技术，提供节水改造和管理等服务，以分享节水效益方式收回投资、获取利益的节水服务机制。

193. 环境污染第三方治理

环境污染第三方治理是指排污者通过缴纳或按合同约定支付费用，委托专业公司进行污染治理的新模式，重点是环境公用设施、工业园区等。第三方治理能够推进环保设施建设和运营专业化、吸引和扩大社会资本投入，促进环境服务业发展，提升污染治理的效率和水平。

■ 第三方环保治理公司工作人员在钢铁公司巡检脱硫装置

194. 绿色金融

绿色金融是指为支持环境改善、应对气候变化和资源节约高效利用，对环保、节能、清洁能源、绿色交通、绿色建筑等领域的项目投融资、项目运营、风险管理等所提供的金融服务。

银行宣传绿色金融理念

195. 自然资源资产产权制度和有偿使用制度

自然资源资产产权是自然资源资产的所有权、用益物权、债权等一系列权利的总称。自然资源资产产权制度是关于自然资源资产产权主体、客体、内容（权利义务）和权利取得、变更、消灭等规定的总和，是生态文明建设的基础性制度，对完善社会主义市场经济体制、维护社会公平正义、建设美丽中国起着重要的基础支撑作用。

自然资源有偿使用是指自然资源使用者向自然资源所有者支付费用，取得使用等相应权能。自然资源有偿使用制度是指开发利用自然资源的单位和个人，向自然资源所有者支付费用获得相应权利的一整套管理制度。具体包括产权体系、准入要求、交易规则、监管体系、权能保障、费用收取、收益分配等制度安排。

■ 安徽省含山县中小学开展“保护耕地、真爱家园”主题活动

196. 能效“领跑者”制度

能效“领跑者”制度是指通过树立能效标杆、提高能效标准等措施，引导产品和行业不断提升技术水平，实现节能增效的节能制度，主要针对用能产品、高耗能行业和公共机构三类目标对象实施。能效领跑者制度主要内容包括：定期发布能源利用效率最高的能效“领跑者”产品目录、用能单位名单和公共机构名单及其领先能效指标；加强“领跑者”宣传推广，引导各类主体争当能效“领跑者”；及时将能效“领跑者”指标纳入强制性能效标准或能耗限额标准，持续提高标准要求，巩固制度成果。

■ 山西省大同市采煤沉陷区国家先进技术光伏示范基地项目

197. 水效“领跑者”制度

水效“领跑者”制度是指对同类可比范围内用水效率处于领先水平的用水产品、企业和灌区进行遴选、考核、发布、推广等的一系列工作和政策举措。实行水效“领跑者”制度，有利于引导全社会向水效“领跑者”学习，形成节水型生产生活方式和消费模式。

198. 高耗水行业用水定额管理

高耗水行业用水定额管理是指采取一系列管理活动，针对钢铁、纺织、造纸、石化等高耗水工业和洗浴、洗车、高尔夫球场等高耗水服务业，通过对生产单位产品、创造单位产值、一定时期内用水量进行限定，倒逼用水户提高用水效率，防止粗放用水、浪费用水。

砂洗厂污水处理设备升级改造前后

199. 外商投资准入前国民待遇加负面清单管理制度

《外商投资法》规定，国家对外商投资实行准入前国民待遇加负面清单管理制度。所称准入前国民待遇是指在企业设立、取得、扩大等阶段给予外国投资者及其投资不低于本国投资者及其投资的待遇；所称负面清单，是指国家规定在特定领域对外商投资实施的准入特别管理措施。国家对负面清单之外的外商投资，给予国民待遇。

党的十八届三中全会提出，探索对外商投资实行准入前国民待遇加负面清单管理模式。2013 年上海自贸试验区试点运行第一张外商投资准入负面清单，为探索负面清单模式提供了有益经验。2017 年我国以负面清单模式修订《外商投资产业指导目录》，首次提出全国范围实施的外商投资准入负面清单。2018 年全国外商投资准入负面清单独立发布，完善了负面清单管理的基本规则，为实施准入前国民待遇加负面清单管理制度提供了基本依据。《外商投资法》于 2019 年颁布并于 2020 年实施，将准入前国民待遇加负面清单管理制度写入法律。

负面清单实施 5 年来上海自贸区吸引合同外资超千亿美元

200. 准入后国民待遇

在国际投资领域，国民待遇可分为准入前和准入后两个阶段。准入后国民待遇是指已设立的外商投资企业所享有的待遇不低于本国投资者。准入前国民待遇是指外国投资者在准入前阶段（包括投资的设立、获取、扩大）所享有的待遇不低于本国投资者。2001 年加入 WTO 以来，我国明确给予外商投资准入后国民待遇。近年来，越来越多的国家将外商投资国民待遇从准入后阶段扩展到准入前阶段，我国也持续改革外商投资管理体制，对外商投资实施准入前国民待遇加负面清单管理制度，即对外资准入负面清单之外的外商投资给予国民待遇。

201. 跨境服务贸易负面清单管理制度

跨境服务贸易是指境外服务提供者通过跨境方式提供服务，包括：跨境支付，即境外服务提供者在其境内向中国境内消费者提供服务；境外消费，即中国消费者在境外接受服务；自然人移动，即境外自然人进入中国境内提供服务。跨境服务贸易负面清单统一列明对境外服务提供者通过跨境方式提供的特别管理措施，包括规定境外服务提供者不得提供服务的措施，以及规定境外服务提供者符合有关条件可提供服务的措施。负面清单之外的领域，按照内外一致原则实施管理，境内外服务提供者皆可依法平等准入。

202. 技术贸易促进体系

技术贸易是技术要素跨境自由流动的重要途径。“十三五”时期，我国技术贸易稳步发展，进出口结构不断优化，技术贸易合作圈逐渐扩大，与“一带一路”沿线国家的技术贸易合作纽带日趋紧密。“十四五”时期，我国将着力健全技术贸易促进体系。一是加强政府间合作关系，为深化双边技术贸易合作创造良好环境。二是提升境内外促进平台水平，发挥中国（上海）国际技术进出口交易会等重要展会引技引智作用，增强境外科技型园区技术贸易功能。三是坚持科技创新开放合作，加快教育等领域开放进程，支持企业到境外融入创新链和产业链。四是持续改善国内营商环境，加强知识产权保护，推出更多技术贸易便利化措施，完善《技术进出口管理条例》，压缩禁限进出口技术目录。五是强化政策保障措施，实施更加优惠的财税金融政策。

203. 合格境外投资者制度

合格境外投资者制度是指允许符合一定资格条件的境外机构投资者，在批准的额度内（2020 年 6 月起已正式取消额度限制）汇入资金（外汇或人民币），通过第三方托管的专门账户，投资规定范围的境内证券期货产品。根据境外机构投资者投资资金币种的不同，又分为合格境外机构投资者（QFII，Qualified Foreign Institutional Investor）和人民币合格境外机构投资者（RQFII，Renminbi Qualified Foreign Institutional Investor）制度。其中，RQFII 制度是在人民币国际化大背景下，通过试点的形式，允许试点区域内符合资格的境外机构投资者使用人民币资金投资境内资本市场。这是在我国资本项目尚未完全开放的情况下，有限度地引进外资、开放资本市场的一项过渡性制度安排。

截至 2020 年底，已有 532 家境外机构获批合格境外投资者资格，主要为境外养老金、主权基金、公募基金、证券公司、保险公司和商业银行等，合计持有境内资产约 1.2 万亿元，其中股票类资产约 9000 亿元，已成为我国资本市场重要的机构投资者之一。合格境外投资者制度运行 10 多年来，总体运行平稳，对引入境外长期资金、优化投资者结构、引导价值投资、改善上市公司治理、助推人民币国际化、促进我国资本市场稳定健康发展发挥了积极作用。“十四五”时期将持续完善制度，逐步取消合格境外投资者资格准入、放宽投资标的范围。

204. 货物贸易“零关税”

货物贸易“零关税”是指海关对海南自由贸易港从境外经“一线”进口的货物和物品免征关税，并免于实施常规监管。根据海南自由贸易港建设分步骤、分阶段政策安排，在全岛封关运作前，考虑到监管条件尚不成熟，仅对部分领域的进口商品免征进口关税、进口环节增值税和消费税；在全岛封关运作、简并税制后，除法律法规和相关规定明确不予免税、国家规定禁止进口的商品外，对海南自由贸易港进口的绝大多数商品，免征进口关税。

■ 海南省海口市免税店

205. 服务贸易“既准入又准营”

服务贸易“既准入又准营”是指海南自由贸易港对标国际高标准服务贸易规则，立足自身条件和发展需求，实施跨境服务贸易负面清单管理制度，以透明、可预见的方式，破除服务贸易行业领域及跨境交付、境外消费和自然人移动等模式下存在的各类壁垒，给予境外服务提供者国民待遇。同时在告知、资格要求、技术标准、透明度、监管一致性等方面，进一步提升服务贸易自由化便利化水平。

■ 海南省生态软件园孵化楼

206.“极简审批”投资制度

“极简审批”投资制度是指为促进本地区投资便利化、优化营商环境，针对特定投资项目探索实施的一种精简、高效、便捷的投资审批模式。其项目范围一般是一定区域范围（如产业园区、产业聚集区）内功能单一、技术要求简单、低风险的小型企业投资项目；其实施方式一般是综合采取准入清单管理、审批告知承诺、区域评估、合并审查，以及联合验收。

207. 数据跨境传输安全管理试点

数据跨境传输安全管理试点是指在特定区域，以个人信息出境安全评估、企业数据保护能力认证等为切入点，在确保安全的基础上，通过政策创新、管理升级、服务优化，探索完善数据跨境流动监管模式。数据跨境传输安全管理试点聚焦人工智能、工业互联网、跨境电商等关键领域，有助于满足数据跨境流动实际需求，促进数字经济发展。

208. 产业损害预警体系

产业损害预警体系是指在参与国际贸易和市场开放的过程中，通过检测货物、服务和技术进出口情况、产业发展状况、国内外市场环境和相关政策的变化等，分析其对国内产业的影响，及时对国内产业可能受到的损害或损害威胁进行预测并发布信息和预警，帮扶国内产业应对外部风险挑战。

209. 贸易调整援助

贸易调整援助是指政府帮助因国际贸易环境突然变化、进口激增或产业被迫转移等而陷入暂时困难企业渡过难关的一种制度安排。该制度是全球主要经济体广泛使用的一项政策工具，主要做法是帮助企业应对对外贸易中由于非市场因素导致的突发情况和困难，消除损害影响，恢复正常市场竞争水平，进而维护产业安全和发展利益。当前外贸发展形势复杂严峻，《中共中央 国务院关于推进贸易高质量发展的指导意见》明确提出，要研究设立贸易调整援助制度。“十四五”时期，我国将合理运用国际通行规则，探索符合国情的贸易调整援助制度，构建开放安全保障体系。

210. 贸易救济

贸易救济是指由于其他国家（或地区）产品以低于正常价值的倾销方式进入本国市场或进口产品直接或间接地接受出口国家（或地区）给予的

专向性补贴，对已建立的国内产业造成实质损害（或产生实质损害威胁）或者对建立国内产业造成实质阻碍的，国家可以采取反倾销、反补贴措施，以消除或减轻这种损害。

211. 外商投资国家安全审查

外商投资国家安全审查是国际通行的外资管理制度，旨在确保外商投资领域的国家安全，在平衡经济利益和维护国家安全方面发挥重要作用。美国、德国、日本、澳大利亚等国家均建立了外商投资安全审查制度。2011 年，我国建立外商投资安全审查制度。2020 年起施行的《外商投资法》规定，国家建立外商投资安全审查制度，对影响或者可能影响国家安全的外商投资进行安全审查，进一步丰富了外商投资安全审查的法律依据。2020 年 12 月，我国发布《外商投资安全审查办法》，根据该办法建立外商投资安全审查工作机制。

212. 反垄断审查

反垄断审查主要是为了预防和制止具有或者可能具有排除、限制竞争效果的经营者集中。《反垄断法》规定，经营者集中达到国务院规定的申报标准的，经营者应当事先向国务院反垄断执法机构申报，未申报的不得实施集中。根据是否具有排除、限制竞争效果，可以做出禁止、附加限制性条件批准和无条件批准三类审查决定。法定审查时限最长为 180 天。

213. 国家技术安全清单管理

国家技术安全清单管理是指对关系到国计民生和国家安全的重要技术实施清单化系统化管理，加强对外转移审查审批。国家技术安全清单管理是落实《国家安全法》和《出口管制法》的重要举措，是技术出口管理、外商投资安全审查、知识产权对外转让的重要依据，有利于防范化解国家安全风险。

214. 不可靠实体清单制度

不可靠实体清单制度是指对不遵守市场规则，背离契约精神，出于非商业目的对中国企业实施封锁或断供，严重损害中国企业正当权益的外国企业、组织或个人建立清单。对列入清单的外国实体，中国可在贸易、投资、人员及交通工具入境等方面进行限制，或采取其他必要措施。不可靠实体清单制度有利于维护国家主权、安全和发展利益，维护公平、自由的国际经贸秩序，保护中国企业、其他组织或者个人的合法权益，纠正个别外国实体的违法行为。

215. 全口径外债监管体系

借用外债特别是中长期外债是我国建设更高水平开放型经济新体制重要内容，对于维护国际收支平衡和经济金融发展稳定具有重要意义。“十四五”时期，我国将以服务实体经济发展和有效防范风险为主线，进一步建立健全全口径外债监管体系。一是坚持外债总量控制，保持外债合理水平。科学确定我国借用外债总规模，实行全口径外债（包括各类期限、币种和结构的债务工具）管理，牢牢守住不发生系统性金融风险的底线。二是满足合理融资需求，进一步优化外债结构。重点支持利用外债资金支持国家重大战略实施和重点领域发展。分类施策、有效防控重点行业外债风险。严格防范短期外债风险，合理提高中长期外债占比。优化外债币种结构。三是加强部门间协同，构建协调统一的外债管理体系。建立健全全口径外债管理体系，完善全口径外债统计监测制度，健全外债数据信息共享机制，强化事中事后监管，切实有效防范外债风险。

216.“六廊六路多国多港”

“六廊六路多国多港”是共建“一带一路”的主体框架。其中，“六廊”是指新亚欧大陆桥、中蒙俄、中国—中亚—西亚、中国—中南半岛、中巴和孟中印缅等六大国际经济合作走廊。“六路”是指铁路、公路、航运、航空、管道和空间综合信息网络。“多国”是指一批先期合作国家。“多港”是指若干保障海上运输大通道安全畅通的合作港口。2019年4月，习近平主席在第二届“一带一路”国际合作高峰论坛开幕式上指出：“在各方共同努力下，‘六廊六路多国多港’的互联互通架构已基本形成”。

巴基斯坦瓜达尔港

217. “一带一路”空间信息走廊

“一带一路”空间信息走廊是指以我国在轨和规划建设中的卫星资源为主，适当补充完善天基资源和地面服务网络，形成“感、传、知、用”四位一体的空间信息服务系统，为共建“一带一路”国家提供空间信息服务能力，实现信息互联互通。“一带一路”空间信息走廊建设有利于促进我国与共建“一带一路”国家在高新技术领域的合作，提高产业合作的层次和水平，促进空间信息成果惠及更多国家经济社会发展；有利于推动在信息通信、导航定位、防灾减灾、生态环境监测、科学研究等领域开展合作，增进民心相通；有利于提高我国空间基础设施利用效率和技术水平，提升空间信息产业国际化水平。

■ 遥感三十一号 02 组卫星在甘肃省酒泉卫星发射中心成功发射

218. 丝路电商

丝路电商是按照共建“一带一路”倡议，充分发挥我国电子商务技术应用、模式创新和市场规模等优势，积极推进电子商务国际合作的重要举措。丝路电商合作拓展了经贸合作新空间，探索构建数字经济国际规则体系，推动构建新发展格局，为古丝绸之路注入了新的时代内涵。2016 年底至今，我国与 22 个国家建立了电子商务合作机制，并推动了相关领域合作，包括加强政策沟通、规划对接，探讨发展方向和合作领域；组织政企对话和企业对接，畅通交流合作渠道；开展研修培训活动，共同提升数字素养。

第 17 届中国—东盟博览会“一带一路”国际展区

219. 共建“一带一路”科技创新行动计划

共建“一带一路”科技创新行动计划是指我国与共建“一带一路”国家在科技人文交流、共建联合实验室、科技园区合作、技术转移等四方面开展合作，共同迎接新一轮科技革命和产业变革，推动创新之路建设。2017 年 5 月，习近平主席在首届“一带一路”国际合作高峰论坛开幕式上提出，要将“一带一路”建成创新之路，启动共建“一带一路”科技创新行动计划。深入实施共建“一带一路”科技创新行动计划，有利于充分发挥科技创新在“一带一路”建设中的支撑引领作用，推动共建“一带一路”，实现高质量发展。

白俄罗斯中白工业园成功进行 5G 应用测试

220. 区域全面经济伙伴关系协定

区域全面经济伙伴关系协定（RCEP）是一个现代、全面、高质量、互惠的自由贸易协定，也是全球人口最多、经贸规模最大、最具发展潜力的自由贸易协定。2019 年，15 个成员国总人口达 22.7 亿，GDP 总额达 26 万亿美元，出口总额达 5.2 万亿美元，均占全球总量约 30%。该自贸协定 2012 年由东盟发起，成员包括东盟 10 国以及韩国、日本、澳大利亚、新西兰和中国等。RCEP 历经 8 年、31 轮正式谈判，2020 年 11 月，15 方在第四次 RCEP 领导人会议期间签署了 RCEP 协定。下一步，成员国将履行国内批准程序，推动协定尽早生效实施。协定生效实施后，域内货物、服务、投资和商务人员将基本实现自由流动，形成区域统一大市场。

221. 全面与进步跨太平洋伙伴关系协定

全面与进步跨太平洋伙伴关系协定（CPTPP）是在 TPP 基础上构建的

一个自由化水平高、涵盖领域广、纪律要求严的自贸协定，目前已在墨西哥、日本、新加坡、新西兰、加拿大、澳大利亚、越南等缔约方之间生效。

222. 普惠性学前教育

普惠性学前教育包括公办幼儿园和普惠性民办幼儿园提供的学前教育。政府及其有关部门举办，或者军队、国有企业、人民团体、高等学校等事业单位、街道和村集体等集体经济组织等利用财政经费或者国有资产、集体资产举办的幼儿园为公办幼儿园。接受财政经费补助或政府其他方式扶持、执行政府收费指导价的非营利性民办幼儿园为普惠性民办幼儿园。公办幼儿园和普惠性民办幼儿园提供的学前教育为普惠性学前教育。

■ 河北省石家庄市普惠性民办幼儿园

223. 中国特色学徒制

中国特色学徒制是指助力劳动者尤其是青年从在校学习过渡到就业、岗位成才的人才培养模式，主要针对与企业签订一年以上劳动合同的技能岗位新招用和转岗等人员，由企业与技工院校、职业院校、职业培训机构、企业培训中心等教育培训机构采取企校双师带徒、工学交替培养等模式共同培养学徒。

甘肃省东乡族自治县职业技能培训助力脱贫攻坚

224. 一流大学和一流学科建设

世界一流大学和一流学科建设（简称“双一流”建设）是高等教育强国建设的引领性、标志性工程。目标是分 2020 年、2030 年和本世纪中叶三个阶段逐步建成一批世界一流大学和一流学科、基本建成高等教育强国。首轮“双一流”建设 2016 年启动，2017 年确定和公布一流大学建设高校 42 所（A 类 36 所、B 类 6 所），一流学科建设高校 95 所，建设学科 465 个。首轮建设总体实现阶段性目标，若干高校逐步跻身世界一流大学行列，一批学科逐步进入世界一流行列，量子科学、催化化学、凝聚态物理等学科领域跻身世界一流前列。“十四五”期间，要做好“双一流”建设的谋划布局，发挥好建设高校国家队作用，着力培养急需高层次人才，增强自主创新能力，依据国家需求分类管理和支持，引导高校在不同领域、不同方向上强特色、创一流，持续提升服务经济社会高质量发展的能力。

225.“双师型”教师

“双师型”教师是指同时具备理论教学和实践教学能力的教师和教学团队。“十三五”以来，职业教育教师培养培训体系基本建成，教师管理制度逐步健全，教师地位待遇稳步提高，教师素质能力显著提升，为职业教育改革发展提供了有力的人才保障和智力支撑。但是，与新时代国家职业教育改革的新要求相比，职业教育教师队伍还存在着数量不足、来源单一、校企双向流动不畅、结构性矛盾突出、管理体制机制不灵活、专业化水平偏低的问题。“十四五”时期，要深化职业院校教师队伍建设改革，加强职业技术师范院校和高校职业技术教育（师范）学院建设，支持高水平工科大学举办职业技术师范教育，建设 100 家校企合作的“双师型”教师培养培训基地和 100 个国家级企业实践基地；健全普通高等学校与地方政府、职业院校、行业企业联合培养教师机制，发挥行业企业在培养“双师型”教师中的重要作用；鼓励高校以职业院校毕业生和企业技术人员为重点培养职业教育教师，完善师范生公费教育、师范院校接收职业院校毕业生培养、企业技术人员学历教育等多种培养形式，推动高校联合行业企业培养高层次“双师型”教师。

我国首批“老师 + 技师”硕士毕业

226. 义务教育教师“县管校聘”管理改革

推进义务教育教师“县管校聘”管理改革，打破教师交流轮岗的管理体制障碍，是优化县域教师资源配置、着力解决乡村教师结构性缺员和城镇师资不足问题、促进城乡义务教育均衡发展的重大举措。

“十四五”时期将坚持因地制宜、创新管理机制、统筹编制总量，完善教师补充、聘用、交流、培养培训和激励等机制，加强政策宣传，做到公开透明、解除教师顾虑、确保队伍稳定，提高编制岗位等使用效果，促进区域内中小学教师均衡、优化配置，缓解农村学校师资尤其是音、体、美及英语等学科师资紧缺压力。

227. 分级分层分流的传染病救治网络

分级分层分流的传染病救治网络，是指重点依托救治能力较强的综合医院和传染病专科医院，在全国分片区建设以国家医学中心、区域医疗中心为龙头，相关医疗机构共同组成的重大疫情医疗救治网络，按照分级、分层、分流救治原则明确相关医疗机构功能定位，坚持医防结合、平疫结合，形成分工明确、优势互补、协同联动、运转高效的重大疫情监测预警和医疗救治服务模式。具体运作模式包括：一般医疗机构主要发挥哨点作用，及时发现、转诊隔离救治对象。救治能力较强的传染病专科医院或综合医院发挥定点医院作用，集中收治隔离救治对象。国家医学中心或区域医疗中心在监测预警和医疗救治两方面给予有力支持。相关医疗机构平时加强救治能力储备，做好硬件设施建设改造和医务人员培训以及物资储备。紧急状态下，按照功能定位迅速做好医疗资源组织动员。定点医院快速扩充床位，必要时将独立院区或医院内独立区域整体腾空，国家医学中心（或区域医疗中心）和医疗实力强的大医院迅速组建救治团队，视情况向定点医院整建制派出医疗力量，在最短时间内形成有效救治能力，确保每一位患者都得到有效救治。

228. 长期护理保险制度

长期护理保险制度是通过多渠道筹资建立社会统筹基金，为符合条件的参保人员提供生活照料和专业护理服务或费用补偿的一种社会保险制度。探索建立长期护理保险制度，是为积极应对人口老龄化、健全社会保障体系作出的一项重要部署。近年来，部分地方积极开展长期护理保险制度试点，在制度框架、政策标准、运行机制、管理办法等方面进行有益探索，取得初步成效。“十四五”时期，根据有关部门《关于扩大长期护理保险制度试点的指导意见》，将深入推进试点工作，稳步建立长期护理保险制度，基本形成适应我国经济发展水平和老龄化发展趋势的长期护理保险制度政策框架，推动建立健全满足群众多元需求的多层次长期护理保障制度。

■ 长期护理保险减轻失能老人负担

229. 体育公园

体育公园是以体育健身为主要元素，与自然生态融为一体，集合各类运动场地和设施，具备体育健身、运动休闲、赛事竞技和娱乐休憩等多种功能的公园，是老百姓喜闻乐见的全民健身新载体。

■ 新疆维吾尔自治区乌鲁木齐市体育公园内市民锻炼身体

230. 病媒生物防制

病媒生物防制是指通过环境治理以及物理、化学、生物的方法，预防和控制病媒生物危害的过程。其中，病媒生物是指能通过生物或机械方式将病原生物从传染源或环境向人类传播的生物，主要包括节肢动物中的蚊、蝇、蜚蠊、蚤、白蛉、虱、蠓、蚋、蜱、螨和啮齿动物的鼠类等。我国高度重视病媒生物防制，不断强化各项工作措施，推动完善防制标准体系、建立全国检测网络、实施防制专项行动、开展人员技能培训。“十四五”时期将持续加强病媒生物防制，坚持以环境卫生治理为主、药物防制为辅，深入开展爱国卫生运动，动员群众积极参与，营造群防群控良好社会氛围，同时强化专业队伍建设，提升专业防制能力，加强病媒生物监测，科学支撑政策制定，有效提升防控病媒生物传播性疾病发生和流行的能力，保护人民群众的身体健康。

231. 普惠托育服务体系

随着全面两孩政策的深入落实，老百姓对于质量可靠、方便可及、价格可承受的托育服务的需求更加迫切。“十四五”时期，将重点从六个方面增加普惠托育服务：一是实施普惠托育专项行动，发挥中央投资引导作用，建设一批普惠性托育服务机构；二是开展“全国婴幼儿照护服务示范城市创建活动”；三是加大紧缺人才培养力度，建立健全从业人员职业资格准入制度、技能标准等制度规范；四是推动“小而美”、“小而精”的社区托育点建设形成服务网络和体系，引导用人单位为职工提供托育服务，研究出台家庭托育点管理办法；五是推动基层医疗卫生机构资源、服务、管理下沉，指导托育机构做好卫生保健、传染病防控等工作；六是完善依法从严、便利高效的监管服务，依法加强事中事后监管，坚决守住安全健康的底线。

232. 居家社区机构相协调、医养康养相结合的养老服务体系

构建居家社区机构相协调、医养康养相结合的养老服务体系，将促进养老服务不断从面向特殊困难老年人的补缺型向面向所有老年人的综合型转变，从居家养老为主向居家、社区、机构多种方式并进转变，从养老、医疗、健康各成体系向相互支持、融合发展转变。"十四五"时期，主要从五个方面推进：一是完善养老服务制度机制，加快推动养老服务立法；二是健全基本养老服务体系，推动农村互助性养老服务发展，健全城乡养老服务设施布局；三是扩大普惠性养老服务供给，加强居家社区养老服务能力建设，加强服务人才职业技能培训，提升养老服务质量水平；四是深化医养有机结合，支持根据老年人健康状况在居家、社区、机构间接续养老；五是支持教育、健康、体育、文化、旅游等业态与养老融合发展。

233. 公办养老机构改革

公办养老机构是政府履行兜底保障职责的主要载体，也是养老服务体系的重要组成部分。截至 2019 年底，全国共有公办养老机构 1.75 万家（其中社会福利院 1527 个、特困人员供养机构 1.6 万个），床位 202.6 万张（其中社会福利院床位 37.6 万张、特困人员供养机构床位 165 万张）。深化公办养老机构改革，破除体制机制障碍，有利于公办养老机构激发活力、提升能力，有利于盘活存量资源，有利于扩大社会参与。"十四五"时期，将完善公建民营政策措施，指导地方深化公办养老机构改革，宜公则公、宜民则民，因地制宜优化运营机制，提升失能照护能力，在满足特困人员集中供养需求的前提下，重点为经济困难失能失智老年人、计划生育特殊家庭老年人提供无偿或低收费托养服务。

234. 普惠养老城企联动专项行动

随着人口老龄化不断深化，养老服务床位供需矛盾突出，特别是城市中养老服务床位存在一床难求的现象、结构性矛盾比较突出，居家、社区服务短缺，护理型床位明显不足等，难以满足老年人需求。为解决上述问题，有关部门探索开展了普惠养老城企联动专项行动。“十四五”时期，将进一步深化实施，推动以城市为单位制定整体解决方案，形成“政府给政策，企业降价格，用者付费用”的良性互动格局，综合运用规划、土地、住房、财政、投资、融资、人才等支持举措，建设一批示范性、引领性、带动性的优质养老服务机构，切实提升服务质量和可持续发展能力，大力发展成本可负担、方便可及的普惠性养老服务。

235. 逐步延迟法定退休年龄

我国现行法定退休年龄为男职工 60 周岁、女干部 55 周岁、女工人 50 周岁，近 70 年未有调整，已经与我国发展实际不相符合：一是人均预期寿命显著增加，由新中国成立初期的 40 岁左右提高到 2019 年的 77.3 岁。二是人口老龄化趋势加剧，2019 年底 60 岁及以上人口占总人口比重已达到 18.1%。三是劳动力平均受教育年限普遍延长，新增劳动力中近一半的人接受过高等教育，劳动者开始工作的年龄相应不断推后。四是近年来劳动年龄人口数量虽然开始出现下降，但劳动力供给总量仍处高位，就业总量压力依然存在，就业结构性矛盾日益加剧，退休年龄偏低的问题较为突出，有必要建立逐步延迟法定退休年龄制度。

“十四五”时期，要立足我国基本国情，综合考虑人均预期寿命提高、人口老龄化趋势加快、受教育年限增加、劳动力结构变化等因素，按照小步调整、弹性实施、分类推进、统筹兼顾等原则，逐步延迟法定退休年龄，促进人力资源充分利用。

236. 新就业形态

新就业形态是指新一轮信息技术革命特别是数字经济和平台经济发展带来的一种就业新模式，体现为劳动关系灵活化、工作内容多样化、工作方式弹性化、工作安排去组织化、创业机会互联网化，正在成为吸纳就业的一条重要渠道。

■ 陕西省丹凤县的网络主播直播介绍当地即将上市的核桃

237. 中等收入群体

中等收入群体是指一定时期内，收入稳定、家庭殷实、生活舒适、消费水平和生活方式与经济社会发展水平相适应的群体。根据国家统计局住户收支与生活状况调查，按照三口之家家庭年收入的中等收入家庭标准，我国年收入在 10 万元到 50 万元之间的家庭有一亿四千万左右，中等收入群体已超过 4 亿人。中等收入群体就业相对稳定、生活比较宽裕、消费意愿和消费能力较强，对住房汽车、文化体育、休闲旅游、医疗康养、教育培训等中高端商品和服务消费有更多需求。

238. 基本养老保险全国统筹

社会保险法规定，基本养老保险基金逐步实行全国统筹。目前企业职工基本养老保险（以下简称企业养老保险）已经实现制度全国统一并建立省级统筹制度；2020 年底全面实施基金省级统收统支。但由于各地经济发展不平衡、人口抚养比差异等原因，省际养老保险负担不平衡、结构性矛盾依然突出。2018 年建立实施企业职工基本养老保险基金中央调剂制度，调剂比例由 3% 逐步提高到 2020 年的 4%，适当均衡地区之间养老负担。

“十四五”时期，将着眼全面建成覆盖全民、城乡统筹、权责清晰、保障适度、可持续的多层次社会保障体系目标，在企业养老保险省级统筹基础上，以统一全国缴费政策和基金收支管理制度为核心，以信息系统和经办服务管理全国一体化为依托，实现企业养老保险全国统筹，推动养老保险制度更加公平更可持续。一是统一参保缴费、待遇计发和待遇调整等政策，逐步实现企业养老保险各项政策全国统一。二是对企业养老保险基金实行全国统一管理，建立中央和地方责任分担机制、中央对省级政府考核奖惩机制，适当加强中央事权。三是建立全国统一的养老保险信息系统和全国统一的社会保险经办服务管理体系。

基本养老保险全国统筹

239. 多层次、多支柱养老保险体系

多层次、多支柱养老保险体系是指以基本养老保险为基础、以企业（职业）年金为补充、与个人储蓄性养老保险和商业养老保险相衔接的“三支柱”养老保险体系。目前，第一支柱基本养老保险基本健全，第二支柱企业（职业）年金制度初步建立并逐步完善，第三支柱个人储蓄性养老保险和商业养老保险刚刚开始建立，还处于起步阶段。

240. 常住地救助申领

近年来，随着社会经济发展，人口流动速度大大增加，一些困难家庭离开户籍所在地生活。根据原有政策，这部分困难家庭如想获得最低生活保障等社会救助，只能向户籍所在地提出申请，造成困难群众“来回跑”，降低了救助实效。2020 年 4 月，中共中央办公厅、国务院办公厅印发《关于改革完善社会救助制度的意见》，提出“有条件的地区有序推进持有居住证人员在居住地申办社会救助”。该项举措提高了社会救助的时效性、可及性和便利性。对于最低生活保障和特困人员救助供养的申请，由居住地县级人民政府部门和乡镇人民政府（街道办事处）负责最低生活保障的审核确认、资金发放、监督管理等工作，户籍地县级人民政府民政部门和乡镇人民政府（街道办事处）配合做好申请家庭经济状况核对等相关工作；有条件的地区在临时救助申请过程中，由急难发生地直接实施临时救助，做到凡困必帮、有难必救。

241. 网络慈善平台

《慈善法》规定，慈善组织通过互联网开展公开募捐的，应当在国务院民政部门统一或者指定的慈善信息平台发布募捐信息，并可以同时在其

网站发布募捐信息。《公开募捐平台服务管理办法》对慈善组织通过互联网开展公开募捐、互联网公开募捐信息平台和其他为慈善组织提供募捐信息服务的媒体进行了规范。为规范发展网络慈善平台，民政部依据相关法律法规，开展遴选指定互联网公开募捐信息平台工作，对指定的互联网公开募捐信息平台进行管理和监督，并对慈善组织互联网公开募捐活动进行管理和规范。此外，民政部建设了全国慈善信息公开平台，为慈善组织开展信息公开、互联网公开募捐方案备案等提供便利。

242. 退役军人新型待遇保障体系

退役军人新型待遇保障体系是指普惠与优待叠加、待遇与贡献匹配、保障水平与经济发展相适应的待遇保障制度。构建新型待遇保障体系，一是要建立待遇量化标准体系、科学合理的优抚待遇确定和调整机制，完善优待目录清单制度；二是要完善逐月领取的退役金计发办法，建立一次性

2020 年度“最美退役军人”

退役金动态增长机制，改革安置住房保障制度，完善医疗、养老等优待机制，建立困难帮扶援助制度；三是要充分发挥中国退役军人关爱基金会等社会力量作用，加大困难退役军人帮扶援助力度；四是要实施优抚机构设施建设，增强服务部队备战打仗保障能力。

243. 宫颈癌、乳腺癌综合防治体系

宫颈癌、乳腺癌综合防治体系是指坚持预防为主、防治结合、综合施策，推动医疗卫生机构落实宫颈癌、乳腺癌三级预防要求的相关政策举措。一是努力实现“不得病”。广泛开展宫颈癌、乳腺癌防治社会宣传和健康教育，提高妇女相关知识知晓率，增强群众“健康第一责任人”意识，加强自我健康管理，促进适龄妇女接种人乳头瘤病毒（HPV）疫苗。二是努力实现“少得病”。推动各地落实国家基本公共卫生服务项目，保障经费投入，不断扩大妇女免费宫颈癌、乳腺癌筛查覆盖面，提高适龄人群筛查率，提高筛查服务质量和工作效率，让更多适龄妇女得到高质量筛查，尽早发现癌前病变和早期宫颈癌，及时干预和治疗，阻断病情向宫颈癌、乳腺癌发展。三是努力实现“少死亡”。加强宫颈癌、乳腺癌诊疗相关科学建设，提升诊疗能力。通过加强诊疗规范化管理，优化诊疗模式，为宫颈癌、乳腺癌患者提供规范的诊断治疗、康复指导等服务，提高患者生存率。

244. 困境儿童

困境儿童是指由于儿童自身、家庭和外界等原因陷入困境，需要予以帮助或保障的儿童，包括因家庭贫困导致生活、就医、就学等困难的儿童，因自身残疾导致康复、照料、护理和社会融入等困难的儿童，以及因家庭监护缺失或监护不当遭受虐待、遗弃、意外伤害、不法侵害等导致人身安全受到威胁或侵害的儿童。

245. 困难残疾人生活补贴和重度残疾人护理补贴

困难残疾人生活补贴和重度残疾人护理补贴是国家对两类具有特殊困难的残疾人的专项福利补贴制度，主要针对具有特殊困难的残疾人，补助残疾人因残疾产生的额外生活支出和护理支出，是保障残疾人生存发展权益的重要举措。自 2016 年 1 月起，在全国范围内全面实施残疾人两项补贴制度，补贴待遇标准由国家规定基本原则、地方政府制定具体标准、根据经济社会发展水平和残疾人生活保障需求确定并适时调整。到 2019 年底，全国困难残疾人生活补贴和重度残疾人护理补贴覆盖率达到 100%，分别惠及 1153 万困难残疾人和 1433 万重度残疾人。

246. 新社会阶层

按照 2015 年颁布的《中国共产党统一战线工作条例（试行）》规定，新社会阶层主要由私营企业、外资企业的管理人员和技术人员及中介组织从业人员、自由职业人员等组成，集中分布在新经济组织、新社会组织中。

247. 粮食产购储加销体系

近年来，我国粮食连年丰收、库存处于较高水平，总体上较好保障了国内需求，但随着国内外粮食供需形势发生深刻变化，产购储加销各环节衔接融合不够、整体效能不高的短板逐步显现。国家明确要强化粮食产购储加销协同机制，提出了实施产购储加销精准调控，加快推动实施优质粮食工程、粮食应急保障工程、粮食现代物流工程、粮食智能化管理提升行动、粮机装备提升行动等系列重大项目。

248. 粮食安全省长责任制

党的十八大以来，我国逐步建立起国家宏观调控下省级人民政府对粮食安全全面负责的体制，这是对过去“米袋子”省长负责制的继承和深化。2015 年，国务院印发《关于建立健全粮食安全省长责任制的若干意见》，明确各省级人民政府在维护国家粮食安全方面的事权和责任，包括强化粮食安全意识和责任、巩固提高粮食生产能力、保护种粮积极性、管好地方粮食储备、增强粮食流通能力、促进粮食产业发展、保障区域粮食市场稳定、强化质量安全治理、推进节粮减损和健康消费，涵盖粮食生产、储备、流通等各个环节。2020 年中央农村工作会议提出，地方各级党委和政府要扛起粮食安全的政治责任，实行党政同责。

249.“菜篮子”市长负责制

“菜篮子”市长负责制指地方各级人民政府特别是地市级人民政府负责辖区内蔬菜、肉蛋奶、水产品等供应，统筹抓好生产发展、产销衔接、流通运输、市场调控、质量安全、保供稳价等工作。

江苏省南通市菜市场

250. 政府储备和企业社会责任储备有机结合、互为补充的油气储备体系

政府储备和企业社会责任储备有机结合、互为补充，指的是在明确政府、企业油气储备责任的基础上，既推动建设好政府储备，又督促落实好企业社会责任储备；同时，发挥好政府石油储备的纽带作用，做好政企协同，提升油气储备体系的总体效能。

浙江省舟山市国家石油储备基地

251. 新一轮找矿突破战略行动

2011 年，国务院批准实施《找矿突破战略行动纲要（2011—2020 年）》，提出“用 8–10 年时间重塑矿产勘查开发格局”的目标任务，并已取得重要成效。但我国矿产资源刚性需求和供需矛盾依然存在，石油、天然气、铀等能源资源需求还将持续增长，大宗资源需求量巨大，战略性新兴产业对新兴矿产需求快速增长，必须充分挖掘国内资源潜力，加大战略性矿产勘查开发力度。新一轮找矿突破战略行动将重点围绕战略性矿种，加强基

础地质工作，深化矿产资源管理改革，充分发挥市场主体作用，大力推进科技创新，提高矿产资源节约与综合利用水平，推进绿色勘查和绿色矿山建设，加大国内矿产勘查力度，增强能源和战略性矿产资源保障能力。

252. 宏观杠杆率

宏观杠杆率是指非金融企业部门、政府部门、住户部门的债务余额与国内生产总值（GDP）之比。宏观杠杆率反映了债务性融资规模与经济发展的比例关系，是防范化解金融风险、维护金融稳定的重要决策依据。

253. 系统重要性金融机构

系统重要性金融机构是指因规模较大、结构和业务复杂度较高、与其他金融机构关联性较强，在金融体系中提供难以替代的关键服务，一旦发生重大风险事件而无法持续经营，将对金融体系和实体经济产生重大不利影响、可能引发系统性风险的金融机构。系统重要性金融机构包括银行业、保险业、证券业和金融控股公司等不同类型金融机构。

254. 影子银行

影子银行是指正规银行体系之外，具有流动性和信用转换功能，存在引发系统性风险或监管套利可能的机构和业务构成的信用中介体系。与美国等国家高度证券化、衍生品化的影子银行不同，我国金融体系以商业银行的间接融资为主，影子银行主要表现为银行、信托公司、基金公司等各类持牌金融机构，通过契约型资管产品，开展信用中介业务，如同业理财、资金信托、货币市场基金等，除此之外，还包括委托贷款、信托贷款、网络借贷 P2P 贷款、民间借贷、非股权私募基金等业务。

255. 跨境资本流动管理框架

随着我国高水平开放对资本项目可兑换要求不断提高，我国传统以合规监管为主的外汇管理方式已不能适应开放形势发展需要，亟须在总结近些年来防控跨境资本流动风险冲击经验基础上，引入宏观审慎管理的视角和机制，加快建立并不断完善跨境资本流动“宏观审慎 + 微观监管”两位一体管理框架。“十四五”时期，在建立健全全口径本外币一体化的跨境资本流动宏观审慎管理体系方面，构建事前事中事后监管体系，丰富各类政策工具箱，完善跨境资本流动监测、预警和响应机制。在完善跨境资本流动微观监管手段方面，要完善微观审慎监管，深化跨部门、跨境联合监管，必要时采取资本流动管理措施。在统筹推进相关领域配套改革方面，要健全反洗钱监管体制机制，深化利率汇率市场化改革，完善基础制度和市场体系建设，科技赋能推进金融基础设施建设。

256. 人民币跨境支付系统

人民币跨境支付系统（CIPS）是指为境内外银行业金融机构、金融基础设施等提供跨境和离岸人民币资金清算结算服务的金融基础设施。CIPS 主要特点包括：采用实时全额结算方式；各直接参与者一点接入，集中清算；采用国际通用报文标准；运行时间覆盖欧洲、亚洲、非洲、大洋洲等人民币业务主要时区；为境内直接参与者提供专线接入方式。自 2015 年上线以来，CIPS 保持稳定运行，已实现对全球各时区金融市场的全覆盖，能够满足各类跨境贸易、投融资业务等结算需求。截至 2020

■ 人民币跨境支付系统

年底，CIPS 共有参与者 1092 家，参与者覆盖全球 99 个国家和地区，业务开展覆盖全球 171 个国家和地区。

257. 金融基础设施

金融基础设施指为各类金融活动提供基础性公共服务的系统、制度等。经过多年建设，我国逐步形成了为货币、证券、基金、期货、外汇等金融市场交易活动提供支持的基础设施体系，功能比较齐全、运行整体稳健。纳入我国金融基础设施统筹监管的包括金融资产登记托管系统、清算结算系统（包括开展集中清算业务的中央对手方）、交易设施、交易报告库、重要支付系统、基础征信系统等六类设施及其运营机构。

258. 食品安全放心工程

食品安全放心工程计划用 5 年左右时间，以点带面治理“餐桌污染”，开展风险评估和标准制定行动、农药兽药使用减量和产地环境净化行动、国产婴幼儿配方乳粉提升行动、校园食品安全守护行动、农村假冒伪劣食品治理行动、餐饮质量安全提升行动、保健食品行业专项清理整治行动、“优质粮食工程”行动、进口食品“国门守护”行动、“双安双创”示范引领行动等 10 项行动。

259. 药品和疫苗全生命周期管理机制

构建药品和疫苗全生命周期管理机制，是指要求药品和疫苗的上市许可持有人从研制开始，建立覆盖全过程的完整质量管理制度和措施，切实落实上市许可持有人在非临床研究、临床试验、生产经营、上市后研究、药物警戒等方面的主体责任，保障药品和疫苗的安全、有效、可及。

260. 药品电子追溯体系

药品电子追溯体系是指药品上市许可持有人、生产企业、经营企业、使用单位、监管部门和社会参与方等，通过信息化手段，对药品生产、流通、使用等各环节的流向信息进行追踪、溯源的有机整体，基本构成包含药品追溯系统、药品追溯协同服务平台和药品追溯监管。

261. 生物安全风险监测预警体系

生物安全风险监测预警体系是指对生物安全领域的威胁进行调查评估、监测分析并及时预警的体系，对于维护国家安全、防范生物安全风险、保障人民生命健康、保护生物资源和生态环境具有重要意义。完善生物安全风险监测预警体系，要改革监测机制，整合共享各部门监测系统数据，推动中央、省、市、县四级监测预警联动，完善传染病网络直报系统，健全流行病学及疫情溯源调查队伍，定期监测国家生物安全状况，及时评估突发事件。

安徽省出入境检验检疫局工作人员查看截获的动植物及其产品

262. 人类遗传资源和生物资源目录

人类遗传资源和生物资源目录是对人体器官、组织、细胞等人类遗传资源材料和动植物、微生物等生物资源材料的样本、标本、菌毒株进行描述汇总形成的元数据集。资源目录的内容包括资源的分离、采集、保藏、生物学特征等描述性信息，资源的鉴定等物种分类信息，以及用于对资源进行标识的唯一标识符。资源目录旨在对资源进行系统的编码和管理，促进资源共享利用。

263. 巨灾保险

巨灾保险指保险公司按约定对自然灾害、事故灾难等事件造成的财产损失承担赔偿保险金，或对被保险人死亡、伤残承担给付保险金。

■ 巨灾保险

264. 新时代“枫桥经验”

1963 年，浙江省诸暨市枫桥镇干部群众创造了“依靠群众就地化解矛盾”的“枫桥经验”，2013 年习近平总书记强调要把“枫桥经验”坚持好、发展好，把党的群众路线坚持好、贯彻好。党的十九届四中全会将坚持和发展新时代“枫桥经验”作为共建共治共享的社会治理制度的重要方面。“枫桥经验”最突出的特点，是牢牢抓住基层基础这个本源，最大限度把矛盾风险防范化解在基层，实现“小事不出村、大事不出镇、矛盾不上交”。坚持和发展新时代“枫桥经验”，就是要发扬优良作风，适应时代要求，树立强基固本思想，坚持重心下移、力量下沉、资源下投，向基层放权赋能，构建网格化管理、精细化服务、信息化支撑、开放共享的基层管理服务平台，加强基层社会治理队伍建设，建立健全富有活力和效率的新型基层治理体系。

浙江省诸暨市枫桥镇联合调解中心工作人员调解群众纠纷

265. 军地人才联合培养

军地人才联合培养是指统筹利用军队和地方优势资源对人才进行联合培养，有利于壮大军队高质量人才队伍，提升军事人员能力素质，激发各类人才创新创造活力，为经济社会发展和国防建设提供坚强人才保障和智力支撑。加强军地人才联合培养，要以联合作战指挥人才、新型作战力量人才、高层次科技创新人才、高水平战略管理人才为重点，推动军地人才结构布局持续优化、交流引进机制不断健全、评价考核标准相统一。

266. 立改废释纂和决定并举

立改废释纂和决定并举是指在构建中国特色社会主义法律体系过程中，抓住提高立法质量这个关键，不断完善立法体制机制，综合运用制定、修改、废止、解释、编纂和决定等多种立法形式，全方位推进立法工作。“十四五”时期，要根据经济社会发展需求，抓紧制定各方面迫切需要的法律规范，注重对有关法律规范的修改、废止和解释，并适时对法律规范进行系统化编纂，不断提高立法质量。

267. 离岸人民币业务

离岸人民币业务是指在离岸市场开展的基于人民币计价、结算的各类业务，包括金融机构提供的人民币存贷、汇款、兑换、结算等各种金融服务，以及人民币股票、债券、基金、外汇、衍生品等各类金融产品的发行和交易。离岸人民币市场是相较在岸人民币市场而言的，不受我国境内法律管辖和监管部门政策约束，具有相对独立性。目前离岸人民币市场呈现以香港为中心，新加坡、伦敦等多点发展的格局。

268. 统一规划体系

统一规划体系是指以国家发展规划为统领，以空间规划为基础，以专项规划、区域规划为支撑，由国家级、省级、市县级规划共同组成，定位准确、边界清晰、功能互补、统一衔接的三级四类国家规划体系。

269. 国家发展规划

国家发展规划，即中华人民共和国国民经济和社会发展五年规划纲要，阐明全面建设社会主义现代化国家奋斗目标在规划期内的战略部署和具体安排，明确公共资源配置方向，引导规范市场主体行为，有利于保持国家战略连续性稳定性，集中力量办大事，确保一张蓝图绘到底。

270. 国家级空间规划

国家级空间规划以空间治理和空间结构优化为主要内容，聚焦空间开发强度管控和主要控制线落地，全面摸清并分析国土空间本底条件，划定城镇、农业、生态空间以及生态保护红线、永久基本农田、城镇开发边界，并以此为载体统筹协调各类空间管控手段，整合形成“多规合一”的空间规划。国家级空间规划是实施国土空间用途管制和生态保护修复的重要依据，须依据国家发展规划编制，要细化落实国家发展规划提出的国土空间开发保护要求，由国务院有关部门编制，报国务院审批。由国务院自然资源主管部门会同发展改革部门制定编制国家级空间规划目录清单，报国务院批准实施，除党中央、国务院有明确要求外，未列入目录清单、审批计划的规划，原则上不得编制或批准实施。

271. 国家级区域规划

国家级区域规划主要以国家发展规划确定的重点地区、跨行政区且经济社会活动联系紧密的连片区域及承担重大战略任务的特定区域为对象，以贯彻实施重大区域战略、协调解决跨行政区重大问题为重点，突出区域特色，指导特定区域协调协同发展。国家级区域规划是指导特定区域发展和制定相关政策的重要依据，须依据国家发展规划编制，要细化落实国家发展规划对特定区域提出的战略任务，由国务院有关部门编制，报国务院审批。由国务院发展改革部门会同有关部门统筹协调后制定编制国家级区域规划目录清单或审批计划，报国务院批准实施，除党中央、国务院有明确要求外，未列入目录清单、审批计划的规划，原则上不得编制或批准实施。

272. 中期财政规划

中期财政规划是在对总体财政收支情况进行科学预判的基础上，研究确定财政收支政策，使主要财政政策相对稳定，同时根据经济社会发展情况适时研究调整。我国目前实行的中期财政规划管理，由财政部门会同各部门研究编制三年滚动财政规划，对未来三年重大财政收支情况进行分析预测，对规划期内一些重大改革、重要政策和重大项目，研究政策目标、运行机制和评价办法，并通过逐年更新滚动管理，强化财政规划对年度预算的约束性。